Mathias Furrer

BIG LOOP

Mit dem Motorboot
durch Amerika

Delius Klasing Verlag

Die Deutsche Bibliothek – CIP-Einheitsaufnahme

Furrer, Mathias: Big Loop: mit dem Motorboot durch Amerika/
Mathias Furrer. – 1. Aufl. – Bielefeld: Delius Klasing, 2001
ISBN 3-7688-1307-X

1. Auflage
ISBN 3-7688-1307-X
© by Delius, Klasing & Co. KG, Bielefeld

Fotos (einschließlich Schutzumschlag): Marlise Furrer
Karten: Karin Buschhorn
Schutzumschlaggestaltung: Gabriele Engel
Druck und Bucheinband: Clausen & Bosse, Leck
Printed in Germany 2001

Delius Klasing Verlag, Siekerwall 21, D-33602 Bielefeld
Tel.: 0521 / 559-0, Fax: 0521 / 559-113
e-mail: info@delius-klasing.de
www.delius-klasing.de

Inhalt

Über den großen Teich

Die Idee – Vorbereitungen – Deutsche Impressionen: Von Lübeck nach Bremerhaven – Der Charme des Südens – E-Mails – Charleston und der Zoll – Unsere FORTUNA

Dies ist kein Reiseführer, sondern ein Erlebnisbericht, ergänzt durch ein paar Praxistipps, die wir weitergeben möchten. Meinungen sind keine Tatsachen. Der Versuch, Land und Leute zu begreifen, stützt sich auf die schmale Basis unserer Erlebnisse und steckt voll Irrtümer und Vorurteile. Aber, wenn auch manches nicht ganz stimmen mag, für uns war es so.

Mein besonderer Dank geht an Murphy. Sein Gesetz (Murphy's Law) »Alles, was schief gehen kann, wird es auch tun« hat mich ermutigt, weitere Gesetzmäßigkeiten zu formulieren. Wie sagte doch schon der große englische Physiker Isaac Newton (1642–1727) in einem Brief an einen Freund: »Ich konnte nur deshalb etwas weiter sehen, weil ich auf den Schultern von Riesen stehe.« Mein Riese heißt Murphy.

Eigentlich fängt es immer schon lange vor dem Anfang an. Größere Projekte haben das so an sich.

Eigentlich wollen wir ja den Kollegen im MY-CCS etwas bieten. Der CCS, Cruising Club Schweiz, hat über sechstausend Yachtmänner und -frauen als Mitglieder, die als Hobby zur See fahren oder wenigstens davon träumen. Die MY ist mit einhundert Mitgliedern dessen Interessengruppe »Motoryachten«. Vor diesen Leuten stehe ich also bei der Generalversammlung vom 22. Februar 1997 im historisch eleganten Saal des Hotels »Krone« in der Altstadt von Solothurn und versuche mein Projekt schmackhaft zu machen.

Natürlich bin ich gut vorbereitet: Eine kleine Diaschau, Hellraumprojektor, alles ist vorhanden. Natürlich habe ich bei zwei Clubfreunden vorsondiert: positives Echo. So stehe ich also da, rede von den vielen Revieren in den USA und Kanada, die wunderschön sein müssen und die zu erforschen sich lohnt. Mein Vorschlag: Man könnte doch eine 45-Fuß-Yacht aus zweiter Hand kaufen, mit wechselnden Crews eine Rundreise machen und das Boot anschließend wieder verkaufen. Technisch sollte das kein Problem sein. Schließlich haben die meisten Mitglieder einen Hochseeschein und sind erfahrene Seebären.

Die Möglichkeiten sind faszinierend. Das fängt an mit dem »Great Ditch«, dem großen Graben, oder, gepflegter gesagt, den Intracoastal Waterways, einem System von Kanälen, Seen und Flüssen, das sich praktisch an der ganzen Ostküste der USA und einem guten Teil des Golfs von Mexiko entlangzieht. Auf dieser Wasserstrasse kommen wir von Florida nach New York. Dann geht es den Hudson-Fluss hoch, den St.-Lorenz-Strom hinunter und in die historischen Kanäle Kanadas. Anschließend durchfahren wir die großen Seen und erreichen Chicago, wo ein Kanal zum Mississippi führt. Nach New Orleans und dem Golf von Mexiko erreichen wir Florida und schließen unsere Rundreise. Echt begeistert von meinem Vortrag halte ich an. Die Freunde danken mit freundlichem Applaus.

Kein Interesse. Die Einzigen, die möglicherweise mitmachen wollen, sind die zwei, die ich bei der Vorabklärung schon kontaktiert hatte.

Da ich aus Schaden nie klug werde, lässt mich das Projekt nicht los. Meine Frau Marlise und ich diskutieren die Möglichkeiten immer wieder. Eine Motoryacht zu mieten kostet etwa 4000 US-Dollar pro Woche. Auch wenn wir einen großen Rabatt heraushandeln können, ist der Preis immer noch jenseits von Gut und Böse. Ein Flug in die USA und Abklärungen vor Ort zeigen, dass ein Boot auf Zeit zu kaufen auch zu teuer kommt. Da wir nicht in den Staaten wohnen, sind wir bei der Suche nach einem geeigneten Angebot und beim späteren Verkauf des Bootes auf einen Agenten angewiesen. Allein die beiden Maklergebühren dürften bereits an die 50 000 Dollar ausmachen. Zudem weiß man beim Gebrauchtbootkauf nie genau, worauf man sich einlässt. Ein größerer Defekt, z. B. eine Motorüberholung, würde nicht nur unser Budget, sondern auch unsere ganzen Reisepläne über den Haufen werfen.

Andererseits hat unsere Fortuna II, eine brave, fünfzehnjährige Broom »Crown 37« auf ausgedehnten Europa-Törns bewiesen, wie komfortabel und zuverlässig sie ist. Schließlich ist es mit Booten wie mit Schuhen, sie müssen zuerst eingetragen werden, um wirklich bequem zu sein. In guter Qualität und bei guter Pflege halten aber beide beinahe ewig. Wir beschließen deshalb, das eigene Boot zu benutzen.

Nur gibt es da ein kleines Problem: den Atlantischen Ozean.

Naive Gemüter fragen, ob wir nicht Angst haben, die Überfahrt auf eigenem Kiel zu machen. Wir erklären dann, dass unsere Motoryacht Diesel braucht. Bei 16 Knoten Fahrt sind die 800-Liter-Tanks schon nach 230 Seemeilen leer, bei langsamer Fahrt reichen sie 500 Seemeilen. Da bringen auch ein paar Zusatzkanister Treibstoff an Deck nicht viel, und auf hoher See fehlen die nötigen Tankstellen. Angst ist da kein Kriterium, denn Angst hat man nur vor Möglichkeiten, nicht vor der Unmöglichkeit.

Obwohl, um ehrlich zu sein: Ich habe mir die Sache angesehen. Mit sparsamer Verdrängerfahrt über die Färöer-Inseln, Island und Grönland wäre die Reise nach Neufundland vielleicht doch zu machen. Schließlich soll auch Erik der Rote, der Entdecker Grönlands, diese Route mit seinen Wikingern geschafft haben. Er aber brauchte keinen Diesel. Die großen Distanzen sind nicht das einzige Problem. Da wären noch das Wetterrisiko, die Treibeisgefahr und… und… Ich schätze unsere Chancen, wohlbehalten anzukommen, auf gut fünfzig Prozent. Das wäre doch das ultimative Abenteuer. Meine Frau unterhält sich deutlich und detailliert mit mir über meinen Geisteszustand.

Transporteure, die wir in den Kleininseraten in »boote« oder »Motorboat and Yachting« finden, zeigen sich wenig interessiert. Die meisten machen ausschließlich Landtransporte. In drei Fällen wird zwar eine Offerte versprochen, dann aber herrscht Funkstille.

Zwei Reedereien verfügen über Yachttransport-Spezialschiffe. Das sind eine Art fahrende Trockendocks, die sich absenken lassen, sodass die Boote mit eigener Kraft hineinfahren können. Vor der Abfahrt wird das Wasser abgepumpt und die Yachten stehen im Trockenen. Leider können wir von diesen Möglichkeiten keinen Gebrauch machen. Die Zevester Yachttransporte, Zwolle (NL), fährt momentan nur Holland - Mittelmeer, aber vielleicht in ein bis zwei Jahren? Die United Yacht Transport, Fort Lauderdale (USA), hat zwar eine Fuhre, aber nur Mitte Januar und ab Rotterdam. Wer will schon zu dieser Jahreszeit ein Motorboot überführen durch die eisige und (möglicherweise) sturmgepeitschte Ost- und Nordsee? Da stehen wir lieber auf den Skiern oder essen in einer Berghütte ein schwer verdauliches Fondue.

Im Übrigen zeigt sich wenig Hoffnung. Der Frachtverkehr Ostküste USA – Europa wird heute fast ausschließlich mit Containern abgewickelt. Was nicht in diese Kisten passt, stört den rationalisierten Ablauf und ist unerwünscht. Der Deutsche Motor Yacht Verband zeigt sich sehr hilfsbereit und schickt mir seitenweise Hamburger Reedereiadressen, aber nach dem zehnten erfolglosen Anruf gebe ich auf.

Dann helfen Zufall und nette Leute: Wir befahren schon seit etlichen Jahren immer wieder andere Reviere und überwintern jedes Jahr in einer anderen Marina. So haben wir von Griechenland bis England ein schönes Stück von Europas Küsten- und Binnenwasserwegen gesehen. Zwischen den elfwöchigen Törns »Neue Bundesländer« 1997 und »Skandinavien« 1998 überwintern wir in der Nord-Ost-Marina auf der Teerhofinsel bei Lübeck. Dieser kleine Familienbetrieb ist so gut und preiswert, dass wir dort am Ende der Saison wieder erscheinen, immer noch auf der Suche nach einem Transport in die USA.

Da finden wir heraus, dass die Gattin eines der geschäftsführenden Partner aus der Reedereibranche kommt. Sie lässt ihre alten Beziehungen spielen und hat Erfolg. Die »Maersk«, eine große dänische Reederei mit Niederlassungen in aller Welt, fährt wöchentlich Bremerhafen - Charleston und ist bereit, für gutes Geld den Transport auf einem ihrer Containerschiffe zu übernehmen.

Wie uns gesagt wird, reist das Boot auf Deck. Das heißt: Zuoberst auf die Containerstapel kommt eine dicke Stahlplattform und darauf unser zwölf Meter langes Schiffchen. Die Leute sind riesig nett, eine Tochterfirma, die »Mercantile«, besorgt die »cradle« (Transportbock), organisiert das Verladen und klärt in Bremerhaven die Schleusung innerhalb des Hafens ab sowie in den USA die Abladmodalitäten. Wir bekommen mehr Service, als man für sein Geld erwarten darf. Dafür bedanken wir uns bei den verschiedenen hilfreichen Damen mit Pralinen – und unterstützen damit den schweizerischen Schokoladenexport.

Wie aber kann man sich informieren? Der deutsche Seekarten-Fachhandel enttäuscht. Sogar erstklassige, große Fachgeschäfte haben Mühe mit amerikanischen Binnenrevieren. Zuerst muss man monatelang warten, und was kommt ist teuer und oft unbefriedigend. Allerdings können sie nichts für die mittelprächtige Qualität. Wie wir später feststellen, liegt das Niveau der amerikanischen Karten für Binnenreviere in den meisten Fällen wesentlich unter dem der deutschen und englischen Verlage.

Unerwartet und deshalb um so erfreulicher ist die Hilfe von Kollegen, die mit Büchern, Presseartikeln und eigenen Erfahrungen unser Wissen erweitern. Ein besonderes Highlight ist eine Einladung von Peter Reber, einem der Großen der Schweizer Unterhaltungsmusik, der uns bei sich zu Hause bei Käse und Wein von seinen Erfahrungen und Erlebnissen erzählt, die er auf seinem mehrjährigen Segeltörn vor den Küsten Amerikas gesammelt hat.

Wichtigste Informationsquelle aber ist das Internet. Nein, eigentlich bin ich kein Liebhaber all dieser neuen elektronischen Kommunikationsmittel. Oft steht hinter den Geräten und der Software ein Bananenmarketing (Produkt reift beim Kunden). Das meiste ist nach ein bis zwei Jahren veraltet und man muss dann nicht nur reichlich Geld ausgeben (schon wieder), sondern auch ein neues System lernen (schon wieder). Meistens ist das mit erheblichem Aufwand verbunden. Sogar unser neues Telefon hat eine Bedienungsanleitung von 160 Seiten!

Für das Kennenlernen von Revieren in den USA und Kanada aber ist das Internet Extraklasse: Touristik-Büros, kulturelle Organisationen, Wasserämter, Schifffahrtsämter, stolze Stadtväter, Naturschutzpark-Organisationen, Freunde historischer Kanäle, Segel- und Motorbootklubs und das US Army Corps of Engineers bieten mit raschem Zugriff Informationen in Hülle und Fülle. Wenn das nicht genügt, kann meistens über E-Mails zusätzliches Material eingeholt werden.

Auch die FORTUNA II muss für die Reise gerüstet werden. Da in den Marinas mancher Länder die Steckdosen nicht zufriedenstellend abgesichert sind, soll das Landanschluss-Kabel meines Bootes in einem wasserdichten Stecker mit integriertem Fehlstromschutzschalter enden. Dann brauchen wir für die USA einen leistungsfähigen Trafo 110/220V. Ich kaufe ihn zu Hause, da man so einen Apparat in einer Diplomatenstadt wie Bern am ehesten findet. Er sitzt in einem Gehäuse und wird in Anbetracht der zu erwartenden Nässe auf einen Kunststoffsockel montiert. Eine wasserdichte Einkaufstasche erhält vier Druckknöpfe und dient als Haube. Das Ganze wiegt über 14 Kilogramm, und mir graut schon jetzt wegen des Gewichts vor dem Transport.

Zudem baut der Meister in der Marina, wo unser Boot überwintert, eine neue Pantry ein. Der Kühlschrank wird durch einen doppelt so großen ersetzt. Alle Arbeitsflächen sind glatt, aus hitzebeständigem, kratzfestem Corian. Der Stauraum lässt sich dank Schubladen mit Vollauszug jetzt viel besser nutzen. Ein vom Steuerbord-Dieselmotor geheizter Boiler ersetzt den mit Gas betriebenen Durchlauferhitzer. So können wir schwer erhältliches Flüssiggas sparen. Und dann finden wir noch hundert weitere praktische Gründe, um die Ausgabe vor uns selbst zu rechtfertigen. In Tat und Wahrheit geht es vor allem auch um die Optik. »Neu« ist einfach schöner. Alle Bootsbesitzer entwickeln ein hohes Talent, sich selbst anzulügen, wenn es ums Geld geht. Wir haben es zu einer wahren Meisterschaft gebracht.

Diese Reise ist das größte Abenteuer unseres Lebens. Sicher, unsere Törns in Europa waren kaum kleiner als eine US-Etappe. Zum ersten Mal aber verzichten wir auf eine saubere Törnplanung. Der Weg ist zwar einigermaßen klar, hat aber inzwischen so viele Planungsvarianten, dass wir mit Sicherheit nur noch sagen können »ringsum«.

Auf einen Zeitplan verzichten wir ganz. Vielleicht sind wir bereits nach zwei Wochen in New York, vielleicht aber brauchen wir zwei Monate dafür oder zwei Jahre. Wir wollen auf dieser Reise langsamer werden, genauer hingucken, leben statt leisten. Das ist für Leute, die sich ihr Leben lang auf Effizienz getrimmt haben, wirklich schwer. Darin liegt für uns das eigentliche Abenteuer.

Viele unserer Freunde sind eingespannt in einem anspruchsvollen Beruf. Trotzdem wollen sie ein Stück mitkommen. Wir sagen: »Gern, ihr könnt euch entweder das Wann oder das Wo aussuchen, aber nicht beides. Wir wissen ja selbst nicht, wann wir wo sein werden.« Die Antwort ist dann immer die gleiche: »Toll, aber dann doch wohl am ehesten im nächsten Jahr. Unser Terminplan, die Pflichten…« Und so erwarten wir eigentlich niemanden.

Die Informationen über Visa, Zollvorschriften und anderen Behördenkram beschaffen wir über E-Mail oder das Telefon. Wie uns die US-Botschaft mitteilt, stellt ein dreijähriges Visum kein Problem dar. Über unseren Club, den CCS, erfahren wir, dass dank eines neueren bilateralen Abkommens ein Boot unter Schweizer Flagge in den USA nicht mehr in jedem Hafen ein- und ausklarieren muss. Mit Kanada gibt es ohnehin keine Probleme. Dort sind die Behörden sehr freundlich und liberal.

Da die Erteilung des Visums für die USA recht kompliziert zu werden verspricht, geht Marlise persönlich auf die Botschaft. Wir wohnen ja im Kirchenfeld, dem Diplomatenviertel von Bern. Der Weg zu Fuß dauert nur ein paar Minuten. Die US-Botschaft wird durch einen hohen, massiven Metallzaun geschützt. Der Eingang ist von schwer bewaffnetem Schweizer Militär bewacht. Gegenüber parkt ein Auto der Polizei. So viele Sicherheitsvorkehrungen sieht man bei keiner anderen Botschaft. Wir fühlen uns in Bern sehr sicher und finden zum Beispiel auch nichts dabei, wenn Bundesräte, die Spitze der Regierung, mit der Straßenbahn ins Bundeshaus zur Arbeit fahren. Wir können deshalb nicht verstehen, warum sich die Amerikaner so bedroht fühlen.

Nach dem Militär kommt die Securitas, die schweizerische Wach- und Schließgesellschaft, und macht Kontrolle. Marlise stellt sich in die Schlange der Wartenden und lässt sich die Handtasche durchsuchen. Da! Eine Waffe! Der Wachmann findet ein Klappmesser! Die große Klinge misst zwar nur 28 Millimeter, halb so lang wie ein Streichholz. Trotzdem wird die Waffe konfisziert und erst beim Verlassen des Gebäudes zurückgegeben. Anschließend kommt die Kontrolle mit einem Metalldetektor und dann das Gleiche gleich noch einmal, das Gerät könnte ja beim ersten Mal versagt haben. Der Schalter ist mit kugelsicherem Glas geschützt und die Kommunikation erfolgt über eine Gegensprechanlage. Die ausgefüllten Formulare werden kontrolliert. Dann kommen Zusatzfragen: »Gehören Sie einer terroristischen Organisation an? Wenn ja, welcher? Sind Sie

HIV-positiv?« Die berühmten Fragen, ob Marlise im Sinn habe, den Präsidenten zu ermorden oder als Prostituierte zu arbeiten, die sie vor Jahren beantworten musste, sind nicht mehr aktuell. Wir bekommen unser Visum mit unbeschränkter Ein- und Ausreise nicht nur für die versprochenen drei, sondern der Einfachheit halber gleich für zehn Jahre.

Nach einer erholsamen Nacht im Schlafwagen erreichen wir die Nord-Ost-Marina auf der Teerhofinsel bei Lübeck. Unsere FORTUNA ist bereits zu Wasser gelassen, außen poliert, innen geputzt, und sogar das Geschirr ist frisch abgewaschen. Die neue Küche zeugt von bestem Handwerk. Lackiertes Mahagoni kontrastiert mit weißen Flächen. Ausgeblichene Holzteile wurden frisch gebeizt und lackiert, sodass sich Alt und Neu zu einem harmonischen Ganzen fügen. Die Arbeitsfläche aus Corian wirkt sehr gepflegt. Es ist fast wie bei feinen Leuten. Der Bootsbauer versetzt auf Wunsch einige Halterungen und wir sind überzeugt, alles ist bestens.

Der Elektriker tauscht zum Schluss noch eine Tankanzeige aus und meint, alles sei in Ordnung. Dann aber schlägt bei der Elektrik das Schicksal zu: Der Autopilot funktioniert nicht. Das 220-V-Bordnetz ist tot. Die beiden eingebauten UKW-Sender/Empfänger bringen zwar volle Sendeleistung, doch keine Modulation. Der Navtex, der Seewetterberichte und Warnungen für die Navigation empfangen soll, zeigt einen leeren Bildschirm. Die Küche mit Boiler und Gas-Sicherheitsanlage machte verschiedene neue Elektroinstallationen notwendig. Dabei wurde tief ins elektrische Innenleben gegriffen. Ob da irgendwie ein Zusammenhang zu diesen Problemen besteht? Das will natürlich niemand behaupten, oder?

Der Elektriker jedenfalls findet Fehler um Fehler, repariert ihn und hat auch immer eine absolut plausible Erklärung, warum dieser aufgetreten ist.

Wie sich zeigt, hat unser Fachmann neben seinem deutschen Geschäftssitz einen zweiten in den USA. Seine Ratschläge sind sehr nützlich: Die meisten Marinas in den Staaten verfügen über 220-V-Drehstromanschlüsse. Die kann man mit einer einfachen und gefahrlosen Manipulation für normalen 220-V-Strombezug nutzen. Wir können also unseren teuer bezahlten und mühsam angeschleppten Trafo wegschmeißen – oder lieber doch noch nicht? Auf die aus der Schweiz mitgebrachten FI-Stecker können wir ebenfalls verzichten, denn das ganze Schiff ist jetzt mit einer modernen Fehlstromschutzschaltung und automatischen Sicherungen ausgerüstet.

Unser Boot soll am 4. Mai 1999 auf ein großes Containerschiff, die MADISON MAERSK, verladen werden, und wir müssen vier Arbeitstage vorher in Bremerhaven sein, damit die Schauerleute die »cradle«, den hölzernen Unterbau, zusammenzimmern können. Um möglichen Frühlingsstürmen auszuweichen, haben wir beschlossen, die offene See zu meiden und durch die Flüsse und Kanäle Norddeutschlands zur Weser zu fahren.

Leider erhalten wir manche Planungsunterlagen erst in Lübeck und müssen feststellen, dass der vorgesehene Weg durch die Binnenreviere nicht geht. Die tiefste Brücke des Hadelner Kanals, der die Elbe mit der Weser verbindet, erlaubt nur Durchfahrtshöhen von 2,7 Metern. Auch wenn wir alles abbauen, kommen wir nicht unter 3,02 Meter. Der Umweg über den Mittellandkanal ist uns zu weit. Der Weg über die Ostsee, Nord-Ostsee-Kanal und Nordsee kann in dieser Jahreszeit recht rau sein. Wir wählen deshalb einen Kompromiss, fahren binnen bis Hamburg und nur ein kurzes Stück über die Nordsee bis Bremerhaven. Zudem planen wir ein paar Tage Reserve ein. Wer weiß, ob wir nicht wegen Sturm vor der Deutschen Bucht lange hängen bleiben.

Am 21. April gegen Mittag verlassen wir Lübeck bei grauem Himmel und leichtem Regen. Der Elbe-Lübeck-Kanal hat an diesem Tag ungewohnt viel Berufsverkehr, und wir kommen nur langsam voran. Die Landschaft ist typisch »deutscher Kanal«: ländlich, friedlich, grün und etwas langweilig.

Kleine Panne: Die Temperaturanzeige des Backbordmotors bleibt auf Null. Die zweite Anzeige am Innensteuerstand ebenfalls. Das Problem muss also auf der Geberseite liegen. Etwas Kontaktspray an die richtige Stelle und der Defekt ist behoben. Solch kleine Pannen sind häufig, sie können meistens mit wenig Aufwand behoben werden, aber wenn man nicht immer am Ball bleibt, hat man in Kürze ein vergammeltes Schiff.

Auf der Elbe schiebt uns das ablaufende Wasser der Tide, und so kommen wir ab Hamburg mit etwa 18 Knoten zügig voran. Das Wetter wird sonnig, das Leben ist schön.

15

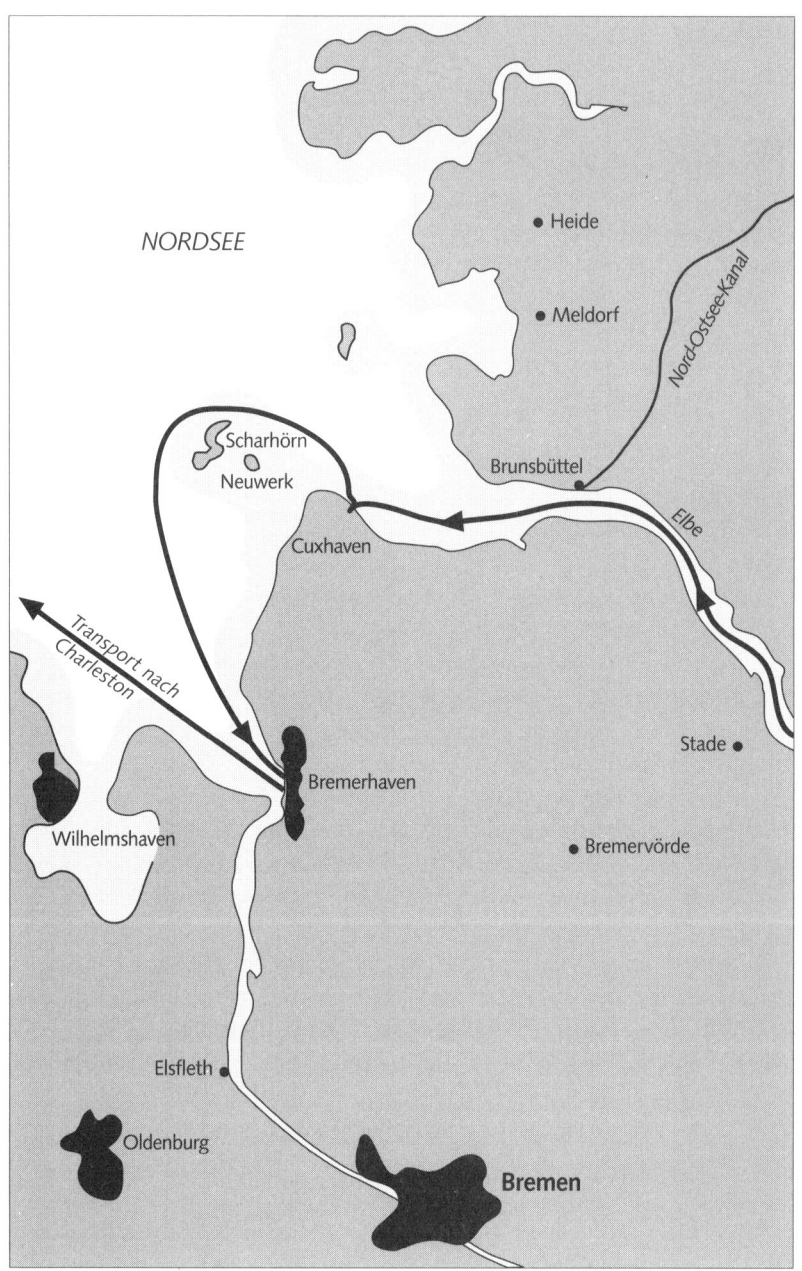

NORDSEE

Heide

Meldorf

Nord-Ostsee-Kanal

Scharhörn
Neuwerk

Brunsbüttel

Elbe

Cuxhaven

Transport nach
Charleston

Stade

Bremerhaven

Wilhelmshaven

Bremervörde

Elsfleth

Oldenburg

Bremen

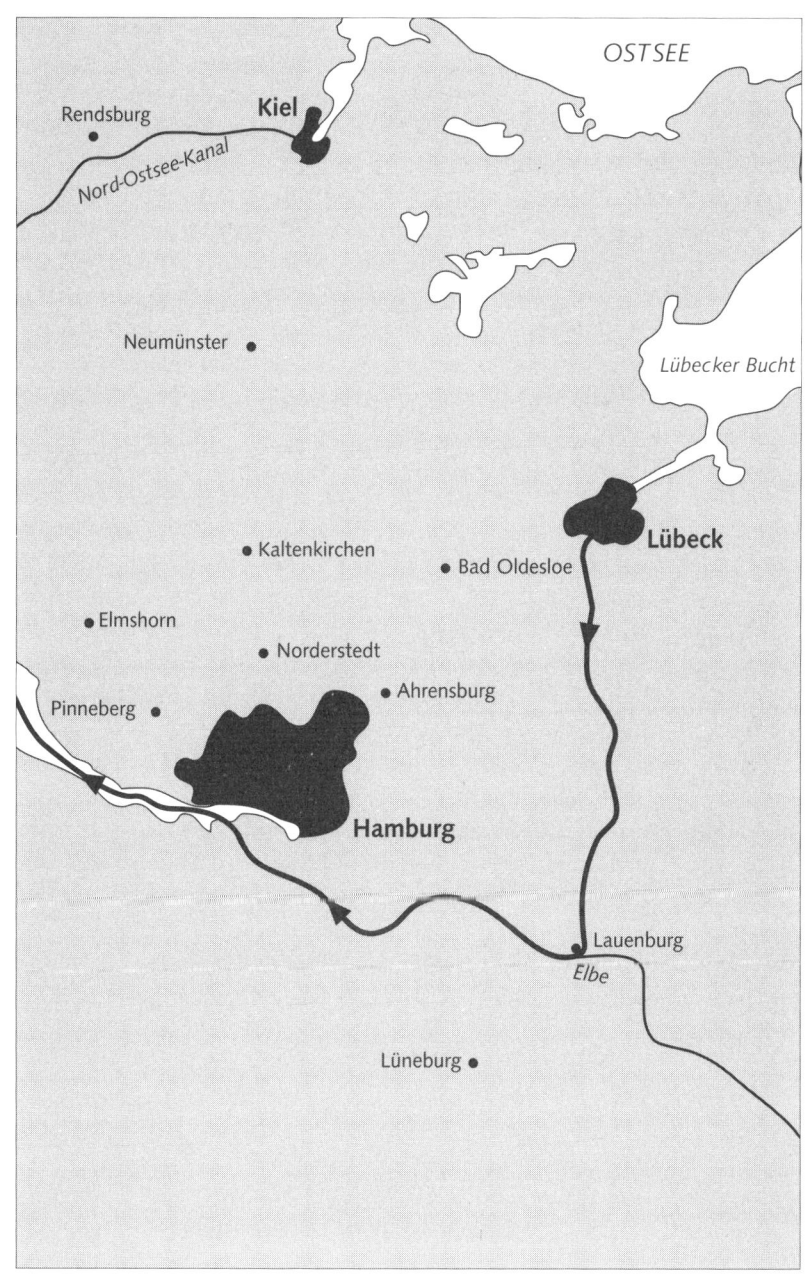

OSTSEE

Rendsburg

Kiel

Nord-Ostsee-Kanal

Neumünster

Lübecker Bucht

Kaltenkirchen

Bad Oldesloe

Lübeck

Elmshorn

Norderstedt

Pinneberg

Ahrensburg

Hamburg

Lauenburg

Elbe

Lüneburg

Am 24. April erreichen wir um 17 Uhr Cuxhaven, wo wir übernachten wollen. Es ist sonnig, warm und hat wenig Wind. Wir sitzen einen Moment beim Happy Landing Drink und machen uns dann auf die Suche nach neuen Karten, die wir für die Überfahrt nach Bremerhaven benötigen.

Einen Bootszubehörhändler finden wir nicht in diesem Yachthafen, dafür aber im Hafenbüro den Seewetterbericht für die nächsten fünf Tage: Heute bläst es zwar nur mit vier Beaufort, ab morgen aber und für die nächsten Tage wird Starkwind von sechs Beaufort und mehr sowie hoher Wellengang vorhergesagt. Dazu kommt das unbekannte Revier, das sich durch seine wandernden Sandbänke und den starken Berufsverkehr einen Respekt erheischenden Namen gemacht hat.

Unsympathische Aussichten, denn wir müssen bis spätestens Dienstag in Bremerhaven sein. Wir sollten sofort weiter. Wenn wir uns zuerst die fehlenden Karten besorgen, gibt es eine reine Nachtfahrt. Der angesagte Starkwind gerät in besorgniserregende Nähe. Ein lieber Freund aus dem Cruising Club Schweiz hat uns zwar die zum Revier passenden Karten ins Gepäck geschmuggelt. Die sind aber über zwanzig Jahre alt und »nur für Übungszwecke«. Er hat sie seinerzeit für die Vorbereitung zum Erlangen des Hochseescheins gebraucht.

Bei flachen Flussmündungen mit ihren rasch wandernden Sandbänken sollte nur mit dem neuesten Kartenmaterial navigiert werden. Wir erinnern uns an die Themsemündung. Da war selbst die Karte vom gleichen Jahr bereits nicht mehr aktuell. Andererseits sind stark befahrene Gebiete wie die Deutsche Bucht gut betonnt. Wer sich genau ans Fahrwasser hält, kann kaum etwas falsch machen. Aus diesen Überlegungen heraus entschließen wir uns, die Überfahrt nach Bremerhaven noch an demselben Abend und ohne neue Karten zu wagen.

Furrer's Law on Yachting Nr. 2:

> »Große Abenteuer«
> basieren meistens
> auf mangelnder Erfahrung
> oder schlampiger Vorbereitung.

Ende der Gemütlichkeit. Plötzlich eilt es. Landanschluss weg, ablegen und wenige Minuten später sind wir wieder auf See. Sobald es auch nur ein bisschen ernst gilt, wird nicht mehr geblödelt. Marlise und ich funktionieren als gut eingespieltes Team, das ohne viel zu reden sich gegenseitig in die Hand arbeitet. Das ist kein Wunder. Schließlich sind wir auf verschiedenen Törns schon über zwanzigtausend Seemeilen gemeinsam gefahren und dabei trotz Heirat die besten Freunde geblieben. Beide haben den Hochseeausweis für Segel und Motor (Yachtmaster's certificate), beide »können alles«. Marlise hat fast vierzig Jahre Motorboot-Erfahrung.

Ihr Vater hatte in den Fünfzigerjahren als Chef des Kraftwerks Spiez das stärkste Motorboot auf dem Thunersee. Da es noch keine Seepolizei gab, guckte der Dorfpolizist bei Sturm mit seinem Fernglas aufs Wasser, ob wieder so ein unvernünftiger Segler gekentert sei, und der »Chef vom Kraftwerk« — gelegentlich in Begleitung von Klein-Marlise — fuhr dann los, um die Leute aus dem Wasser zu fischen. Damit steht noch heute für sie fest: Segler sind keine seriösen Leute.

Ich selbst komme von der Seglerei und habe manches Jahr regattiert.

Um uns vom Berufsverkehr freizuhalten, wählen wir das linke Nebenfahrwasser und lassen somit die grünen Tonnen an Steuerbord. Mit 16 Knoten (= 30 km/h) durchs Wasser fahren wir im Bereich der technisch noch ratsamen Dauergeschwindigkeit. 16 Knoten sind nicht besonders viel. Schließlich hat unser altes Mädchen bei zehn Tonnen Gewicht nur knapp 300 PS.

Wegen des gegenlaufenden Tidenstroms sind unsere 16 Knoten über Grund jetzt nur 14 Knoten. Wir fahren gleich schnell wie der Frachter schräg vor uns, sodass wir auf dessen Welle mitreiten können. Das ist eine Spur komfortabler und spart zwei Tropfen Diesel.

Die Navigation ist anspruchslos: Tonnen identifizieren und abhaken. Wir haben mit den alten Karten lange genug auf die Prüfung hin gebüffelt und kennen sie auch nach all den Jahren noch beinahe auswendig. Der GPS ist aus Sicherheitsgründen angestellt, auf das Radar verzichten wir.

Bei Tonne 1 geht es auf 215°, Richtung Leuchtturm »Alte Weser«. Die Sicht ist jetzt unter fünf Seemeilen und es ist etwas diesig, sodass man vom Leuchtturm zuerst nur die obere Hälfte sieht.

Es wird langsam dunkel. Wir haben praktisch keinen Berufsverkehr und halten uns in der Mitte des Fahrwassers Weser, geführt vom Rot und Grün freundlich blinkender Tonnen. Das Feuerschiff »Elbe 1« ist natürlich längst durch eine automatische Anlage ersetzt worden, und die in der Karte eingezeichneten Tonnen entsprechen der Wirklichkeit auch nicht mehr. Aber die Betonnung ist so dicht und perfekt, dass sich jeder problemlos zurechtfindet.

Gegen 22 Uhr biegen wir in den Vorhafen zum Nordhafen ein. Anruf auf UKW-Kanal 12 – wir sind angemeldet. Bremerhaven Port Control lässt uns relativ schnell in die Nordschleuse ein. Diese ist riesengroß. Weisungsgemäß bewegen wir uns in die rechte hintere Ecke. Von dort aus kann man bei dem ungewissen Licht nicht einmal mehr feststellen, ob das hintere Schleusentor offen oder zu ist.

Entlang der ganzen vier Meter hohen Mauer liegt ein zwei Meter breites Floß. Oder ist es doch keins? Alle paar Meter führt eine dicke Kette durch ein Loch in den Balken senkrecht ins Wasser. Wenn es wirklich ein Floß ist, müssen die Ketten bei jedem Tidenhub am Holz schamfielen (durch Reibung wegfasern). Es ist schwer vorstellbar, dass deutsche Ingenieurskunst so etwas zulässt. Wir stehen auf glitschigen, nassen Balken, halten das Boot von Hand und warten auf die versprochene sofortige Schleusung. Es ist affenkalt, und ein Schluck aus der Wodkaflasche, die uns ein russischer Seglerfreund vor zwei Jahren verehrt hat, hilft nur bedingt.

Nach einer halben Stunde, in der nichts geschieht, rufen wir noch einmal die Port Control an. »Ja, ihr müsst euch schon ein paar Minuten gedulden, es kommt noch ein Autodampfer«.

Wir binden fest und kochen Spaghetti al Pesto. Mit etwas Warmem im Bauch und einer laufenden Eberspächer-Heizung sieht das Leben wieder bedeutend freundlicher aus. Aus den paar Minuten sind etwa siebzig geworden. Ein nasser Streifen an der Wand zeigt, dass wir samt Floß mit der Ebbe 1,5 Meter gesunken sind und die Empfindlichkeit deutscher Ingenieurskunst überschätzt haben.

Eine weiße Wand schiebt sich ins Bild, der »Autodampfer« entpuppt sich als Spezialfrachter für Neuwagen. Um Mitternacht werden wir zusammen mit dem großen Schiff geschleust und verziehen uns, wie von der Hafenbehörde gewünscht, in die hinterste Ecke des Nordhafens.

Anderntags werden wir von zwei freundlichen Herren in Polizei-
uniform geweckt, die wissen wollen, wer uns die Erlaubnis gegeben
hat, in diesem Hafen zu liegen und wie wir als Sportboot überhaupt
hereingekommen sind. Wir erklären ihnen die Sachlage.

Eine Rücksprache mit der Port Control zeigt, dass wir zwar grundsätzlich das Recht haben, dort zu liegen, aber dass man uns doch am
liebsten los wäre. Bremerhaven mit seinem spezialisierten Frachtum-
schlag, dem großen Containerhafen und der Autoverladung, wo wir
liegen, brummt vor Betrieb. Da ist eine kleine Yacht einfach im Weg.
Wir haben volles Verständnis.

Außerdem ist es ja auch eher ungemütlich. Grundsätzlich liegen
wir zwar lieber in einem kommerziellen Hafen als in einer Marina,
doch sollte er mindestens zwei Nummern kleiner und weniger
betriebsam sein. Wir verlegen deshalb in den empfohlenen »Neuen
Hafen«, machen neben ein paar Sportbooten fest und erfahren als
Erstes, dass Gäste dort nichts zu suchen haben.

Dann aber kommt der erste Vorsitzende des Yachtklubs und ist sehr
hilfsbereit. In Anbetracht der besonderen Umstände dürfen wir bleiben. Sogar gratis. Es fehlen zwar Trinkwasser und Strom, dafür liegen wir nahe am Stadtzentrum und weit weg vom regen Verkehr der
Autotransporter, Containerschiffe und Lotsenboote.

Am Sonntag scheint die Sonne und wir frühstücken zum ersten Mal
an Deck. Dann beginnen wir, unsere FORTUNA für die Fahrt über den
Atlantik vorzubereiten. Rettungsinsel, Außenbordmotor, Fender und
Rettungsringe werden auf dem Achterdeck verstaut. Darüber kommen Fenderbrett, Beiboot und dann die Winterpersenning.

Da wir den Transport nach Volumen (Kistenmaß) bezahlen, müssen wir die Davids abschrauben. Der Radarbügel samt Radar wird
heruntergeklappt und alle Antennen werden abgenommen. Kaum
sind wir fertig, blitzt und donnert es. Heftiger Regen setzt ein.

Alles ist bereit, doch dann kommt die Mitteilung: Das Auswassern
muss aus technischen Gründen auf Mittwoch verschoben werden.
»Technische Gründe«, wie auf dem Flughafen. Warum fühle ich
mich immer verarscht, wenn ich das höre?

Bremerhavens Hafen ist ein Dorf und schon nach kurzer Zeit
weiß jeder, was das für sonderbare Schweizer sind, die sich wie
selbstverständlich durch verbotenes Gebiet bewegen und ihr Boot für

die USA verladen wollen. Wir werden immer wieder angesprochen. Der eine erzählt, weshalb er seine alte Segelyacht mit der Feuerwehr kranen kann, der andere, wo wir das beste Gasthaus finden, der dritte schimpft über Regierung und Asylanten. Sogar die Bremerhaven Port Control findet Zeit für einen kleinen Schnack.

Am anderen Morgen, pünktlich um neun Uhr, treffen wir im Nordhafen ein, sehen ein Fuder Kantholz, nehmen an, dass es sich um das Baumaterial für unsere Cradle handelt und legen in dessen Nähe an. Aus einer orange gekleideten Gruppe löst sich eine Figur und bittet uns, fünfzig Meter nach vorne zu fahren.

Kein Problem.

Dann kommt der Nächste und wünscht eine weitere Verholung zwanzig Meter nach hinten.

Wird gemacht.

Jetzt kommt ein weiterer oranger Mann in einem weißen Opel und verlangt aufgeregt, wir sollen verschwinden, da ein Autocarrier dort hin soll, wo wir liegen.

Ich trommle die verschiedenen orangen Herren, die in der Gegend herumstehen, zusammen und bitte um Einstimmigkeit. Vorher bewege ich das Boot nicht mehr. Dann verziehen wir uns in eine Ecke, warten, bis der große Autodampfer festgemacht hat, und legen dahinter an.

Zwölf Mannstunden (das heißt: sechs Mann, die zwei Stunden lang auf Arbeit warten) später als vorgesehen tritt der 340-Tonnen-Kran in Funktion. Gott sei Dank bezahlen wir eine Pauschale, denn auch der Kran ist mindestens für 2000 DM länger in Betrieb als vorgesehen.

Das hölzerne Untergestell, die Cradle, gerät zum wahren Kunstwerk. Zuerst werden unter zwei tragende Partien des Boots rechtwinklig zum Kiel zwei dicke Balken gelegt, auf denen unsere FORTUNA zu stehen kommt. Darauf liegen entsprechend eingekürzte Balken. Lage auf Lage folgt der Form des Rumpfes. Es ist erstaunlich mit welcher Präzision die Profis mit ihren Kettensägen arbeiten.

Im Wissen, in guten Händen zu sein, verlassen wir Bremerhaven, besuchen Bremen, Hamburg und Kiel, gehen in Theater und Musicals, essen zu viel und zu gut, lassen uns von Freunden verwöhnen. Alles in allem keine schlechte Art, die Zeit bis zum Abflug in die USA zu überbrücken.

Nach neun Stunden Flug kommen wir müde und mit geschwollenen Füßen im Flughafen an und organisieren uns eine Bleibe im Holiday Inn »downtown« in Atlanta.

»Downtown« besteht aus vielen modernen Wolkenkratzern, aber alles ist ausgestorben. Wo ist die Stadt? Wir sehen nur Gebäude, aber kaum Leute. Die vielen Parkhäuser sind leer. Nicht einmal Verkehr hat es und nur wenige Läden. Erst nach und nach dämmert uns, dass ja Samstag ist und wir uns hier im Geschäftsviertel befinden. Das ist am Wochenende ausgestorben. Nur ein einsamer Bettler ist zu sehen und bei den Fastfood-Restaurants ein paar junge Leute.

Das besuchte Coca-Cola-Museum ist nicht nur für Kinder sehenswert. Es zeigt die ganze historische Entwicklung der Brause: Zuerst wurde nur ein Cola-Sirup angeboten, der vom Drogisten mit Wasser verdünnt und im Offenausschank als Medizin verkauft wurde. In Zusammenarbeit mit lizenzierten Abfüllern kam später ein fertiges Produkt auf den Markt. Aus der Medizin wurde ein Erfrischungsgetränk.

Für einen Marketing- und Werbemann wie mich ist vor allem die Entwicklung der charakteristischen Coca-Cola-Flasche interessant, die Schaufensterdekorationen und Promotionen der verschiedenen Epochen sowie die Geschichte der Werbung und ihre Anpassung an die verschiedenen Märkte. Besonders attraktiv für die Kinder ist der Coca-Cola-Springbrunnen, wo mit einer großen Schau alle Coca-Cola-Getränke in den verschiedensten Varianten gekostet werden können, bis zum Gehtnichtmehr.

Im »Underground«, einem mehrere hundert Meter langen ehemaligen unterirdischen Rangierbahnhof, befinden sich gepflegte Boutiquen mit Nippes, Mode und Schmuck sowie verschiedene Spezialitätenrestaurants. Dort ist auch am Wochenende und abends etwas los. Leute flanieren, sitzen um ein Wasserspiel. In der Nähe spielen ein paar Schwarze an kleinen Tischen Schach. Die Geschäfte sind offensichtlich weniger interessant als das gesellige Zusammensein.

Wir besuchen den botanischen Garten. Er gibt Gelegenheit zu einem schönen Spaziergang, ist aber allen anderen ähnlich. Kein touristisches Muss. Auf die historischen Ausstellungen und auf das Riesengemälde mit Szenen aus dem Bürgerkrieg, die ebenfalls als sehenswert empfohlen werden, können wir getrost verzichten.

Bei CNN, der großen TV-Nachrichtenstation, landen wir durch Zufall in einer Talkshow. »Talk back life« heißt sie. Es geht um ein fragwürdiges Gerichtsurteil, wo ein TV-Sender den klagenden Eltern 25 000 000 Dollar Schadenersatz bezahlen muss, weil ihr schwuler Sohn aufgrund seiner Äußerungen in einer Live-Show von seinem Freund erschossen wurde.

Zum Thema halten wir als höfliche Gäste das Maul. Unsere Meinung ist sicher nicht gefragt, denn wir finden: Solange Anwälte mit einer hohen Erfolgsbeteiligung bezahlt werden und nicht mit einem festen Honorar, das unabhängig vom Ausgang des Urteils fällig wird, solange Geschworene auch in zivilrechtlichen Händeln eingesetzt werden und dabei die Möglichkeit erhalten, es den sonst so mächtigen Großfirmen und den Reichen »zu zeigen«, so lange bleibt das US-Justizsystem eine riesige Goldgrube, wo sich jeder seinen Teil zu holen versucht, und die Anwälte vermehren sich wie Kaninchen.

Interessant aber ist das Vorgehen der Show-Profis. Zuerst wird das versammelte Publikum von einem Animateur aufgeheizt, der in der eigentlichen Sendung nicht zu sehen ist. Er sammelt Kommentare aus dem Publikum, die anschließend in der Live-Sendung je nach Bedarf als »spontane Reaktionen« abgerufen werden. Bei manchen Leuten handelt es sich offensichtlich um Stammgäste. Sie werden mit Vornamen angesprochen. Ihre Kommentare sind voraussehbare, sichere Werte.

Der Moderator, ganz der große Star, erscheint erst knapp vor der Übertragung. Er setzt die Show mit einer Kombination rasch wechselnder Beiträge in Szene. Seine eigenen Kommentare sind intelligent, wohl überlegt und offensichtlich gut recherchiert. In den Online-Interviews vertreten verschiedene Koryphäen und am Prozess beteiligte Anwälte ihre eigenen Interessen. Die Publikumsbeiträge bringen sachlich nur wenig, aber sorgen für Folklore. »Kindermund« hat immer Unterhaltungswert.

Das Ganze ist sehr professionell gemacht und der Mix optimal, wenn man akzeptiert, dass nicht die Wissensvermittlung, sondern die Unterhaltung und eine hohe Einschaltquote an erster Stelle stehen. Für die Werbung wird erbarmungslos unterbrochen. Dann tritt sofort der Animateur wieder in Funktion, um das Publikum bei Laune zu halten.

Wir nehmen einen Mietwagen nach Charleston und machen Zwischenstation in Savannah. Hier spürt man den Charme der alten Südstaaten. Die Stadt liegt nicht ganz am Meer. Frachter kommen den Fluss hinauf. Am Ufer, der Riverside, stehen pittoreske kleine Häuser, in die sich das Tourismusgewerbe eingenistet hat. Restaurants, Bars, Lädchen und Stände mit Souvenirs, Kitsch und Kunstgewerbe. Viele flanierende Leute schauen sich die Angebote an und hören den Straßenmusikanten zu. Fast jeder hat einen Pappbecher oder eine Flasche mit einem Softdrink in den Händen. Amerikaner, die mit einem Getränk in der Hand durch die Gegend wandern, haben wir übrigens in den ganzen USA häufig gesehen. Einmal konnten wir sogar beobachten, wie eine gepflegte Dame in einem besseren Restaurant ihr Weinglas mit aufs Klo nahm.

Ein paar Meter weiter, in einer Grünanlage am Wasser, gibt die Stadt zu Ehren des Muttertags gratis zwei musikalische Freilichtveranstaltungen. Am Nachmittag wird erstaunlich guter Big-Band-Jazz geboten, am Abend ist es klassische Musik der leicht verdaulichen Art. Der Höhepunkt bildet Tschaikowskys »1812«. Der Bürgermeister verkündet: »Da unsere Jungen im Kriegseinsatz im Kosovo sind, feuert in Stellvertretung die Polizei an der richtigen Stelle Böllerschüsse und Feuerwerk ab«. Es wird spät.

Zurück ins Hotel. Wir spazieren durch einen Park unter riesigen Eichen, an denen das »Spanische Moos«, eine Flechte, seine grauen Bärte herunterhängt. Auf Distanz erklingt das letzte Stück, »Stars and Stripes«. Jetzt setzt das Feuerwerk richtig ein. Rote und blaue Bouquets steigen auf, Raketen, weiße Wasserfälle, Knallkörper. Teilweise durch die Bäume abgedeckt, entwickelt das Schauspiel einen ganz besonderen Charme.

Wir müssen gut eine Woche warten, bis unser Boot ankommt, und wollen ein paar Tage an den Strand. Marlise wählt dafür eine kleine Inselgruppe zwischen Savannah und Charleston aus. Wir suchen ein hübsches Hotel mit sandigem Strand, aber das dauert. Wir fahren über viele Brücken von Insel zu Insel. Es gibt jede Menge Wald, vereinzelte Häuser und »Mobile Homes«, aber weit und breit kein Hotel.

Eine Drehbrücke bringt uns zum Halten. Vor uns steht ein Jeep mit einem sympathischen Nummernschild: »South Carolina – friendly faces, beautiful places«. Marlise fragt den älteren Gentleman am Steuer, wohin wir gehen könnten. Er erklärt, Hotels gäbe es keine, zeigt aber südstaatlerische Gastfreundschaft und führt uns zu einer privaten Ferieninsel, Fripp Island. Er meint, hier gebe es mit Sicherheit keinen »riff raff« – lärmenden Pöbel.

Der Empfang ist überwältigend: bewaffneter, uniformierter Wächter bei der Einfahrt, imposante, leere Empfangshalle. Dekoratives Personal, das nichts zu tun hat. Wir buchen für zwei Nächte zu einem stolzen Preis. Durch gepflegte Parkanlagen mit schönem alten Baumbestand und künstlich geschaffenen Wasserläufen führt unser Weg zur angegebenen Stelle. Unser »Zimmer« entpuppt sich als große Ferienwohnung für sechs Personen. Alles wirkt überdimensioniert. Die Waschmaschine und der Trockner dürften beide mehr als zehn Kilo Wäsche fassen. Die Küche ist groß genug für ein kleineres Restaurant. Der Teppich im weitläufigen Wohnzimmer ist knöcheltief, und in der bequemen Polstergruppe kann man sich verirren. Wir kommen uns vor wie Gulliver im Land der Riesen.

Da es in der Nachbarschaft keinen ordentlichen Lebensmittelladen gibt, lohnt es sich nicht, diese Wohnung für nur drei Tage in Betrieb zu nehmen. Also, zurück zum Empfang. Wir bekommen ein normales, recht preisgünstiges Hotelzimmer mit einer Kochnische. Alles ist sauber. Die Klimaanlage macht nicht allzu viel Lärm. Vor und hinter dem Haus hat es je einen Swimmingpool. In der Cafeteria gleich um die Ecke können wir uns verpflegen. Auf dem Weg dorthin treffen wir übrigens auf den größten Haushaltsstaubsauger aller Zeiten. Er ist so groß wie ein Lieferwagen und parkt zwischen den Autos vor den Eingängen, während die Putzequipe mit langen Schläuchen in den Zimmern Staub saugt.

Es sind kaum Gäste auf Fripp Island. Der gepflegte Strand ist leer. Kleine gefiederte Strandläufer suchen nach Nahrung. Krabben graben sich ein, sodass nur noch Luftlöcher zu sehen sind. Barfuß laufen wir am Wasser entlang, das uns warm die Knöchel umspült, während der Sand zwischen den Zehen durchrinnt.

Die Insel ist etwa fünf mal zwei Kilometer groß, verfügt über zwei hervorragend angelegte Golfanlagen, diverse Tennisplätze, mehrere Pools, Salzsümpfe voller Vögel und einen Privathafen. Die Ferienhäuser liegen in einem Park mit durchlaufenden Kanälen, kleinen Seen, subtropischen Bäumen und gepflegten Rasenflächen, auf denen halbzahmes Rehwild äst. Die meisten Häuser sind Privatbesitz und werden von der Inselorganisation vermietet.

Die Entwicklung der Ferienanlage ist schon weit fortgeschritten, aber es wird immer noch neu gebaut. Wir studieren südstaatliche Baukunst. Unglaublich, wie billig und leicht zusammengezimmert wird. Die Häuser stehen auf Säulen. Das wird vom Staat oder den Versicherungen wegen der Hochwassergefahr vorgeschrieben. Es macht aber auch Sinn wegen der hohen Luftfeuchtigkeit und wegen allerlei Getier, das so von den Wohnräumen ferngehalten wird. Zudem kann man das Auto darunter parken. Nur: Was wie massive Betonsäulen aussieht, sind de facto dünnwandige, viereckige Rohre. Die luftige Plattform des tragenden Fußbodens wird aus hochgestellten, vierzig Millimeter dicken Brettern konstruiert. Die Außenwände bestehen aus einem leichten Lattengestell mit daraufgenagelten, zwölf Millimeter dicken Spanplatten. Darüber kommt eine foliendünne Kunststoff-Verblendung, damit die Fassade einen massiven Eindruck macht. Ein paar Metallstreifen hindern das Dach am Davonfliegen.

Wir sehen im Fernsehen Tag für Tag mehrere Tornados und die Verwüstungen, welche sie gerade in dieser Gegend anrichten. Kein Wunder, dass die Häuser zusammenfallen wie Kartenhäuser, sie sind ja auch so gebaut.

Der Kontakt zu Familie und Freunden ist auf einem großen Törn oft nur mit Schwierigkeiten aufrechtzuerhalten.

Es muss nicht immer so schlimm sein wie damals, als ich auf See vor der Insel Ägina in Griechenland ein wichtiges Funktelegramm aufgeben musste, während Marlise sich durch die grobe See kämpfte. Die Verbindung über UKW zur Küstenfunkstelle funktionierte noch einigermaßen. Der Beamte konnte aber kaum Englisch. »Telegramm« hatte er kapiert und an den Kollegen weiterverbunden, aber der war auch nicht viel sprachgewandter. Ich gebe meinen Text auf Englisch durch. Pause. »Bitte buchstabieren.« Ich fange an und werde unterbrochen: »Bitte wiederholen«. Jetzt setzt mein Gedächtnis aus. Ich muss den Text zuerst aufschreiben. Mein Bleistift ist wegen des starken Seegangs längst auf dem Fußboden weggerollt und ich rolle hinterher. Die ganze Übung dauerte fast eine Stunde.

Die Lösung des Problems heißt Internet. Wir haben uns in der Schweiz ein System gekauft, das auch an Bord funktioniert. Es besteht aus einem großen, schnellen Laptop mit Infrarotschnitt-stelle und einer vernünftigen Tastatur, einem international einsetz-baren, digitalen Handy mit integriertem Modem, Verbindung durch Infrarot, und einem winzig kleinen Farbdrucker. Ein erfahrener, qua-lifizierter Fachhändler hat uns beraten und alles aufeinander abge-stimmt. Wir wissen aus Erfahrung, dass sich hier die Jagd nach den letzten Prozenten Rabatt nicht lohnt, denn ohne kompetente Bera-tung und Installation ist der Ärger vorprogrammiert. Dass in Ame-rika alles viel preisgünstiger sei, erweist sich ohnehin als Märchen. Die Billigangebote, die wir hier sehen, offerieren die Technik von vorgestern.

Marlise ist die Idealbesetzung, wenn es um PCs geht. Nach einer Blitzkarriere bis zur Direktionssekretärin des Delegierten eines gro-ßen Konzerns und einem kurzen, verunglückten Zwischenspiel in der ersten Ehe kam sie vor bald zwanzig Jahren zu den Kleincomputern. Ihre Aufgabe war es, neu entwickelte Software für Arztpraxen zu tes-ten und zu schulen. Als ihr dann die 60 000 Autokilometer pro Jahr neben Haushalt und Kindern zu mühsam wurden, wechselte sie in die Erwachsenenbildung und schulte diverse Softwareprogramme. Sie hat die Geschwindigkeit und Ruhe eines erfahrenen Hackers. Die braucht sie auch, um mit einem Handy einen Kontakt aufzubauen. Das ist nämlich gar nicht so einfach, wie es im Prospekt steht. Je nach E-Mail-Adresse müssen andere Provider angewählt werden, und das bedingt andere Telefonnummern. Manche Telefongesellschaf-ten verlangen »00« bei der internationalen Vorwahl und nichts ande-res, andere akzeptieren nur »+«. Manchmal braucht es auch bei loka-len Gesprächen die regionale Vorwahl. Aus diesen Gründen ent-spricht der automatische Aufbau der Verbindung nur selten den Erfordernissen. Marlise muss genau zum richtigen Zeitpunkt blitz-artig in den automatisch ablaufenden Prozess eingreifen. Ich habe es längst aufgegeben, mit dem Zeug klarzukommen, und verdrücke mich in die Küche, wenn es darum geht, um verschiedene Ecken herum eine Verbindung aufzubauen.

Auch ist das digitale GSM-Telefonnetz (noch?) nicht ganz ausge-baut. Entlang der Ostküste ist der Empfang bis auf kleine Lücken o.k. Im Landesinnern bricht er aber ab – sogar in Großstädten wie Chicago herrscht Funkstille – und kommt erst am Golf von Mexiko wieder.

Trotz aller Probleme ist diese Ausrüstung super. Wir haben hier so etwas wie ein mobiles Büro. Marlise hält per E-Mail Kontakt zur Familie und braucht sich weder um die Zeitverschiebung noch um die aktuelle Anwesenheit unserer beiden Söhnen oder irgendwelcher anderen Leuten zu kümmern. Ich interessiere mich mehr für das Internet: den neuesten Seewetterbericht, die Schweizer Börse (online) oder andere Informationen.

Zudem können wir natürlich auch Texte erfassen. So bin ich gerade jetzt am Laptop und schreibe an diesem Bericht. Also: Grüß dich, lieber Leser!

In Charleston gilt unser erster Besuch der Schifffahrtsgesellschaft Maersk, wo wir uns die Frachtpapiere, die »bill of loading«, besorgen. Nein, wir wollen keinen Agenten für den Zoll, da wir befürchten, dass das Boot dann plötzlich verzollt oder zumindest vorübergehend importiert werden muss.

Der nächste Weg führt weisungsgemäß zum Zoll im Containerhafen, zwanzig Kilometer außerhalb der Stadt. Der dortige Zollinspektor will das Boot verzollt sehen, da es ja nicht auf eigenem Kiel ins Land komme und somit als normales Importgut zu betrachten sei. Wir sind dagegen: Yacht ist Yacht. Nach längerer Diskussion gibt er auf und schickt uns aufs Hauptzollamt.

Anderntags betreten wir über viele Treppen das US Customs House in Charleston. Das imposante Gebäude sieht aus wie ein griechischer Tempel mit vielen Säulen, hohen Räumen und gilt als Kulturdenkmal.

Erste Tür: »Centralized Analysis Team«.

Wir erklären unser Anliegen, und ein freundlicher Beamter verweist uns ins Büro schräg vis-à-vis.

Zweite Tür: »US Customs Chief Inspector«.

Gleiches Spiel, diesmal mit Dame. Wir werden zur dritten Tür, unten, links, zum »US Customs Entry Specialist Team« verwiesen.

Das Team besteht aus fünf Damen und Herren, die sich nacheinander erkundigen und sich anschließend jeweils für nicht zuständig erklären.

Glücksfall: Eine Dame verschwindet kurz und stellt fest, wir seien im Büro Nr. 1 an der richtigen Adresse gewesen. Eigentlich sei alles ganz einfach.

Zurück ins Büro Nr. 1.

Hier hat sich unterdessen ein knappes Dutzend Beamte versammelt. Die eine Gruppe will das Boot verzollt wissen, die andere plädiert für einen vorübergehenden Import, die dritte findet, das Boot sei persönliche Ausrüstung, da genüge ein einfaches Formular. Die letzte Fraktion setzt sich mit Haaresbreite durch.

Wir sind froh, dass unsere Motoryacht jetzt in die gleiche Kategorie fällt wie eine Zahnbürste (persönliche Ausrüstung, ebenfalls Plastik) oder ein Personenwagen. Das Formular ist rasch ausgefüllt. Nach dem ersten Stempel wird es einfach und wir bekommen im nächsten Büro (Nr. 2) unser »sailing permit«. Das Ganze ist gratis und eigentlich müssen wir froh sein, dass so viele nette Leute sich um uns gekümmert haben.

Charleston verfügt über vier »historische« Buslinien, genannt »Dash«. Mit zwei Dollar pro Tag sind sie sehr preisgünstig und werden rege benutzt. Von außen sieht so ein Dash aus wie eine Trambahn von 1910 und bietet innen den gepflegten Komfort eines Militärlastwagens: harte Bänke, kaum Federung, alles klappert.

Ich frage eine der schwarzen Fahrerinnen, wie alt diese historischen Fahrzeuge sind. »Oh, dieses hier ist schon sehr alt, etwa zehnjährig, die anderen sind neuer.«

Die untere Stadt ist für amerikanische Verhältnisse wirklich historisch und scheint zu einem guten Teil vom Tourismus zu leben. Gegründet im 17. Jahrhundert, hat sie eine Invasion der Engländer, den Bürgerkrieg sowie mehrere Feuersbrünste hinter sich. Aus diesen Gründen ist der größte Teil der Gebäude keine zweihundert Jahre alt. Die Bauten sind in der Regel nur wenige Stockwerke hoch und sehen aus wie aus dem Film »Vom Winde verweht«. Diesen Bezug scheinen auch die Einheimischen zu sehen, denn man findet die Namen der beiden Hauptfiguren »Rhett Buttler« und »Ashley« aller Orten. Ein besonderer Anziehungspunkt bildet der Markt, eine langgestreckte, seitlich offene Halle, in der sympathischer Krimskrams aller Art angeboten wird. Man findet Kräuter, ätherische Öle, aus Binsen geflochtene Körbchen oder Untersätze, Windharfen, handgefertigten Schmuck aus Draht und Perlen, T-Shirts und andere Textilien in bunter Mischung.

Gegen den Südzipfel der Halbinsel, die »Battery«, wird es vornehm. Große, alte Patrizierhäuser prunken mit ihren klassizistischen Fassaden in parkähnlichen Gärten. Die Stadt verfügt über verschiedene Häfen. Der leistungsfähige Containerhafen liegt etwas außerhalb der Stadt und der große Ro-Ro-Terminal mitten in der Altstadt, vis-à-vis vom griechischen Tempel, dem Zollgebäude. Ein weiterer, riesiger Containerhafen für Megaschiffe ist geplant.

Ein paar Meilen außerhalb der Stadt können verschiedene Baumwollplantagen besichtigt werden. Von Baumwoll- und Reisfeldern ist jedoch nichts zu sehen, und die hölzernen alten Herrschaftshäuser sind größtenteils dem Bürgerkrieg zum Opfer gefallen.

Die »Magnolia Plantation« ist trotzdem ein Muss wegen ihrer wunderschönen Gärten. Der wichtigste, in der Art eines englischen Parks angelegt, wurde bereits 1860 der Öffentlichkeit zugänglich gemacht. Er wirkt durch seine natürliche Architektur, schattigen Wege und verspielten Wasserläufe. Nur sind im Mai die Magnolien leider fast alle verblüht.

Ein Gewächshaus zeigt tropische Pflanzen aus der Karibik.

In einem Sumpfgarten führen hölzerne Stege unter dem dichten Blätterdach hoher Mangroven über Sumpf und Wasser. Man glaubt sich in die Everglades versetzt.

Neben dem Parklatz finden wir per Zufall die Rekonstruktion einer alten Sklavenhütte. Wir sehen zwei Zimmer, einen offenen Kamin und Herd, ein recht gemütliches Doppelbett, Wiege, Tisch und Stühle. Wenn das wirklich dem Durchschnitt entspricht, ging es den Schwarzen diesbezüglich gar nicht so schlecht. Unsere Schweizer Bergbauern haben vor zweihundert Jahren auch nicht besser gewohnt.

Zurück in Charleston. Was uns am meisten begeistert, ist die Freundlichkeit der Leute. Beim Einsteigen in den »Dash« Bus macht Marlise die Bemerkung, dass wir zum Nachtessen »downtown« gehen wollen. Die Fahrerin des Busses zeigt uns daraufhin nicht nur jedes bessere Restaurant auf dem Weg, sondern hält zwischen zwei Stationen, um uns direkt vor einer Gaststätte aussteigen zu lassen. Das Lokal bietet etwas, was man sonst kaum findet: Tische im Freien. Die Küche ist gut und preiswert. Da wir wissen, dass wir ein paar Busse später mit derselben Fahrerin zurückfahren, kaufen wir ihr auf dem Markt eine Duftkerze als kleines Geschenk. Die Dame vom Bus flippt fast aus vor Freude. Der ganze Bus amüsiert sich.

Die Stunde der Bewährung naht. Morgen, Sonntag, soll unser Boot auf der MADISON MAERSK eintreffen. Ob wohl noch alles ganz ist? Ob sich unsere Verpackerei bewährt hat?

Diese Nacht schlafen wir kaum und fahren am nächsten Morgen um Viertel nach sechs mit einem Taxi Richtung Containerhafen. Da, auf einer Brücke sehen wir ein Schiff der Maersk-Linie durchfahren. Ist es die MADISON? Der Taxifahrer will anhalten, doch nein, es ist ein anderer Frachter.

Zwanzig Minuten zu früh treffen wir bei den Hafenbüros der Maersk ein. Die Tür steht offen und dahinter hat es ein Täfelchen »Please come in«. Ich wandere durch beleuchtete Büros und kontrolliere sogar die Klos. Kein Mensch zu finden. Dann entdecken wir das Containerschiff MADISON am weit entfernten Kai und lassen uns vom Taxi hinfahren. Es ist ein Riesenschiff, aber auf all den hoch aufgetürmten Containern befindet sich keine FORTUNA.

Der Hafen ist fast menschenleer. Wir peilen die paar Frühaufsteher, die zu sehen sind, an und fragen nach unserem Kontaktmann Randy. Freundliche Polizisten und Hafenbeamte setzen sich in Bewegung, um ihn zu finden. Da kommt er schon und verfrachtet uns samt Gepäck mit seinem Auto zurück in sein Büro.

Des Rätsels Lösung: Die FORTUNA sitzt nicht, wie geplant, weit oben auf den Containern, sondern sie wurde doch im Rumpf des Schiffes transportiert. Zuerst müssen die darüber liegenden Container entladen oder umgestapelt werden. Wir warten. Um neun Uhr ist es soweit.

Ob wir beim Ausladen dabei sein wollen? Aber sicher! Wir klettern durch den Rumpf des Schiffes, werden dem Kapitän vorgestellt und sehen von einem oberen Deck aus in einen tiefen Schacht, in dem unsere FORTUNA steckt. Das Loch ist so lang wie ein Container und doppelt so breit.

Da ein Container zwölf Meter lang ist und unser Boot mit Ankerbeschlag und Badeplattform 12,10 Meter, ist der Platz verflixt knapp. Bei der Planung der Ladung hat sich ein Fehler eingeschlichen, denn in den Papieren ist das Boot mit 31 statt mit 37 Fuß aufgeführt. Je nach Land und Schreibweise können »7« und »1« schon verwechselt werden. Schwarze Schauerleute diskutieren lange und intensiv und dann passiert das Wunder: Obwohl hinten und vorn nur eine Handbreit Platz ist, wird das Schiff mit absoluter Präzision und ohne

Schaden herausgehoben. Der 700 Kilo schwere Ladebock, die Cradle, hängt immer noch unten dran.

Ursprünglich sollte die FORTUNA direkt ins Wasser gesetzt werden, aber das Risiko ist zu groß, da bis zum nächsten Frachter nur wenig Platz vorhanden ist. So kommt die Fuhre zuerst auf einen Tieflader. Dieser fährt hin und her, denn inzwischen ist dort, wo man zuerst einwassern wollte, kein Platz mehr. Endlich, gegen Mittag, wird eine Stelle ausgemacht. Es ist dieselbe, die ursprünglich als zu eng befunden worden war.

Wir werden mit einem Hubstapler an Bord unseres Schiffs gehievt und verstauen unser Gepäck. Dann müssen wir wieder von Bord, da der Kranführer aus versicherungstechnischen Gründen keine Last mit Passagieren bewegen will. Das Boot wird sanft hochgehoben und an der Kaimauer abgesenkt. Das Wasser befindet sich in gut drei Metern Tiefe, eine Leiter gibt es nicht, deshalb macht der Kran einen kurzen Zwischenhalt, sodass wir unser Boot zu ebener Erde betreten können.

Am Ende des Hafens befindet sich ein kleiner Steg, wo wir anlegen und unsere Motoryacht startklar machen dürfen. Wir werden begrüßt von Baird, dem Chef der Abteilung »Maersk Hafen«, mit Sohn Clayton. Er hat seinen freien Sonntag geopfert und ist mit seinem Sportflitzer zwanzig Seemeilen gefahren, um das Einwassern zu kontrollieren und uns persönlich zu begrüßen. Er gibt uns nützliche Tipps und empfiehlt uns, die Marina auf der Isle of Palms anzulaufen. Es ist sehr heiß. Ich hole mir einen erstklassigen Sonnenbrand beim Aufriggen der Antennen und des Radarmasts. Marlise besorgt den Innendienst. Wir sind beide ziemlich erschöpft.

Vermutlich entscheidet bei den meisten Leuten das Gefühl: Sie sehen ein Boot auf einer Ausstellung oder bei Freunden, verlieben sich und kaufen. Wir hingegen überlegten uns zuerst, was wir mit einem Boot alles anfangen möchten.

Wir wollen damit die Flüsse und Kanäle Europas befahren, aber nicht gezwungen sein, an der Flussmündung umzukehren. Wir brauchen genügend Platz, um zu zweit mehrere Monaten darauf zu wohnen oder zu viert zwei Wochen lang oder zu sechst über ein Wochenende.

Das Boot muss deshalb, wenn alles heruntergeklappt ist, über Wasser weniger als drei Meter hoch sein, sonst kommt man in den französischen Kanälen nicht unter den festen Brücken durch. Ein Zentimeter zu hoch bedeutet das Ende der Reise. Wir waren im Canal du Midi einmal zwei Millimeter zu hoch und haben mit dem heruntergeklappten Radarbügel unter der Brücke links und rechts schön symmetrisch je einen Kratzer im Sandstein hinterlassen. Der Tiefgang muss kleiner sein als einen Meter, sonst gibt es in vielen Revieren Probleme, wie z. B. in der Mecklenburger Seenplatte oder beim Anlegen in Flüssen wie Themse, Saône oder Elbe.

Sie darf nicht zu groß sein, muss aber im Verhältnis zur Länge viel Wohnraum bieten und noch mehr Stauraum.

Sie sollte in langsamer Fahrt sauber geradeaus laufen, damit man in den Kanälen nicht dauernd korrigieren muss, und leicht zu manövrieren sein.

Dazu kommt eine ordentliche Seetüchtigkeit.

Diesen Anforderungen entsprechen verschiedene holländische Stahlyachten, aber leider sind das Verdrängerboote, die allenfalls acht Knoten (15 km/h) laufen. Um damit schneller fließende Flüsse wie Rhein, Rhône oder Elbe hoch zu kommen, braucht es viel Zeit und starke Nerven. Wenn bei Hochwasser viel Wasser den Bach herunterfließt, kann es auch rasch einmal schneller sein als das Boot, und man kommt nicht mehr gegen die Strömung an. 14 bis 15 Knoten sollte unsere Motoryacht deshalb schon mindestens laufen.

In dem riesigen Angebot finden wir nur drei Modelle, die unseren Anforderungen entsprechen. Eines davon kann qualitativ nicht überzeugen. Nicht-wasserbeständige Spanplatten im Innenausbau und ein rostender Dieseltank schrecken uns ab. Ein anderes ist zwar in den Materialien in Ordnung und außerordentlich seetüchtig, aber der Innenausbau sieht aus wie ein mittelprächtiger Eigenbau. Übrig bleibt Broom und auch dort nur ein einziges Modell, die »Crown 37«.

Das gewünschte Modell gab es nur noch aus zweiter Hand und für die ausgeschriebenen Angebote wurden stolze Preise verlangt – viel zu teuer. Zudem wollte ich ja ohnehin noch zehn Jahre, bis nach meinem Rückzug ins Privatleben, mit der Anschaffung eines Bootes warten.

Dann aber stieß ich in »boote« auf die entscheidende Kleinanzeige. Das Angebot war um ein Drittel billiger als alle anderen, die ich bisher gesehen hatte. Darunter stand eine Schweizer Telefonnummer. Ich rief an und ein Baulöwe meldete sich. Ob ich ihn in einer

34

Viertelstunde im Flughafenrestaurant Belpmoos treffen könne, um ein paar Fotos anzusehen? Aber sicher!

Der Baulöwe fuhr nicht vor, er flog ein, zweimotorig. Rasch wurde klar, warum er verkaufen wollte: Er hatte sich in La Napoule, einem der teuersten Yachthäfen der ohnehin teuren Côte d'Azur, einen Zwanzig-Meter-Platz gekauft und sein 37-Fuß-Bootchen hineingelegt. Rasch musste er erfahren, dass man mit 37 Fuß in La Napoule zu den mitleidig belächelten armen Verwandten gehört.

Eine große amerikanische Yacht wurde angeschafft, und erst kurz vor Lieferung des neuen Bootes kam der Mann zu der Erkenntnis, dass sich eine im Mittelmeer unbekannte Marke wie Broom in La Napoule nur schwer verkaufen lässt. Wir vereinbarten eine Besichtigung und ich fand ein Boot mit etlichen kleineren Mängeln, die von mangelnder Pflege herrührten, das aber im Übrigen durchaus gesund wirkte.

Der Baulöwe hatte es offensichtlich fast ausschließlich als Depot für seine Golfschläger benutzt. Ruder und Schraube waren dicht mit Seepocken bewachsen. Die Batterien waren defekt und der Strom kam vom Netzanschluss. Ob die beiden UKW-Geräte funktionieren, wusste er nicht. Er hatte sie noch nie benutzt, da er kein Französisch sprach. Für die Wetterprognose holte er sich mit seinem dort unten stationierten Cadillac in Nizza eine »Neue Zürcher Zeitung«. Das Radar war auch noch nie in Betrieb. Doch, die Dusche funktionierte. Stolz zeigte er, wie man den Durchlauferhitzer bedient.

Trotz etlicher Hindernisse wurden wir uns handelseinig. Ich war plötzlich Besitzer eines Bootes mit vielen kleinen Defekten, die auf eine Reparatur warteten. Was ich nicht hatte, war die Zeit, mich um alles zu kümmern. Das musste sich ändern. Schon bald begab ich mich auf einem weiten Bogen in Richtung vorzeitiger Ruhestand. Als selbständig Erwerbender hatte ich in dieser Beziehung mit meinem Arbeitgeber keine Probleme, und die Kunden wurden frühzeitig informiert mit der Bitte, doch gelegentlich einen neuen Berater zu suchen. Für mich war dieser fließende Übergang die bestmögliche Lösung.

Auch die Fahreigenschaften des Bootes überzeugten mich. Zwei Sechs-Zylinder-Diesel-Volvos mit je 148 PS bringen den Halbgleiter auf eine Geschwindigkeit von maximal 18 Knoten (34 km/h) bzw. 15 bis 16 Knoten Dauergeschwindigkeit. Ein ausgeprägter Kiel sorgt dafür, dass das Boot auch bei geringer Fahrt sauber geradeaus läuft und nicht so rasch vom Wind abgetrieben wird. Beides ist vor allem in engen Kanälen und Schleusen wichtig. Die beiden Schrauben mit ihrem gegenläufigen Radeffekt erlauben Manöver auf engstem Raum, sodass man problemlos auf ein Bugstrahlruder verzichten kann. Ich habe mich mal anlässlich einer Informationstagung des Clubs zu der Bemerkung hinreißen lassen, es gebe Leute, die fahren können, und solche mit Bugstrahlruder. Ich möchte mich an dieser Stelle noch einmal für diesen Fauxpas entschuldigen.

Gleichzeitig ist die Broom »Crown 37« erstaunlich seetüchtig. Wir waren vor ein paar Jahren bei sieben Beaufort im Ärmelkanal unterwegs mit Wind gegen Tidenstrom und einer ekelhaften Kreuzsee, eine Situation, bei der auch größere Motorboote passen müssen. Da musste schon sehr aufmerksam gesteuert werden, damit der Kasten nicht aus dem Ruder lief. Aber es ging. Wir wurden zwar ordentlich durchgeschüttelt, das ganze Boot knarrte und ächzte. Ein Porzellanteller sprang aus seiner Halterung, segelte zwei Meter quer durchs Schiff und zerschellte, nur zwanzig Zentimeter tiefer als gestartet, an der vorderen WC-Tür. Gläser zerbrachen in ihrer Halterung. In der Dusche flog der Kitt aus den Fugen. Trotzdem konnte der Kurs genau gehalten werden.

Solch eine Erfahrung zeigt, dass wir mit unserem Boot gewisse Sicherheitsreserven haben. Das gibt ein gutes Gefühl und beruhigt die Magennerven. Ich traue unserer FORTUNA in der Not auch acht Beaufort zu, und das ist bereits ein ausgewachsener Sturm. Das soll allerdings nicht heißen, dass wir blöd genug sind, den starken Wind zu suchen, im Gegenteil. Die Schaukelei wird rasch unbequem, und außerdem tut uns das Boot leid. Ab sechs Beaufort meiden wir möglichst die offene See, aber eine Überraschung ist trotz anders lautender Wetterprognose immer wieder möglich.

Vorsicht ist die erste Pflicht, deshalb halten wir uns an eine eiserne Regel: Bei stärkerem Wind oder mittelprächtigen Wetterprognosen ist es immer meine Frau Marlise, die die Entscheidung trifft, ob wir gehen oder nicht. Sie ist vernünftiger als ich. Außerdem hat es ja wirklich keinen Wert hinauszugehen, wenn ihr nicht ganz wohl dabei ist. Jeder Skipper muss froh sein, wenn seine Frau das Hobby mit der gleichen Begeisterung pflegt wie er. Er sollte deshalb gefälligst dankbar sein und das auch immer wieder zeigen.

Furrer's Law on Yachting Nr. 1:

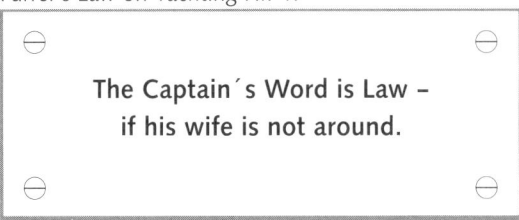

**The Captain´s Word is Law –
if his wife is not around.**

Natürlich hat unser Boot auch Nachteile. Durch das runde Unterwasserschiff kommt es rasch ins Rollen. Das kann bei seitlichen Wellen in Fahrt, am Steg oder vor Anker sehr lästig werden. Bei erhöhter Geschwindigkeit wächst der Verbrauch rascher als bei Gleitbooten, und im kritischen Bereich knapp vor Gleitfahrt produziert das Boot eine sehr unfreundliche Welle. Beides ist baulich bedingt.

Die beiden Schrauben und Wellen befinden sich seitlich vom Kiel und sind deshalb ungeschützt. Wenn man unter Wasser auf ein Hindernis stößt, gibt es teure Reparaturen. Beim seitlichen Anlegen an ein untiefes Ufer kommt man rasch in Konflikt mit der Unterwasser-Böschung. Eine einzelne, vom Kiel geschützte Schraube wäre in dieser Beziehung besser.

Die Broom »Crown 37« ähnelt in ihrer Raumaufteilung den klassischen holländischen Stahlyachten. Sie besitzt eine Achterkabine mit freistehendem Doppelbett. Dusche und WC mit Waschbecken sind in getrennten Räumen. Im Bug befinden sich zwei V-Kojen und eine Gästetoilette. Die Sitzecke im Salon bietet ordentlich Platz für fünf Personen und lässt sich zur Not in ein Doppelbett umwandeln. Die Kombüse ist durchschnittlich und könnte für unsere Bedürfnisse etwas größer sein. Der Innenausbau besteht aus seidenglanz lackiertem Mahagoni, dadurch wirkt er sehr wohnlich und strahlt einen etwas altmodischen Charme aus.

Wir haben das Boot vor neun Jahren aus zweiter Hand gekauft. Es ist jetzt vierzehnjährig. In dieser Zeit wurde nicht nur die ganze Elektronik ersetzt, sondern auch Teppiche, Vorhänge und Polsterbezüge, und ein Motor wurde generalüberholt. Dank guter Pflege sieht es heute besser aus und ist auch zuverlässiger als direkt nach dem Kauf. Es verfügt über einen Innen- und einen Außensteuerstand, überall volle Stehhöhe und jede Menge Stauraum.

Natur und Historie:
Die Ostküste

Amerika ist anders – Multikulti und Tradition – Bekanntschaften und Erfahrungen – Billiger Kasinoprunk und teurer Sport – New York: Leider nein… – Hübsch und ruhig: Der Hudson – Idyllisches Vermont

Der Intracoastal Waterway (ICW) stellt auf den ersten Meilen hinter Charleston etliche Probleme. Die Markierung durch Seezeichen ist dürftig. Die in der Karte angegebenen Wassertiefen sind eine Illusion. Wir wühlen immer wieder Schlamm auf, allerdings ohne hängen zu bleiben. Wie wir nachher erfahren, hat der Wind das Wasser weggeblasen. Es fehlen deshalb zwei Fuß (ein Fuß = ca. 30 cm), und bei Niedrigwasser reicht der Rest nicht mehr für unsere FORTUNA. Sie hat zwar nur bescheidene 95 Zentimeter Tiefgang, aber das ist bereits zu viel. Die kleinen Motorboot-Flitzer haben immer noch genügend Wasser unter dem Kiel – leider. Man fühlt sich wie abends um fünf Uhr mitten im Verkehrsgewühl von Mailand. Wir nehmen uns vor, in Zukunft an den Wochenenden Ruhetage einzulegen.

In der Marina der Isle of Palms warten wir ziemlich lange, bis die Tankstelle frei ist, und bunkern Diesel. Für uns Europäer ist dieser sensationell billig. Dafür aber ist das Übernachten mit über 50 Dollar recht teuer. So viel kostete nicht einmal die Marina in Neapel, obwohl dort das Gerücht im Umlauf war, der Platz sei im Besitz der Mafia. Wie wir dann später feststellen, verlangen die Marinas in den USA, auch in den Binnenrevieren, fast alle zwischen 0,75 und 1,50 Dollar pro Fuß plus Steuer und Elektrizität. Bedingt durch die gute Konjunktur sollen die Preise in den letzten Jahren enorm gestiegen sein. Erst in Kanada wird es wesentlich billiger, dafür sind dort wegen der Steuern die Dieselpreise hoch.

38

Dann wollen wir noch Camping-Gas kaufen. »Gas? Sie wollten doch Diesel!« Amerikaner verstehen unter »gas« Benzin. Ich erkläre: »Nein nicht der Treibstoff, Gas zum Kochen.« Erleuchtung! Der Mann mit der Tankstellenverantwortung verschwindet rasch und taucht mit einem Kännchen mit Schraubverschluss auf. Ist es Spiritus oder Reinbenzin? Egal – ich erkläre, die gesuchte Substanz sei gasförmig, Butan. Das Büro der Marina ist voller Leute, die sich nach und nach am Gespräch beteiligen. Das Wort »Propan« fällt – schon besser. Der Hafenmeister sagt, sie hätten eine Propan-Nachfüllstation, aber die sei leider im Moment außer Betrieb. Ein anderer meint, ich suche möglicherweise »natural gas«. Wie ich später herausfinde, ist das Erdgas, also nichts für Flaschen. Butan kennt keiner, es sei denn in Gasfeuerzeugen. Die »weltweit erhältliche« französische Marke »Campingaz« sei zwar gelegentlich im Verkauf, aber nur in kleinen Einwegkartuschen. Unser USA-Experte in Lübeck hat uns gesagt, »Campingaz« sei überall erhältlich. Um in Bremerhaven eine kilometerlange Schlepperei zu vermeiden, habe ich aufgrund dieser Aussage auf den Austausch der beiden leeren Gasflaschen verzichtet, und so sind nur zwei statt vier volle Flaschen über den Atlantik gekommen. Ich könnte mich ohrfeigen.

Auf geht's es zum zugewiesenen Steg. Anlegen ist schwierig, da sich immer wieder kleine Boote zwischen unserem Landeplatz und der FORTUNA durchdrängeln. Langsam und vorsichtig bewegen wir uns auf unser Ziel zu. Dann werden wir plötzlich von einer starken Strömung erfasst. Der Ponton liegt rechtwinklig zum Tidenstrom und das Wasser fließt mit etwa drei Knoten quer unten durch. Mit einem energischen Manöver kann ich mich gerade noch auf die freie Stelle vor unserem »Parkplatz« retten. Parallel zum Anleger treiben wir rasch auf diesen zu. Es gibt eine recht unsanfte Landung. Der Druck hätte normale Fender wahrscheinlich oben herausgequetscht. Lediglich unsere beiden Spezialfender verhindern den Kontakt mit dem Steg.

Diese Fender haben wir vor ein paar Jahren zusammengebastelt. Ihr Hauptvorteil liegt darin, dass sie sich zu drei Vierteln ins Wasser absenken lassen. So kann man auch an schräg ansteigenden Mauern anlegen. Dazu wird der Druck großflächig verteilt. Sie haben sich vor allem in Schleusen außerordentlich gut bewährt. Man nehme einen möglichst breiten, kleinen und (wegen des Gewichts) gut abgefahrenen Autoreifen. Von oben her wird mitten in die Lauffläche ein Loch gebohrt, sodass eine Zehn-Millimeter-Leine durchpasst. Darunter kommt ein dickes, der Rundung des Reifen angepasstes und ebenfalls gebohrtes Stück Aluminiumblech, damit der Knoten des Tampens nicht ausreißen kann. Darunter setzt man einen eingepassten Block aus geschlossenporigem Schaumstoff. Der muss so viel Auftrieb haben, dass der Fender knapp schwimmt, wenn alle Stricke reißen. Der Schaumstoff wird in Segeltuch eingepackt und das Ganze mit dem Alublech vernietet. Unten in den Reifen schneidet man mit einer Trennscheibe ein großes, rechteckiges Loch, damit das Wasser rasch abläuft. Jetzt wird der Reifen mit einer Polyurethanfarbe gestrichen (Ich habe keine andere gefunden, die haftet!), damit der Gummi auf dem weißen Rumpf des Schiffes keine schwarzen Streifen hinterlässt.

Am andern Tag kommt das große Reinemachen. Der Decksbelag, ein englisches Produkt namens »Treadmaster«, ist praktisch, rutschfest und unverwüstlich. Leider ist er zudem auch himmelblau. Trotzdem ist es ein gutes Gefühl, wenn sich mit dem Hochdruckreiniger Strich um Strich das dreckige Schwarz in ein sauberes Blau verwandeln lässt.

Wie wir feststellen, sind die Stromanschlüsse in den Marinas entweder 110V/30A bzw. 110V/50A oder 220V/100A Drehstrom. Mit einem Trick kann man die 220V auch mit drei Drähten anzapfen. Dafür braucht man einen Stecker, der ungefähr so groß ist wie ein halbes Pfund Brot, und ein Kabel, das so dick ist wie ein Wasserschlauch. Der Anschaffungspreis liegt über 200 Dollar. Zudem sind die Anschluss-Gebühren für 100 Ampere in den Marinas sehr hoch. So kommt der Transformator, den ich rasch mit dem nötigen 30-A-Stecker versehe, doch noch zu Ehren.

An der Motoryacht, die hinter uns liegt, steht am Spiegel »New Bern«. Grinsend machen wir den Skipper auf unsere Berner Flagge aufmerksam, die backbord am Radarmast flattert. Der Mann kapiert zuerst gar nicht, dass wir aus der Schweiz kommen, denn New Bern hat das alt-eidgenössische Berner Wappen einfach übernommen. Oder wenigstens fast – der Schweizer Berner Bär ist ein Männchen, ein Potenzsymbol. Das ist offiziell. Das ist historisch. Das muss so sein. Übrigens: Man sieht das Geschlecht, ein kleines rotes Drei-

PENNSYLVANIA

• Pittsburgh

Harrisburg •

Philadelphia

Delaware City

Baltimore

Anna-
polis

Washington

**New
York**

Manasquan

Delaware River

NEW JERSEY

Atlantic City

Ocean City

Delaware Bay

DELAWARE

MARYLAND

Chesapeake Bay

Richmond

VIRGINIA

Norfolk

Raleigh •

NORTH CAROLINA

New Bern

Oriental

SOUTH
CAROLINA

Wilmington

Georgetown

Transport von Bremerhaven

Charleston

41

eck in der achterlichen Partie des schwarzen Bären. Der USA-Bär ist ein Weibchen ohne gar nichts. Warum wohl? War da eine Frauenorganisation im Spiel? Haben die Amerikaner entdeckt, dass die Macht ohnehin in den Händen der Frauen liegt? Oder kennen sie einfach keinen Unterschied zwischen Männlein und Weiblein? Ein Problem!

Ich erkläre unserem Sportsfreund aus New Bern die Problematik und vertiefe mich in das Thema, bis der Groschen fällt. Er merkt, dass es lustig gemeint ist, fängt an zu lachen und erzählt die ganze Sache seiner Frau. Die allerdings hat eine noch längere Leitung. Es ist zum Verzweifeln. Dann aber kümmert er sich rührend um unser Wohlergehen, versorgt uns mit vielen Ratschlägen, besserem Kartenmaterial und einem Bootsreiseführer. Wenn wir das Material nicht mehr brauchen und wir einander nicht mehr sehen, sollen wir es im Boots- und ICW-Museum von Beaufort abgeben. Er arbeitet dort seit seiner Pensionierung einmal in der Woche ehrenamtlich als Bootsrestaurator und Modellbauer. Außerdem lädt er uns mit Nachdruck nach New Bern ein und will uns seine Stadt zeigen. Wir werden langsam verunsichert über all die Gastfreundschaft, die wir hier im Süden empfangen dürfen, und warten darauf, endlich einmal einen wahrhaften Kotzbrocken kennen zu lernen, damit die Welt wieder in Ordnung ist.

Eigentlich sind wir Langschläfer und stehen zu Hause selten vor acht Uhr auf. Auf dem Boot ist das anders. Da sind wir in der Regel zwischen sechs und sieben Uhr wach.

Seitdem wir einen ordentlichen Boiler und nicht nur einen Durchlauferhitzer haben, wird in der Frühe öfter rasch geduscht. Viele Skipper ersetzen ja die Morgentoilette durch reine Gedanken. Das vor allem, wenn sich Dusche, WC und Waschtisch im selben engen Raum befinden und beim Duschen alles (inkl. Klopapier) nass wird. Ich erinnere mich da an einen Törn im Mai auf dem Ärmelkanal mit einem 38-Fuß-Segler des Cruising Clubs: zwei Wochen Regen, Schnee und Nebel. Alle Kleider und der Schlafsack waren nach kurzer Zeit nass. Die Heizung war defekt und die Innentemperatur des Bootes bei vier Grad Celsius. Ein Königreich für eine ordentliche Dusche!

Also: aufstehen! Marlise macht das Frühstück. Das besteht aus einem ordentlichen, starken Filterkaffee, Brot, Butter, Konfitüre. Ich schaue unterdessen rasch die Motoren nach und kontrolliere Öl und Wasser. In der Regel ist alles an der Höchstmarke. Nur nach sehr langer, schneller Fahrt muss etwas Öl nachgegossen werden. Das ist o.k. Solange beide Motoren gleich viel verbraucht haben, ist die Welt in Ordnung. Bei längeren Etappen und ruhigem Wasser wird dann oft gleich losgefahren und unterwegs gefrühstückt. So sind wir in der Regel bereits am früheren Nachmittag am Ziel und können mit dem Tag noch etwas anfangen.

Die nächsten 250 Seemeilen fährt es sich auf dem ICW wesentlich einfacher. Die Wassertiefen variieren in der Regel zwischen fünf und dreißig Fuß. Wo es nötig war, wurde gebaggert. Dort ist die Fahrrinne nur ungefähr fünfzig Meter breit. Lange Strecken sind moorig: Das Wasser spritzt dunkelbraun wie Kaffee. Andere Strecken sind sandig mit glasklarem Wasser.

Dieser Abschnitt des ICW bietet drei typische Landschaften:

Kilometerlange Ufer mit Schilf, Riedgras und − bei Niedrigwasser − Schlammbänken.

Kilometerlange Ufer mit Wald. Die Bäume sind meistens dünn im Stamm und über lange Strecken homogen grün oder abgestorben kahl.

Kilometerlange Ufer mit Ferienhäusern. Diese stehen in Abständen von etwa einhundert Metern, und vor jedem hat es einen Steg, der bis zu fünfzig Meter in den Kanal ragt. Am Kopf der Stege befindet sich meistens eine Hebevorrichtung für kleinere Motorboote.

Der Tidenhub beträgt zwischen 0,9 und 2,4 Metern und die Zeiten für Hoch- bzw. Niedrigwasser sind bei allen Verbindungen zum Meer etwa gleich. Der ICW verläuft ja parallel zu den Längengraden. Die Verbindungen zum Meer entstehen in der Regel dadurch, dass die Wasserstraße von Flüssen gekreuzt und durchschnitten wird. Wenn die Flut durch die vorhandenen Öffnungen in die lagunenartigen Wasserwege strömt, verteilt sie sich natürlich in beide Richtungen. Dazu kommen Fluss-Strömungen und die Windverfrachtung des Wassers − ein kompliziertes Gebilde. Wir können nie voraussagen, wo, warum und in welcher Richtung eine Strömung auftritt, dabei kann sie recht stark sein. Allein durch den Wind sollen an manchen Stellen Stromgeschwindigkeiten von über fünf Knoten entstehen.

Am Anfang fahren wir brav langsam, so wie es in deutschen und französischen Kanälen der Brauch ist. Das gibt ein wildes Geschaukel, denn nicht nur die kleinen Flitzer, sondern auch große, schwere Boote fahren mit zwanzig und mehr Knoten knapp an uns vorbei. Wir kommen uns im wahrsten Sinne des Wortes verschaukelt vor, gehen mit der Geschwindigkeit auf 16 Knoten und gewinnen dadurch an Stabilität.

Aber auch jetzt muss man immer mit einem Auge nach hinten schauen; die meisten anderen Motorboote sind schneller und wir werden immer noch rechts und links überholt. Verzweifelt suchen wir den Rückspiegel, den wir fürs Verladen abmontiert haben. Endlich gefunden – jetzt ist es besser.

Die Idee, einen Rückspiegel zu montieren, haben wir von unserem CCS-Kollegen Hans. Wohl der wichtigste Grund, in einem Klub mitzumachen, ist für uns die Freundschaft und der Erfahrungsaustausch mit Vereinskameraden: Hanspeter erzählt von Erfahrungen mit Sonnenkollektoren. Rolf ist dabei, ein Programm zu entwickeln, das sämtliche Motoren- und Navigationsanzeigen auf einem einzigen Bildschirm zusammenfasst. Eberhard hat seine 38-Fuß-Yacht selbst gebaut. Roman hat mit seinem 14-Meter-Motorboot den Atlantik überquert...

In Amerika gilt das Betonnungssystem »B«. Das heißt, verglichen mit der restlichen Welt sind bei den Lateralzeichen, die das Fahrwasser seitlich begrenzen, die Farben rot und grün vertauscht. Die Formen aber bleiben. Rot ist also hier ein oben spitzes Seezeichen, ein Dreieck oder Kegel. Grün ist stumpf, ein Quadrat oder ein Fass. Alle andern Zeichen bleiben gleich – im Prinzip. Die Praxis ist etwas komplizierter, da sich in manchen Revieren die Seezeichen, die vom Meer her kommen, mit denen des ICW mischen. Ein Seezeichen ist dann oft gleichzeitig für beide Wege zuständig, was zusätzlich Verwirrung stiftet.

Der Lernprozess während der ersten Tage ist gewaltig. Wir entdecken, dass die Seezeichen, die den ICW markieren, mit einem kleinen gelben Kleber versehen sind. Rechteckige kleine gelbe Kleber sind auf rechteckigen grünen Seezeichen, dreieckige kleine gelbe Kleber auf den dreieckigen roten Seezeichen – absolut logisch. Nur: Gelegentlich kleben dreieckige kleine Kleber auf rechteckigen grünen Signalen. Der ICW-Fahrer muss da einen virtuellen Wechsel von Grün auf Rot vornehmen.

Die rot-schwarzen Einzelgefahrzeichen und die gelb-schwarzen Kardinaltonnen, die Untiefen kennzeichnen, sind ersetzt durch weiße Tafeln, auf denen in recht kleiner Schrift »Danger« steht. Oft muss man so nahe heranfahren, um den Text zu lesen, dass man sich bereits in der Gefahrenzone befindet. Auch andere Signale, für die es international Seezeichen gibt, sind durch Schrifttafeln ersetzt. Das ist in einem Land, wo sich jeder, der eine Million Dollar übrig hat, eine große, übermotorisierte Yacht kaufen und ohne alle Kenntnisse oder gar eine Prüfung die Gegend unsicher machen kann, vielleicht gar nicht so dumm.

Dann finden wir auch richtig kreative Signale. Bei manchen Zeichen können uns auch erfahrene einheimische Skipper nicht sagen, was sie bedeuten. Es bleibt uns nichts anderes übrig als uns an die Sache heranzutasten, von der Situation ausgehend zu erraten, was möglicherweise gemeint ist, und zu hoffen, dass dies das nächste Mal auch noch gilt.

Telefonieren an öffentlichen Fernsprechzellen ist in manchen Städten im Ortsbereich gratis. Wer trotzdem Geld einwirft, wird nicht verbunden. In anderen Regionen kosten Ortsgespräche 35 Cents. Gewisse Apparate funktionieren nur im Regionalbereich. Wer weiter will, muss über den »operator« gehen, und die Dame vom Amt spricht dann oft in einem so dicken Slang, dass wir sie trotz eifrigem Bemühen nicht verstehen.

Bei Ferngesprächen wählt man in der Regel zuerst die Nummer. Ein Tonband erzählt anschließend, wie viel zu bezahlen ist. Das kann rasch einmal sechs Dollar und mehr kosten. Da die Automaten nur Viertel-Dollar und kleiner schlucken, müssen Berge von Münzen durch den kleinen Schlitz des Automaten. So schnell kann man das Geld gar nicht einwerfen, da kommt eher das Besetzzeichen. Dann gibt es Automaten, die Kreditkarten akzeptieren. Leider funktioniert das aber nur in der Theorie. Wir haben es nie geschafft, damit eine Verbindung zu bekommen. Übrig bleiben teure R-Gespräche, die der Empfänger bezahlt. Da bei uns in Europa R-Gespräche nicht üblich sind, wird der Angerufene natürlich total überrascht. Marlise will ihre Schwester anrufen. Zuerst muss sie den Operator von der örtlichen Telefongesellschaft bitten, sie mit dem Kollegen von AT&T zu verbinden. AT&T ist die einzige Telefongesellschaft, die Übersee-R-Gespräche vermittelt. Jetzt kommen die nötigen Angaben, Telefonnummer, Name des Anrufers usw. Die Verbindung kommt zustande und die Schwester nimmt ab: »Dätwiler.« Der Operator waltet seines Amtes: »This is a collect call from USA from Marlise, do you accept it?« Antwort: »Ja, Dätwiler, Steffisburg.« Die Frage wird wiederholt. Antwort: »Was ist? Hier ist Lotti Dätwiler!« Marlise ruft dazwischen: »Sag yes, yes!« Die Schwester wiederholt noch einmal ihren Namen, und der Operator verzichtet auf das gewünschte »yes« und lässt die Verbindung bestehen. Ähnliche Szenen wiederholen sich bei anderen Verwandten und Freunden.

Kein Mensch kann uns sagen, was eine Postkarte in die Schweiz kostet. Auch die Leute auf der Post haben keine Ahnung. Das hindert sie allerdings nicht daran, Auskunft zu geben. Die eine meint, ungefähr das Doppelte des Inlandportos sollte etwa recht sein. Die andere erzählt, dass sie Briefe an ihre Freundin in Rio immer mit 60 Cents frankiert, was sicher auch für die Schweiz gut sei. Der dritte Beamte erzählt sonst etwas. Erst nach einigen Monaten gibt sich eine freundliche Dame vom Amt die Mühe, im Tarif die Preise nachzuschlagen.

Diesel kostet pro US-Gallone (3,8 Liter) im Süden zwischen 55 und 70 Cents. Das ist sogar noch preisgünstiger als der zollfreie Stoff im Rheinhafen Basel. Dafür sind die Übernachtungsgebühren in den Marinas mit über 50 Dollar pro Nacht drei- bis fünfmal teurer, als wir es von Europas Binnenmarinas gewohnt sind. Wir ziehen es allerdings ohnehin vor, zum Übernachten den Anker zu werfen, und finden immer wieder sehr hübsche Plätzchen. Diese Preise gelten jedoch nur für die südliche Ostküste. Im Norden der USA kann der Diesel rasch einmal 1,40 Dollar und mehr kosten, dafür werden die Marinas billiger.

Bäckereien und Gemüseläden sind sehr selten, Metzgereien haben wir auf unserer ganzen USA-Reise keine einzige gesehen. Übrig bleiben Supermärkte, die in der Regel so weit außerhalb des Ortes liegen, dass man auf ein Auto oder Taxi angewiesen ist. Die meisten dieser Läden sind riesig, aber ihr Angebot entspricht nicht immer unserem Geschmack, um es freundlich auszudrücken.

Rindfleisch ist in der Regel sehr zart und schmeckt gut. Wir lassen uns dann allerdings sagen, dass diese Zartheit von hohen Hormongaben stammt. So hält sich unsere Begeisterung in Grenzen. Die abgepackt angebotenen Einheiten sind sehr groß, sodass wir Mühe haben, diese in unserem kleinen Kühlschrank oder noch kleineren Tiefkühlfach zu lagern. Die Preise jedoch sind außerordentlich günstig. Rundstücke zum Grillen können unter sechs Dollar pro Kilo kosten, Entrecôtes (New York Strips) sind auch nicht viel teurer. Allerdings sind die Preisunterschiede sehr groß. Das gleiche Stück in vergleichbarer Qualität kann an einem Ort dreimal mehr kosten als am anderen.

Gemüse ist soweit in Ordnung. Es wird allerdings oft zu stark getrieben und hat deshalb einen erhöhten Wassergehalt, was sich auf die Haltbarkeit auswirkt. Besonders wenn es von einer Sprinkleranlage mit Wasser besprüht wird oder auf Eis liegt, heißt es aufpassen, da es dann zu Hause in kürzester Zeit schimmeln kann.

Käse ist schlimm. Man muss dankbar sein, dass die Auswahl so bescheiden ist. Das Zeug ist in Plastik abgepackt, sieht aus wie Plastik und schmeckt meistens auch so. Auch eine Weltmarke ist sich nicht zu fein, ihr Produkt auszuzeichnen mit »Parmesan, Italian style«. Dabei sind die zwei ersten Worte dominant und das dritte so winzig, dass man es mit der Lupe suchen muss.

Marmelade ist schlimmer. Da heißt es auf einem Glas »Erdbeermarmelade, reine Früchte«. Ein paar prächtige Erdbeeren sind abgebildet. Im Kleingedruckten steht dann etwas von Erdbeeren und Traubensaft, allerdings ohne Mengenangaben. Im Mund schmeckt der Kleister schwach nach Zitronensäure und sonst nach nicht viel Bei uns zu Hause wären die Freunde längst wegen unlauteren Wettbewerbs vor dem Richter. Als Trost findet man (selten) gute europäische Marken wie »Bonne Maman« oder »Hero«.

Brot ist ganz schlimm. Die Auswahl ist zwar meistens riesig. Die unterschiedlichsten Marken drängeln sich auf den Gestellen, aber alles ist gleich schwammig weich und ohne Geschmack. Wenn man einmal ein Roggenbrot findet, das sich beinahe wie Brot anfühlt, dann hat es so viel Kümmel drin, dass man nur noch diesen schmeckt. Gott sei Dank haben wir genügend Schwarzmehl und Trockenhefe ins Land geschmuggelt. So können wir unser täglich Brot selbst backen.

Fettfrei ist große Mode. Alles ist fettfrei. Fettfreie Milch gibt es in riesiger Auswahl in den unterschiedlichsten Aromen von Schokolade bis Erdbeere, mit Vitaminzusatz, mit Kalzium, cholesterinfrei oder sonst was. Alle Varianten sind jeweils von mehreren Anbietern erhältlich. Dann gibt es vielleicht noch Milch mit 2% Fett. Normale Vollmilch ist kaum erhältlich. Ebenfalls verbreitet sind fettfreier Käse, Joghurt, Wurst, Mayonnaise, Konserven usw. Das Verkaufsargument »fettfrei« wird natürlich immer groß herausgehoben (sogar beim Tafelwasser!). Offenbar funktioniert diese Art von Werbung, obwohl mir selbst Amerikaner zugestanden haben, die fettfreie Mayonnaise schmecke wie »Affen-Kotze« (Zitat!).

Wenn nichts von »fettfrei« in der Warendeklaration steht, heißt es ebenfalls aufpassen. Dann ist der Fett- oder Cholesterinanteil in der Regel gigantisch. Beim Schinken zum Beispiel wird das Fett und gleichzeitig eine unanständig große Menge Salzwasser ins rote Fleisch hineinmassiert. Das Zeug ist oft so nass, dass man es mit bloßer Hand ausdrücken kann, und schwindet in der Bratpfanne auf die halbe Größe.

Bei den Maßeinheiten herrscht friedliches Nebeneinander und Durcheinander. Nehmen wir ein paar flüssige Beispiele: Milch wird in US-Gallonen (3,8 Liter) gemessen oder in Bruchteilen davon. Eine »quart« ist eine Viertel-Gallone. Beim Wein sind es Liter. Cola und andere Süßgetränke werden in »liquid ounces«, Flüssig-Unzen (eine entspricht ca. 0,03 Liter), angeboten. »Ice Cream« kommt in »pint«-Kartons. Die »pint« dürfte bei uns zu Goethes Zeiten ein »Schoppen« gewesen sein, heute entspricht sie einem knappen halben Liter. Leider hat Napoleon, der seinerzeit metrische Maßeinheiten einführte, die USA nie erobert.

Wenn Warendeklarationen überhaupt gemacht werden, steht nur, was drin ist, aber nicht, wie viel von jedem. Kalorienangaben beziehen sich auf »tägliche Portionen«. Dies Information hilft wenig, denn nur selten heißt es, wie viele Portionen die Packung enthält. Kopfrechnen hilft da auch nicht weiter. Haltbarkeitsangaben findet man vor allem auf denjenigen Produkten, wo Haltbarkeit kein Problem ist. Ein verfallenes Datum könnte ja den Verkauf behindern.

In Georgetown grüßt uns die lokale Industrie auf einen Kilometer Entfernung mit vielen kleinen Lämpchen. Es ist wirklich sehr hübsch anzusehen. Zwei Tage später ist unser Schiff rot vom Flugrost. Der Wind hatte gedreht und uns mit dem Eisenstaub der Stahlhütte eingedeckt. Wir versuchen Bootspolitur und alles Mögliche und verzweifeln fast. Der Rost ist auch mit noch so heftigem Reiben nicht wegzubringen. Dann versuche ich Chlorbleiche, wie sie hier in jedem Haushalt zu finden ist. Sie wirkt Wunder: Auftragen, nachspülen, der Rost ist weg.

Eines der Paddel des Beiboots ist zerbrochen. Wir suchen in einem Sportgeschäft Ersatz. Die Inhaberin des Ladens kann uns nicht helfen, setzt sich kurzerhand in ihren Kleinlaster und fährt uns zur Konkurrenz, wo wir ein Paar passende Paddel erstehen. Außer einem herzlichen Dankeschön akzeptiert sie keine Entschädigung. Diese Art von Gastfreundschaft durften wir vor allem in kleineren Orten immer wieder erleben.

Der Dutchman Creek, ein kleines, flaches Flüsschen, bietet einen Abend später ländliche Abgeschiedenheit. Die Reiher gucken durchs Fenster. Das Boot bleibt sauber.

Den nächsten Ankerplatz finden wir in der Hammock Bay in einem von der Army aufgegebenen Becken, das jetzt von Sportbooten benutzt werden darf. Mitten in der Nacht werden wir allerdings geweckt – Manöver. Ganz in der Nähe knattern Sturmgewehre, dann kommt das Gehacke eines schweren Maschinengewehrs. Leuchtspurmunition zieht Striche durch die Landschaft. Schwerer Helikoptereinsatz. Leuchtraketen mit Fallschirm erhellen den Nachthimmel. Am Morgen hat das Boot schwarze Tupfen wie ein Dalmatiner-Hund – schon wieder ein Reinigungsproblem.

Die »towns« oder »cities« sind meist eher Dörfer als Städte und sehen alle sehr ähnlich aus. An einer Hauptstraße befinden sich ein paar Fachgeschäfte, dann kommen Einfamilienhäuser mit großen Gärten und etwas außerhalb die riesigen Supermärkte und Tankstellen. In den Marinas treffen wir immer öfter auf Leute aus New Bern. Immer wieder heißt es: »Als Berner müsst ihr unbedingt nach New Bern kommen, das ist eine der schönsten Städte in North Carolina.« Klar, machen wir.

New Bern liegt ungefähr 25 Seemeilen vom ICW entfernt am Neuse River. Das Gewässer, das dorthin führt, ist ungefähr so groß wie der Bodensee, aber außerordentlich flach. Entgegen der Wetterprognose frischt der Wind auf und wir haben bis zu sieben Beaufort auf die Nase. Das ergibt bei der geringen Wassertiefe sehr kurze, hohe Wellen. Für uns wird das die nässeste Fahrt aller Zeiten. Ich benutze wegen der besseren Sicht lieber den oberen Steuerstand. Die Sprayhood bietet nur beschränkten Schutz, und ich bin nach kürzester Zeit klatschnass. An allen möglichen Orten drückt das Wasser herein, oberhalb der Windschutzscheibe, unterhalb der Windschutzscheibe. Das viele Wasser zeigt auch, dass verschiedene Kabinenfenster undicht sind. Bei zwei Windschutzscheiben tropft es in den Ecken gewaltig, und in der Bugkabine entwickelt sich sogar ein richtiger kleiner Bach. Da ich im Moment weder die Lust noch das nötige Material für eine Reparatur habe, wird etwas darunter gestellt. Ein

Bekannter, Pilot bei einer großen europäischen Fluggesellschaft, hat einmal erzählt, wie sie vorgehen, wenn z.B. die Hydraulik irgendwo leckt. Da wird auch nicht sofort repariert, sondern vielmehr ein Protokoll erstellt. In genau festgelegten Abständen zählt der Pilot die Anzahl der Tropfen Hydrauliköl und trägt das Resultat auf einer Liste ein. Dann geht das Ganze in die Verwaltung, und erst dann wird entschieden, wann, wo und wie eine Reparatur vorgenommen wird. Das kann recht lange dauern.

Ein anderer Fehler zeigt sich durch die Schüttelei. Eines der neuen Kombüsenschapps (Unter uns reden wir nie so geschwollen, da ist das einfach ein Küchenschrank!) ist nicht ganz im Lot. Nanu, haben da die Fachleute in Lübeck beim Einbau der neuen Küche doch nicht so sauber gearbeitet? Wie ich das nächste Mal hingucke, ist das Ding schon schiefer. Der Bootsbauer hat zwar alle Möbelteile perfekt eingepasst, aber am Schluss vergessen, das Ganze zusammenzuleimen. Glücklicherweise habe ich wasserfesten Holzleim an Bord sowie ein großes Sortiment rostfreier Schrauben. So mache ich mich schon bald ans Werk. Zuerst muss das Einbaumöbel auseinander genommen werden. Das ist nicht einfach, da mir ein anderer Schrank in die Quere kommt, der danach eingebaut wurde, und der ist verleimt. Der Zusammenbau geht einfacher, da ich jetzt weiß, um welche Ecken das Zusammensetzspiel geht. Nach einem halben Tag Arbeit hängt der Schrak felsenfest an seinem Ort. Es ist schon ein Kreuz mit dem maritimen Gewerbe. Unser Bootsbauer hat nämlich auch noch ein paar weitere Fehler gemacht, die unterwegs ausgebügelt werden mussten. Dabei ist er einer der besten, die ich bisher kennen gelernt habe.

Furrer's Law on Yachting Nr. 7:

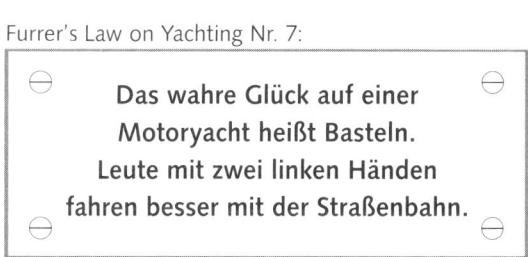

Das wahre Glück auf einer Motoryacht heißt Basteln. Leute mit zwei linken Händen fahren besser mit der Straßenbahn.

Wir haben den Tipp erhalten, in New Bern hinter der zweiten Drehbrücke gäbe es einen guten Ankerplatz. Dort angekommen müssen wir feststellen, dass eine Strömung von an die vier Knoten herrscht. Vermutlich hat das etwas mit dem starken Wind zu tun, der das flache Wasser vor sich herjagt. Der Anker hält nicht befriedigend, zudem besteht die Gefahr, in eine Hochspannungsleitung getrieben zu werden. Wir bevorzugen deshalb die Sheraton Marina, eine gepflegte Anlage vor der prestigeträchtigen Fassade eines Sheraton Hotels. Ein durchschnittliches Boot ist dort um die 60 Fuß lang, und wir sind enorm beeindruckt von all der Pracht. Beim näheren Hinsehen ist das Hotel gar nicht so vornehm, sondern auf eine normale, bürgerliche Kundschaft eingestellt und bietet eine gepflegte Küche zu sympathischen Preisen.

Am nächsten Morgen holt uns Dick, den wir unterwegs kennen gelernt haben, mit seinem neuen Pontiac Riviera zu einer privaten Stadtrundfahrt ab.

1710 vom Berner Patrizier von Graffenried zusammen mit ein paar Schweizern und Deutschen gegründet, kann New Bern auf eine lange historische Tradition zurückblicken. Über längere Zeit war die Stadt Regierungssitz von North Carolina. Mit Stolz wird darauf hingewiesen, dass auch die Wiege von Pepsi Cola dort steht. Beides allerdings sind vergangene Zeiten, die Hauptstadt ist heute Wilmington und Pepsi kam nach zwei Konkursen in die Nähe von New York.

Wir sehen viele schöne alte Bauten. Besonders sehenswert ist der elegante Tryon Palace im englischen »Georgian«-Stil, der zuerst den Engländern und nach der Revolution den Amerikanern als Regierungssitz diente, sowie die herrschaftlichen Wohnhäuser, deren parkähnliche Gärten an den Fluss stoßen. Praktisch ohne Übergang kommen wir dann in ein armes Viertel. Die Farbe blättert von den Fassaden, die Terrassen sind halb verfallen, aber auch dort ist alles erstaunlich sauber und ordentlich.

Anschließend zeigt uns Dick, wo die »normalen Leute« wohnen. New Bern wächst rasch und ist umgeben von vielen neuen Siedlungen. Hübsche Einfamilienhäuser mit den obligatorischen langen Einfahrten und großen Rasenflächen stehen unter altem Baumbestand. Das Ganze gruppiert sich um den Golfplatz, mehrere Tennisplätze, einen Swimmingpool sowie ein schlichtes, aber bequemes Klubhaus. Überall herrscht gepflegte (und reglementierte) Ordnung. Ein großer Teil der Leute sind Senioren, die nach ihrer Pensionierung hierher gezogen sind. Dick zeigt uns sein eigenes Haus, das ungefähr dem Durchschnitt entsprechen dürfte. Neben der Wohnküche gibt es noch ein separates Esszimmer, ein großes Wohnzimmer, mehrere Bäder und drei Schlafzimmer. Selbstverständlich ist alles voll klimatisiert. Die Liegenschaft hat mitsamt dem etwa zweitausend Quadratmeter großen Grundstück vor sieben Jahren 180 000 Dollar gekostet. So schön und preisgünstig sollte man auch bei uns zu Hause wohnen können!

Da wir von allen Seiten zu hören bekommen, Oriental sei ein absolutes Muss, machen wir auch dort Halt. Freudige Überraschung: Es gibt einen Steg, wo man gratis zwei Tage bleiben darf. Der Ort selbst ist eine Enttäuschung. Klein und schäbig bedeutet für einen Europäer eben noch lange nicht pittoresk und romantisch. Außer einem guten Bootszubehörladen hat er kaum etwas zu bieten. Die Terrasse des kleinen Hotels, wo wir zur Nacht essen, ist komplett mit Fliegengitter eingepackt. Da gehen wir lieber weiter.

Wir fahren jetzt vor allem durch offenes, seichtes Wasser. Da die ausgebaggerte Fahrrinne nur schmal ist, heißt es sich genau an die Seezeichen halten. Trotzdem kommen wir gut voran und machen leicht ein Etmal von 120 Seemeilen. Anderntags sind es anstrengende 50 Seemeilen. Der Kanal vor Norfolk hat viele Drehbrücken, die nur zu bestimmten Zeiten öffnen. Etwa 25 Boote bilden einen Konvoi. Die Geschwindigkeit wird durch die Segelyachten bestimmt, welche unter Motor nur etwa sieben Knoten laufen.

Eine Brücke ist defekt, und wir binden uns zwei Stunden an einem geparkten Frachtkahn voller Bauschutt fest. Neben uns liegt ein deutscher Weltumsegler. Er hat »alles gesehen« und ist auf die Karibik gar nicht gut zu sprechen. Auf jeder Insel müsse separat einklariert werden. Das Prozedere sei kompliziert und die Behörden arrogant. Überall treffe man auf Nepp, Touristenhass und unfreundliche Einwohner. Dazu komme die Piraterie. Stolz zeigt er uns sein Gewehr, ein imposant großes Ding. Ohne dieses wäre er wohl nicht heil durchgekommen. Als Nächstes will er durch den Panamakanal und die Westküste Nordamerikas hochsegeln. Seine Frau hat die Nase voll und will nur noch nach Hause. Frauen sind die klügeren Menschen, es sei denn, sie geben nach.

Mit 260 000 Einwohnern ist Norfolk die erste große Stadt seit Charleston. Es verfügt über einen wichtigen Marinestützpunkt, und der ICW führt mitten durch die militärischen Einrichtungen. Vom kleinen Torpedoboot über den Kreuzer bis zum Flugzeugträger ist alles zu sehen. Kein Mensch nimmt Anstoß daran, dass wir filmen und fotografieren. Auch der kommerzielle Hafen, der nahtlos an die Marine anschließt, ist bedeutend.

Wir liegen mit unserer FORTUNA in der »Waterfront Marina« mitten im Herzen der Stadt. Die nähere Umgebung wird durch einen großzügigen, neuen Park geprägt. Dahinter stehen stattliche Bauten, Büros und Läden. Gleich neben der Marina befindet sich ein modernes Shopping- und Restaurantcenter. Dort hat es neben zwei normalen Speiselokalen und einem Biergarten eine ganze Anzahl Take-Away-Garküchen. Das macht Freude, denn neben der normalen Burgerbude und der Pizzeria gibt es auch einen Chinesen, ein Mongolian Barbecue, einen Griechen und einen Mexikaner. Das Essen, vor den Augen des Kunden frisch zubereitet, ist lecker und sehr preiswert. So verzichten wir ein paar Tage aufs Kochen und speisen trotzdem an Bord. Die Pizzen sind gigantisch und das Pfannengerührte vom Chinesen ist ebenfalls vorzüglich. Am meisten allerdings bin ich vom Mongolian Barbecue angetan. Da kann man aus einer großen Auswahl von Fleisch und Gemüse sein Essen selbst zusammenstellen. Wir nehmen nach Belieben Gemüse, Fleisch, Ananas, Pilze, so viel auf einen Teller geht, würzen das Ganze mit pikanten Saucen und bringen es dem Koch, der es vor unseren Augen auf einer heißen Stahlplatte brät.

Links von der Marina, direkt am Wasser, im oben erwähnten Park, findet an diesem Wochenende das Afr'Am-Festival (afro-amerikanisches Festival) statt. Das zentrale Thema heißt Eigenständigkeit. Es geht um die Wurzeln, die kulturellen Belange der hier lebenden schwarzen Bevölkerung. Dabei wird das heute existierende Afrika stark idealisiert. Vermutlich war noch keiner jemals dort, sonst wären ihm die romantischen Gefühle rasch vergangen.

Wir sehen Stände mit naiver Malerei, die echt Freude machen. Den afrikanischen Skulpturen gegenüber sind wir eher misstrauisch, da man die gleiche Ware auch in den Souvenirläden afrikanischer Touristenorte findet, doch können wir als Laien ohnehin nicht unterscheiden, was echte Volkskunst und was billige Massenware ist.

Alle möglichen gemeinnützigen Organisationen machen auf sich aufmerksam. Werdende Väter werden an einem Stand auf ihre Pflichten vorbereitet. Im Übrigen ist das Ganze ein richtiges Volksfest mit Konzertbühne. Vor den Würstchen- und Getränkeständen bilden sich lange Schlangen. Wir sehen viele Familien mit kleinen Kindern. Der Nachwuchs ist aufs Hübscheste herausgeputzt. Vor allem die kleinen Mädchen in ihren abstehenden Röckchen sehen ausgesprochen süß aus. Es fällt auf, wie intensiv und liebevoll sich gerade die Väter um die Kleinen kümmern.

Der Ausdruck »Afroamerikaner« ist für mich noch ungewohnt. Ich knüpfe an einem Informationsstand ein Gespräch an mit einem Mann, der ausgesprochen gebildet wirkt: »Warum Afro?« – »Unsere Wurzeln sind in Afrika.« – » Das gilt auch für Millionen Mediterraniden, Araber und Berber. Sind die Araber in den USA also auch Afroamerikaner?« – »Was sind Araber?« – »Na ja, zum Beispiel Leute, die in Gaddhaffi-Land leben.« – »Die leben in Afrika?« – »Aber sicher. Übrigens: Israel liegt in Asien. Sind die Juden in diesem Land jetzt Asia-Amerikaner?« – »Israel liegt in Asien?« Ich gebe auf. Es sind ja wirklich nette Leute, die man nicht foppen soll. Später finde ich heraus, dass der Begriff Afroamerikaner der aktuellen politischen Sprachregelung entspricht. Trotzdem habe ich Mühe: Da definiert sich also eine amerikanische Minderheit mit dem Kontinent Afrika. Sie ignoriert dabei völlig, dass es dort eine Minderheit gibt – größer als sie –, die nicht schwarz ist. Na ja, niemand behauptet, dass politische Wahrheiten sich mit irgendwelchen Fakten decken müssen. Wir wissen ja: Die Erde ist eine Scheibe, wenn es die Mächtigen so wollen.

Wir suchen seit längerer Zeit jemanden, der unsere leeren Gasflaschen mit Butan füllen kann. Ich fahre mit dem Fahrrad in Erfolg versprechende Geschäfte und strapaziere mit meinen Fragen den »good will« vieler Leute, die mit Flaschengas irgend etwas zu tun haben. Ein Telefongespräch ist vielversprechend. Zum Fahrradfahren ist es zu heiß geworden. Marlise und ich nehmen ein Taxi. Ich bezahle mit einer 50-Dollar-Note – und bekomme nur auf 10 Dollar Wechselgeld. Die Fahrerin hat den Schein blitzartig verschwinden lassen und will von 50 Dollar nichts wissen. Das ist natürlich der älteste Trick der Welt. Die 5-, 10-, 20- und 50-Dollar-Noten sehen ja alle ähnlich aus, aber was will man als Tourist schon machen in einer fremden Stadt und einer wenig Vertrauen erweckenden Gegend. Das nächste Mal markiere ich den Schein mit Kugelschreiber, bevor ich bezahle. Der Taxifahrer versucht den gleichen Trick. Mein Hinweis auf die Markierung hilft aber seinem Gedächtnis enorm.

Die gesuchte Flüssiggas-Abfüllstation heißt »U-Haul«. Das ist eine große Firmenkette, die kleinere Lastwagen und Möbelwagen vermietet und dazu auch die Zurrgurte, Wolldecken, Packkisten usw. anbietet. Die Firma deckt offensichtlich ein dringendes Bedürfnis ab. Halb Amerika will umziehen, und wir müssen lange warten. Am Schluss stellt sich heraus, dass der Mann am Telefon den Unterschied zwischen Propan und Butan nicht kannte. Sie führen nur Propan. Dafür finden wir in einem Gartencenter ein Schlauch-Endstück, dessen Gewinde an die Wasseranschlüsse der Marinas passt.

Dann erinnere ich mich: Braucht man nicht zum Schweißen Butan? Ein netter Fahrradmechaniker bestätigt dies. Wie es der Zufall will, befindet sich einer der seltenen Schweißzubehörläden genau vis-à-vis seines Geschäfts. Leider haben wir das »Memorial«-Wochenende. Da sind seriöse Unternehmen geschlossen. Wir machen es uns in der Marina für drei Tage gemütlich und rufen dann an. Resultat: In den USA nimmt man zum Schweißen Propan und nicht Butan. Einmal mehr Pech gehabt.

Von einer Schweizer Kapitänin (Das gibt es!), die auf einem Flüssiggas-Tanker zur See gefahren ist, weiß ich, dass Propan wesentlich explosionsgefährlicher ist als Butan. In einer bestehenden Anlage die Gas-Sorte zu wechseln ist wahrscheinlich keine gute Idee. Andererseits habe ich erfahren, dass es andere Skipper gemacht haben. Sie lebten noch, als sie es mir erzählten.

Marlise plant den nächsten Abschnitt unserer Reise, die Chesapeake Bay. Das Unterfangen ist nicht ganz einfach, denn die Seekarten sind zwar teuer, entsprechen aber nicht dem gewohnten europäischen Standard. Das vom Fachhandel angebotene Material ist oft älteren Datums und nie berichtigt worden. Das hat allerdings auch sein Gutes. Manche Drehbrücke, vor der wir eine Wartezeit eingerechnet haben, wurde durch eine neue ersetzt, die so hoch ist, dass wir problemlos darunter durchkommen.

Die Wassertiefen sind oft nur im Hauptfahrwasser angegeben.

Wer in einem Nebenarm ankern will, muss sich mühsam hineintasten. Bei manchen Tonnen ist deren Farbe durch die Form (dreieckig, rechteckig) kenntlich gemacht, bei anderen nicht. Dann wieder fehlen die Längen- und Breitengrade, was das Abstecken einer Distanz mit dem Zirkel erschwert. Auch Norden ist nicht immer oben! Sogar die Papierqualität ist oft schlecht. Eine Karte, die nass wird, ist kaum zu retten.

Andererseits haben wir wieder einmal die nettesten Nachbarn der Welt und werden von allen Seiten mit Tipps über gefährliche Stellen, schöne Ankerplätze, tolle Marinas und anderen wichtigen Adressen eingedeckt. Das Kartenmaterial füllt sich mit Bleistiftnotizen und wird immer brauchbarer.

Eigentlich heißt er Lucius-J.-Kelam-Jr.-Brückentunnel, aber jeder redet einfach nur vom Brückentunnel. Das 17,6 Meilen lange Bauwerk ist Teil des Nord-Süd-Highways US-13. Es führt von Norfolk und Virginia Bay in Richtung New York und spart dem Autofahrer etwa einhundert Meilen Wegstrecke. Der größte Teil ist als Brücke ausgeführt, welche die Chesapeake Bay überspannt. An zwei Stellen führt die Reise unter das Wasser. Zwei Tunnel von je einer Meile sichern der Schifffahrt die ungehinderte Durchfahrt. Für das Hauptquartier der US-Atlantikflotte im nahen Norfolk dürfte das besonders wichtig sein.

Bei Brücken weiß man nie, welche Durchfahrtshöhe es braucht, um die Schiffe auch in Zukunft passieren zu lassen. Man hat es in der Vergangenheit oft genug erlebt, dass die nächste Generation Frachter eine Größe und Höhe erreichte, die man nie für möglich hielt. So ist z.B. der Suezkanal heute zu klein für die wirklich großen Öltanker, sodass diese um Afrika herumfahren müssen.

Bei den Tunneleingängen wurden rechteckige künstliche Inseln angelegt, die wir von unserer FORTUNA gut ausmachen können. Eine davon ist besonders interessant, denn sie ist als Ausflugsziel ausgebaut, komplett mit Restaurant und Souvenirladen. Für die Fischer und als Aussichtspunkt wurde eine große, zweihundert Meter lange Pier angelegt.

Unser nächstes wichtiges Ziel ist Gloucester Point. Wie andere Boote auch ankern wir direkt vor der Marina. Das stört niemanden. Der

Hafenmeister organisiert uns einen Mietwagen, denn wir wollen drei Orte »of historical interest« besuchen: Yorktown, Williamsburg und Jamestown. Es ist rührend zu sehen, mit wie viel Stolz und Vaterlandsliebe die Amerikaner mit ihren historischen Sehenswürdigkeiten umgehen. Echte Relikte sind eher rar und die Sehenswürdigkeiten bescheiden. So hat sich eine hohe Kunst entwickelt, aus nichts etwas zu machen. Stellen, oder doch zumindest die Gegend, wo möglicherweise einmal etwas passierte, werden zum historischen Denkmal erhoben.

Die drei Orte sind durch den Colonial Parkway miteinander verbunden – eine wunderschöne Straße. Auf einer Strecke von über dreißig Meilen wird Landschaftspflege betrieben. Das Gras ist in einem breiten Streifen perfekt gemäht. Stattliche Bäume säumen die Flussufer.

Das Schlachtfeld von Yorktown erinnert an den Befreiungskrieg gegen die Engländer. Wir sehen eine historische Wiese, die außer »historisch« nichts zu bieten hat. Vom Geburtshaus von George Washington soll nur noch das mit einem Seil abgegrenzte Stück Land zu sehen sein, wo es einmal gestanden haben soll. Wir verzichten auf diese Art von Sehenswürdigkeiten zugunsten amerikanischer Patrioten.

Williamsburg, von 1699 bis 1780 Hauptstadt von Virginia, lohnt den Besuch schon eher. Zwar sind die Gebäude dieses Ortes nur zum kleineren Teil historisch, sie wurden auf alten Fundamenten liebevoll rekonstruiert. Wir besichtigen stattliche Bürgerhäuser aus dem 17. Jahrhundert, eine Kirche, mehrere Kneipen, das Pulvermagazin und den Governors' Palace, in dem vor der Revolution die britischen Vizekönige residierten.

Schaubetriebe zeigen alte Handwerkstechniken. In historischen Kostümen der Kolonialzeit wird geschmiedet, geschustert, getischlert, gesponnen oder ein Kräutergarten angelegt. Das Gastgewerbe und der Souvenirhandel blühen. Unter den zahlreichen Besuchern befinden sich viele Kinder, die schulklassenweise Geschichte erleben. Knapp außerhalb des Museumsareals stehen übrigens noch ein paar weitere schöne, alte Häuser, die sogar echt sind. Eines davon beherbergt ein Delikatessengeschäft mit sagenhaft guten Sandwichs.

Die nächste Station, Jamestown, verspricht entlang einer acht Kilometer langen Straße »points of historical interest«. Wir fahren durch eine dicht bewaldete Uferlandschaft und suchen die »points«. Diese erweisen sich als Schautafeln mit Texten, die in regelmäßigen Abständen die Fahrbahn säumen. Häppchenweise bekommt man die Entstehungsgeschichte von Jamestown verabreicht.

Im Besucherzentrum werden in einem kleinen Museum ein paar ausgegrabene Stücke ausgestellt. Von der Siedlung selbst sind fast nur noch Fundamente vorhanden. Immerhin hat ein Archäologenteam 1996 Hinweise gefunden, die vermuten lassen, dass Spuren vom 1607 gegründeten ursprünglichen Fort James noch vorhanden sind. Gezeigt wird ein alter Kirchturm mit der in der Neuzeit hinzugepflanzten Kirche und sonst vor allem viele bronzene Bild- und Texttafeln. Eine davon zeigt Pocahontas. Sie ist die Tochter des Indianerhäuptlings Powhatan, heiratete einen Engländer und besuchte in ihrem kurzen Leben sogar London. Ein Bild zeigt sie in europäischer Kleidung, wie sie am englischen Hof empfangen wurde. 1995 von Disney wiederentdeckt, kämpft Pocahontas heute als romantische Kunstfigur für multikulturelle Aussöhnung und Emanzipation.

Das im 17. Jahrhundert gegründete Jamestown war die erste feste englische Siedlung in der heutigen USA. Ihr Anfang war geprägt von Misserfolgen. Die Siedler waren unqualifizierte Leute, die vom Schlaraffenland träumten und mit falschen Versprechungen in die Wildnis gelockt worden waren. Die Konfrontation mit der Wirklichkeit war hart. Von den ersten Siedlern waren nach einem Jahr durch Hunger und Krankheit nur noch knapp zehn Prozent am Leben. Der zweiten Welle erging es nicht besser. Dass es überhaupt Überlebende gab, war den Indianern zu verdanken, die den Siedlern gegen Metallwerkzeug und Glasperlen Nahrungsmittel eintauschten.

Versuche mit Seidenraupen, Rebbau und Getreide scheiterten. Nur dank des Tabakanbaus konnte die Siedlung überleben und in der Folge prosperieren. Am Ende des 17. Jahrhunderts zählte die Stadt 50 000 weiße Siedler und 10 000 schwarze Sklaven. Dann kamen eine Revolte und eine Feuersbrunst. Die Stadt sank in die Bedeutungslosigkeit zurück.

Die Chesapeake Bay erweist sich als viel größer, als wir erwartet haben. Das ist mehr als nur eine Ansammlung von Flussmündungen. Das ist eigentlich ein richtiges Brackwassermeer. Der größte Teil ist sehr flach, wesentlich flacher als z.B. die Ostsee, zeigt aber einen ähnlichen Charakter. Schon bei bescheidenen fünf Beaufort baut sich eine unsympathische Welle auf, die mit rascher Frequenz auf einen zurollt. Einmal mehr haben wir Nordwind und damit die Welle genau von vorn, auf die Nase.

Die großen Wasserflächen wirken wie Seen. Es wäre so schön, einmal einfach quer durchfahren zu können. Dort ist das Wasser aber nur zwei Fuß tief. Bei einem Tidenhub von wenig mehr ist das sogar bei Hochwasser für uns zu flach. Auch wenn das Wasser tiefer ist, ist es schwierig, die bezeichneten Wasserstraßen zu verlassen. Außerhalb wimmelt es nämlich von Schwimmkörpern, von denen Leinen zu Krabbenkörben führen. Der Seeboden besteht in der Regel aus Schlick. Die Sand- bzw. Schlickbänke wandern rasch, sodass alle Tiefenangaben in den Karten mit Vorsicht zu genießen sind. Wir fahren deshalb schön brav den Tonnen nach.

Entlang der Ufer finden wir unzählige »Creeks«. Meist sind es keine echten Flüsse, aber sie sehen wenigstens so aus. Vorsichtig fahren wir zum Übernachten hinein, finden ein kleines Becken mit genügend Wassertiefe, dahinter kommt ein flacher Arm, dann wieder ein Becken, ein Arm, eine ganze Kette. Mit genügend Mut kommen wir mit unserer FORTUNA recht weit hinein. Das sind wunderschöne Ankerplätze. Manche liegen in absoluter Abgeschiedenheit, wie z.B. der Broad Creek, an anderen finden wir kleine Marinas oder Häuser und Golfplätze wie am Indian Creek oder bei den Solomon Islands.

Die Chesapeake Bay führt Brackwasser. Wir sehen Delfine und größere Rudel von Robben. Die Unterscheidung ist auch auf Distanz einfach: Ragt ein Dreieck aus dem Wasser, ist es ein Delfin, ragen die Dreiecke paarweise aus dem Wasser, sind es Robben, die auf dem Rücken schwimmen. Gelegentlich sehen wir natürlich auch noch etwas mehr von den Tieren.

Neben den obligaten Möwen hat es viele Reiher, Ibisse und gelegentlich einen Pelikan. Die zahlreichen »ospays« , Fischadler, haben es uns besonders angetan. Sie nisten mit Vorliebe auf Baken (Seezeichen auf Stangen). Die groben Nester sind zwischen den Tafeln der Seezeichen eingeklemmt. Da wir diesen nachfahren, können wir laufend die Brutpflege beobachten. Elterntiere kommen mit einem Fisch oder mit Nistmaterial. Junge lassen sich füttern. Auch wenn wir nahe vorbeifahren, verlassen die Eltern nur kurze Zeit das Nest.

Junge, die noch nicht fliegen können, machen Drohgebärden. Marlise fotografiert mit ihrem stärksten Teleobjektiv. Schließlich wollen wir die Tiere nicht über Gebühr stören.

In Annapolis, im Osthafen zwischen der Marineakademie und den Yachthäfen, steht den Besuchern ein großes Bojenfeld zur Verfügung. Wir hängen uns an eine der Gästebojen, wollen mehrere Tage bleiben und von dort aus Washington besuchen. Kaum angekommen, umkreist uns eine 35-Fuß-Motoryacht. Das Boot fährt unter »Stars and Stripes«, hat aber drei Gastland-Flaggen: Schweiz, Deutschland und Hamburg. Hamburg? Da wir erst vor kurzem in dieser Stadt waren, kennen wir das Wappen, sind uns sicher.

Anderntags taucht das Boot wieder auf. Wir lernen Alf, den Skipper kennen. Der gebürtige Hamburger ist nach eigener Angabe ein »Papierli-Schweizer« (d.h. mit erworbenem Schweizer Bürgerrecht) und hat sich in Annapolis innerhalb weniger Jahre ein florierendes Geschäft aufgebaut. Er handelt en gros und en détail mit Schweizer Röstkaffee und Schweizer Kaffeeautomaten. Kunden hat es dank des nahen Washington in dieser Gegend mehr als genug. Es sind fast alles Ausländer, denen der dünne, hell geröstete amerikanische Kaffee nicht schmeckt. Für sie ist die in der Schweiz übliche »französische Röstung« gerade richtig. Alf ist überwältigend: An die zwei Meter groß, etwa 130 Kilo schwer, charmant, extrovertiert. Genauso überwältigend ist auch seine Gastfreundschaft.

Er fährt uns am Tag darauf mit seinem großen Mercedes-Kombi nach Washington und veranstaltet eine richtige Stadtrundfahrt mit uns. Alle wichtigen Regierungsgebäude, Monumente und Parkanlagen werden besichtigt. Foto- und Filmhalte werden eingeschaltet, wo immer wir das wünschen. In einem Touristenbus würden wir nicht halb so viel sehen.

Seit ein paar Tagen herrscht eine Affenhitze mit Temperaturen über 40°C und hoher Luftfeuchtigkeit. So heiß war es hier Anfang Juni noch nie. Aus diesem Grund sind wir doppelt froh, dass wir unseren Ausflug nach Washington in seinem klimatisierten Auto machen können statt zu Fuß. Anschließend lädt er uns zu sich nach Hause ein – ein schöner, luftiger Bau, direkt am Wasser. Stürmisch werden wir von seiner Boxerhündin begrüßt und bewundern seine umfangreiche Sammlung antiker Kaffeemühlen. Offensichtlich kann auch

Kaffee mahlen ein interessantes Thema sein, wenn man sich liebevoll um die Details kümmert. Dann meint er, wir sollten doch ein paar Tage in seinem Haus wohnen. Eine Aircondition wäre schon nicht übel. Trotzdem lehnen wir dankend ab, und beim dritten Mal glaubt er uns auch, dass wir es ernst meinen.

Anderntags laden wir den Mann zum Nachtessen ein, und er führt uns mit seinem Boot quer über die Chesapeake in ein kleines Fischbeizli. Der winzige Bootshafen ist sehr flach, und wir fahren mehr durch den Schlick als darüber. Als Spezialität gibt es Krabben in allen Varianten, aber auch Marlise, die wegen einer Allergie auf Fisch, Krebse usw. verzichten muss, kommt auf ihre Kosten. Alf zeigt sich interessiert, das Stück auf dem Mississippi mitzufahren, und wir laden ihn ein. Am Schluss ist dann allerdings doch nichts daraus geworden. Die Geschäfte...

Maryland nennt sich das »Krabbenland«. Sogar auf den Autoschildern ist dieser Slogan als Ehrentitel eingeprägt. »Blue Crabs«, blaue Krabben, sind das Nationalgericht. Die Tiere haben einen grünblauen Panzer, werden bis zu 35 Zentimeter breit und sollen gut zu Fuß sein. Forscher wollen Wanderungen von bis zu sechs Kilometern pro Tag beobachtet haben. Jedes Jahr werden von dieser Delikatesse 16 000 Tonnen in mit Hühnerhälsen geköderten Krabbenkörben gefangen.

Man findet die Schalentiere auf den Speisekarten der meisten Restaurants. Besonders schmackhaft sind die zwanzig bis dreißig Zentimeter langen Krabbenbeine. Ich bestelle. Rot gekocht kommen sie auf den Tisch. Man öffnet sie mit Holzhammer und Nussknacker und kann dann das Fleisch herauspulen. Es gibt Berge von Abfall. Man vergisst beim Essen alle Manieren und braucht Unmengen von Papierservietten. Es macht Spaß.

Das Krabbenfleisch wird auch herausgelöst serviert. Dann kommt es als Gratin oder als Hummerfüllung auf den Tisch.

Noch populärer sind »crab cakes«. Wenn man den Leuten glauben darf, ist das keine Mahlzeit, sondern ein kulinarisches Nationalheiligtum. Das Rezept scheint nicht allzu kompliziert zu sein: Fein gehacktes Krabbenfleisch wird mit Ei, Mayonnaise, Tabasco, Salz und Pfeffer vermischt, zu Bällchen geformt, leicht paniert und als eine Art Frikadelle gebacken. Ich versuche diese hoch gelobte Spezialität. Sie erinnert im Geschmack an Fischstäbchen und ist für meinen Gaumen eher interessant als delikat.

Manche der gefangenen Krabben werden so lange im Wasser in hölzernen Käfigen gehalten, bis sie ihren Panzer abwerfen, um sich einen größeren wachsen zu lassen. Dann bringt man sie als »soft crabs« auf den Markt. Diese können dann ungeschält gegessen werden. Diejenigen, die ich gesehen habe, erinnerten an übergroße Spinnen. Ich glaube nicht, dass ich so etwas in meinem Sandwich finden möchte.

Annapolis ist eine Stadt mit einem gewachsenen Kern. Eine Stadt mit Vergangenheit, so wie wir das von Europa her gewohnt sind. Das ist in den USA selten. Radial angeordnet laufen die Straßen auf das Hafenbecken zu. Viele Bürgersteige sind rot gepflastert. Wir durchstreifen das freundliche Stadtzentrum mit seinen Läden, Restaurants, hübschen alten Wohnhäusern und gehen hoch bis zum ehemaligen Regierungssitz von Maryland.

Die US Naval Academy prägt die Stadt und hat sowohl kulturell als auch sportlich viel zu bieten. Jahr für Jahr werden viertausend »Midshipmen« (Offiziersanwärter) ausgebildet, was einen Stab und Lehrkörper von an die sechshundert Menschen bedingt. Wir besichtigen die Akademie und sind beeindruckt von der großzügigen Anlage und den prächtigen, teilweise historischen Gebäuden. Alles ist bestens unterhalten, alles ist klimatisiert. Man sieht, hier wird eine Elite geformt.

Das Akademiemuseum zeigt Orden, Säbel, alte Uniformen und Ausrüstungsgegenstände sowie Bilder von Kriegshelden und ehemaligen Absolventen, auf welche die Akademie stolz ist. Im Untergeschoss befindet sich eine Ausstellung von antiken Schiffsmodellen. Manche wurden in edlem Elfenbein gebaut. Bei anderen fehlt die Außenhaut, sodass man das ganze Innenleben mit sämtlichen Decks betrachten kann. So langsam tun die Füße weh.

Unser nächster Halt ist Baltimore. Wir wurden mehrfach gewarnt, dass die Einfahrt wegen des starken Berufsverkehrs und der bis zu zehn Fuß hohen Wellen der Frachter außerordentlich schwierig und gefährlich sei. Wir kommen an und sehen kein einziges Schiff, abgesehen von zwei Bugsierschleppern und einem Lotsenboot, die wohl auf einen Frachter warten. Wir wissen es aus Erfahrung, es ist unser Schicksal: Immer, wenn wir aufkreuzen, bleiben die dramatischen Momente aus. Auch die Wellen und die Windstärken sind durchweg viel harmloser als geschildert. Andere kämpfen mit den gefährlichsten Situationen, aber wenn wir kommen, ist alles ganz friedlich.

So wurden wir zum Beispiel in Paris verschiedentlich gewarnt vor dem »Mascaret«, einer bis zu zwei Meter hohen Flutwelle, die sich mit hoher Geschwindigkeit die Seine hochbewegen soll. Der richtige Zeitpunkt kam, aber die Welle war ein Zwerg. Die Straße von Messina ist wegen der Düsenwirkung der Meerenge (Wind, Wellen) und des starken Schiffsverkehrs in Verruf. Wir sahen nur ein paar Fähren, die absolut harmlos auf ihrer leicht voraussehbaren Bahn unseren Weg kreuzten, und die See war freundlich-bewegt. In der Themsemündung, die wegen des starken Berufsverkehrs verschrien ist, sahen wir einen einzigen Frachter, er trug das Signet der Ford-Automobile. Vielleicht denkt sich der liebe Gott, es lohne sich nicht, wegen zwei so kleiner Leuten eine Schau abzuziehen.

Eine große Brücke überspannt den Patapsco-Fluss. Knapp dahinter finden wir eine sonderbare Lateraltonne. Sie ist einlaufend auf Steuerbord, man erwartet rot. Sie ist spitz, das bedeutet ebenfalls rot. Aber sie ist nicht rot, sondern blau mit weißen Sternen und rot-weißen Streifen. Vermutlich schwimmt das Ding zu Ehren einer gewissen Mary Pickersgill. Diese Näherin aus Baltimore hatte nämlich das erste Sternenbanner angefertigt, eine Fahne mit 13 Sternen und 13 Streifen. Das 1793 gebaute Häuschen, in dem sie gewohnt hat, steht heute noch – ein nationales Denkmal für jeden patriotischen US-Amerikaner.

Die Ufer sind gesäumt von Industrie- und Hafenanlagen, dann kommen große Marinas. Ein paar stattliche Großsegler sind unterwegs. Je näher wir zum Stadtzentrum fahren, umso gepflegter wird alles. Wir sehen die Skyline mit Wolkenkratzern. Der innere Hafen ist gesäumt von attraktiven Kais mit vielen Restaurants und schicken Läden. Ein Meeresaquarium, eine Delfinschau und ein U-Boot laden zum Besichtigen ein. Es wimmelt von Touristen. Unsere FORTUNA wird umschwärmt von Tretbooten. Wir werfen den Anker direkt vor dem World Trade Center. Kein Mensch geht in eine Marina, die Preise sind zu hoch. Sogar das Anlegen mit dem Gummiboot kostet im Minimum fünf Dollar. Die Bootstankstelle verlangt 0,99 Dollar pro Gallone Diesel. Das sind 65 Prozent mehr als das letzte Mal. Später, Hudson aufwärts, wird der Diesel 1,39 Dollar kosten, und ein paar

Monate später noch einmal 20 Cents mehr. So können sich die Preise ändern.

Eine ganze Reihe Segler ankert an der gleichen Stelle wie wir. Haben wir diese »Amel« mit der belgischen Flagge nicht schon einmal gesehen? Richtig, es sind unsere Bekannten aus Gloucester Point. Wir nehmen bei ihnen an Bord den Aperitif und lassen uns von ihren Erlebnissen erzählen: Kuba sei nicht zu empfehlen. Das Land ist sehr arm, in Havanna wurden nur ein paar Fassaden an der Hauptstraße hergerichtet. Dahinter sieht es aus wie in Dresden anno 1945. Der Kommunismus zeigt sich in seinen bürokratischsten Ausformungen, so kamen beim Einklarieren zwölf (!) Beamte von sechs verschiedenen Behörden an Bord. Jeder hatte endlos Zeit und viele Formulare. Nahrungsmittel waren am Hafen nur gegen US-Dollar erhältlich, in schlechter Qualität und etwa zwanzigmal teurer als für Einheimische. Das Beiboot zu benutzen war nicht gestattet, da es nicht separat einklariert war. Wenn man in einem Supermarkt für Einheimische etwas kaufen wollte, musste das Taxi genommen werden, sodass ein Kilo Tomaten am Ende auf fünfzehn Dollar zu stehen kam.

Auch auf die anderen karibischen Inseln sind unsere Seglerkameraden nicht gut zu sprechen – Nepp aller Orten. Mit Ausnahme der französischen Antillen wurde auf allen Inseln mit massivem Druck gebettelt. Ähnliches haben wir auch von anderen Langfahrt-Seglern gehört. Verschiedentlich wurden wir auch vor Piraterie gewarnt.

Vor allem die Amerikaner warnen, es sei viel zu gefährlich, unbewaffnet in die Karibik zu gehen. Besonders beliebt sind großkalibrige Gewehre, die es schaffen, den Zylinderblock des Dieselmotors des gegnerischen Bootes zu durchlöchern. Es werden Geschichten erzählt von bekifften, schwer bewaffneten Jugendlichen, die Yachten überfallen. Die Drogenmafia soll ganze Segelcrews umbringen, um für ihre Schmuggelgeschäfte an harmlos aussehende Boote zu kommen. Vielleicht ist der Plan, die Karibik zu bereisen, doch keine so gute Idee.

Ich halte nichts von Feuerwaffen und glaube, wer damit droht, heizt die Situation in vielen Fällen erst richtig an. Zudem könnte ich auch nicht damit umgehen. Ich habe zwar als kleiner Bub während des Krieges mit dem Luftgewehr meines Vaters auf Scheiben geschossen. Man muss sich ja wehren können, das Vaterland retten, wenn

Not am Mann ist. Die Deutschen kamen dann doch nicht. Das Ding verlor seine magische Bedeutung, wanderte zuerst an die Wand, dann ins Gerümpel.

Ich ging mit Arbeiterkindern in die Schule. Wer da als Arztsohn (Herrensöhnchen) und Außenseiter überleben will, muss sich etwas einfallen lassen. Ich erfand als Waffe das gezielt-aggressive Brüllen. Langsam wurde die Methode perfektioniert. Immer mehr erhielt ich den Ruf des größten Schlägers aller Zeiten. Keiner wagte sich an mich heran – Gott sei Dank. Ich hatte ja keine Ahnung, wie man sich prügelt, und hätte von ziemlich jedem auf die Schnauze gehauen bekommen.

Die Methode funktioniert auch bei Erwachsenen. In Sizilien hatten wir 1995 in einem verlassenen Fischerhafen mitten in der Nacht eine größere Gruppe angeheiterter Jugendlicher an Bord, die gleich damit anfingen, das Deck aufzumischen. Unerwartet tauchte ich aus einer Luke auf. Brüllend wie ein Stier, ging ich auf den nächsten Kerl los. Er war einen halben Kopf größer, ich aber bin viel massiver und wirkte absolut selbstsicher. Das reichte. Die Herrschaften verabschiedeten sich mit erstaunlicher Rasanz.

Was man schreit, ist weniger wichtig, nur nichts Sinnvolles. Unser Freund soll ja verwirrt werden und nicht etwa zu denken anfangen. Ich liebe deshalb die Mehrsprachigkeit. Zum Beispiel so etwas wie: »Porca-Madonna-Arschloch! Je te casse la figure – Shithead!« Man beachte all die offenen Vokale, die sich so herrlich laut brüllen lassen, und den sauberen rhythmischen Aufbau. So etwas ist doch nun wirklich ein linguistisches Sahnebonbon.

Entscheidend ist, dass man nur auf einen einzigen Gegner losgeht, ihm nah auf den Pelz rückt und ihm dabei gleichzeitig jede Menge Fluchtwege offen lässt. Wichtig ist auch, dass man möglichst frühzeitig handelt, bevor die Gruppe sich noch mehr aufgeheizt hat, und dass man sich den Rücken frei hält. Ich bin mir im Klaren, wenn es zum Kampf kommt, bin ich verloren. Bis jetzt aber fühlte sich der Mann unter Druck immer von seiner Gang im Stich gelassen und ist abgehauen. Wenn einer rennt, rennen alle. Das ist bei Herden immer so.

Natürlich habe ich mit meiner Brüllerei gegenüber hartgesottenen Kriminellen keine Chance. Einmal konnte ich in Londons Soho mit Gebrüll und einem Spurt die geklaute Brieftasche zurückholen. Das war ausgesprochen dämlich. Man riskiert kein Messer wegen einer Brieftasche. Aber ob richtig oder falsch: Ich bin seit meiner frühesten Kindheit so konditioniert. In einer entsprechenden Situation übernehmen die Reflexe blitzschnell, und bis heute habe ich immer Glück gehabt.

Eines haben wir auf jeden Fall gelernt: In den Marinas trifft man fast ausschließlich Amerikaner, in den Ankerbuchten sind es eher Europäer oder Kanadier. In beiden Fällen lohnt sich ein gemeinsamer Aperitif. So lernt man nicht nur jede Menge netter Leute kennen, sondern profitiert auch von fremden Erfahrungen und erhält viele nützliche Tipps, angefangen von der preisgünstigen Tankstelle über die besonders schöne Marina bis zum idyllischen Ankerplatz.

Hinter der glänzenden Promenade des inneren Hafens von Baltimore zeigt sich die Stadt als normale amerikanische Großstadt. »Little Italy« hat viele hübsche kleine Restaurants. Im »La Tavola« werden wir mit Saltimbocca alla Romana, Risotto, Gemüse und einem fruchtigen Rotwein, einem Montepulciano d'Abruzzo, bestens bedient. Auch das Brot schmeckt vorzüglich. Wir lassen dem Koch unseren Dank und unsere Hochachtung übermitteln und haben ihn eine Minute später am Tisch. Er kommt aus Süditalien. Das Brot backt er selbst nach einem Rezept seiner Großmutter. Sein Geheimnis: eine geriebene rohe Kartoffel im Hefeteig. Er lässt uns einen Laib einpacken und will von einer Bezahlung des Brotes nichts wissen. Es sei doch schön, wieder einmal Gäste zu haben, die etwas vom Essen verstehen.

Ich habe die Suche nach Butangas noch nicht aufgegeben. Ein schöner, heißer Kaffee am Morgen muss einfach sein, sonst lohnt sich das Leben nicht. Vom Bootszubehörgeschäft geht es zum Eisenwarenladen. Dort hat es wenigstens die kleinen »Campingaz«-Kartuschen und dadurch die Adresse des Importeurs. Den rufe ich an und stelle fest, dass die Vertretung gewechselt hat. Die neue Firma führt nur die kleinen Kartuschen und verweist an ihre Tochter in Kanada, die auch nichts hat. Dann öffnet sich eine Tür: Der Bootsbauer aus Lübeck sendet eine E-Mail. Er hat den Kochherd-Fabrikanten kontaktiert und den Bescheid bekommen, man könne auch Propan statt Butan verwenden, obgleich im Prospekt genau das Gegenteil steht.

Seglerkameraden haben ihre Kochstellen geringfügig anpassen lassen, amerikanische Gasflaschen gekauft und verwenden erfolgreich Propan. Ermutigt durch diese Auskünfte suche ich eine Abfüllstation und finde nach langen Irrfahrten auch eine. Natürlich passt der weltweit verwendbare Adapter, den ich mitgebracht habe, nicht. Natürlich geht auch der Universaladapter der Tankstelle nicht. Aber aus beiden lässt sich etwas zusammenbasteln. Der Geist siegt über die Materie. Es ist ein gutes Gefühl, das Propan in die Flaschen strömen zu hören, die auf der Waage stehend langsam schwerer werden. Zurück aufs Schiff. Die Flaschen werden angeschlossen, der Herd mit bangem Gefühl getestet. Siehe da, es funktioniert einwandfrei. So können wir wieder ohne extreme Sparsamkeit kochen und, was noch wichtiger ist, Brot backen.

Wie bereits gesagt: Das amerikanische Industriebrot ist nicht nach unserem Geschmack. Es hat die Konsistenz eines nassen Badeschwammes und schmeckt auch so. Aus diesem Grund haben wir Brotmehl aus der Schweiz mitgebracht und am amerikanischen Zoll vorbeigeschmuggelt. Eine Plastiktüte enthält jeweils alles, was man für zwei Brote braucht, die gerade noch in den Schiffsbackofen passen.

Brotbacken an Bord

Der vorgepackte Plastiksack enthält:
800 g Mehl, die eine Hälfte dunkel, die andere Fünfkornflocken
Ein verschweißtes Plastiksäckchen mit 15 g Salz
2 Tüten Trockenhefe (entsprechen 40 g Frischhefe)
Dazu kommt 0,5 l Wasser.

Die Hefe mit zwei Esslöffeln Zucker vermischen, mit einem Fünftel des Wassers anrühren und in einer Schüssel stehen lassen, bis es richtig schäumt. Dann kommen der Rest des Wassers, das Salz und das Mehl dazu und der Teig wird so lange geknetet, bis die Masse nicht mehr an den Fingern oder der Schüssel klebt. Man kann anstelle eines Teils des Wassers eine fein geriebene rohe Kartoffel darunter kneten, damit das Brot feuchter wird. Oder man mischt eine gute Hand voll gehackter Baumnüsse darunter, oder Sonnenblumenkerne oder etwas Birchermüslimischung oder angebratene Speckwürfel oder… Der

68

Fantasie sind keine Grenzen gesetzt. Die ganze Misch- und Knete-
rei erledigen wir in der Plastikschüssel. Am Schluss wird der Teig mit
einem nassen Tuch zugedeckt und geht je nach Temperatur eine
halbe bis zwei Stunden auf. Wer das Brot lieber etwas leichter mag,
knetet es kurz durch und lässt es noch einmal aufgehen. Wir formen
zwei Brotlaibe, die auf dem Blech noch einmal etwas aufgehen.
Dann werden sie im vorgeheizten Backofen bei Maximalhitze (ca.
220°C) 40-50 Minuten gebacken. Da Bootsbacköfen oft recht primi-
tive Dinger sind, muss das Brot bei manchen Modellen zwi-
schendurch gedreht werden, damit es gleichmäßig braun wird.

Um dem berüchtigten Samstagsrummel zu entgehen, verlassen wir
Baltimore am Freitagmittag. Gegen Abend kommen wir in einen
kleinen Creek, ein Flüsschen nahe am C+D-Kanal (Chesapeake –
Delaware), wo wir den Anker werfen. Es ist still, idyllisch, und einmal mehr bestaunen wir die Natur und einen fantastischen Sonnenuntergang. Das Wetter ist seit Wochen wolkenlos schön und für
Mai/Juni sehr heiß. Nicht selten haben wir über 100°F (= 40°C). Das
soll nun allerdings anders werden. Schon am nächsten Morgen zeigen sich ein paar Wolken, und der Nordwind bringt einen Tempe-
ratursturz von über 20°F.

Der C+D-Kanal ist 137 Meter breit und knapp 12 Meter tief, gut
für Hochseefrachter. Er wird rege benutzt, wobei wir allerdings
mehr Binnen-Schubverbänden als Hochseefrachtern begegnen.

Delaware City rühmt sich als historische Sehenswürdigkeit, und
wir legen deshalb in der Marina des Städtchens an. Bewaffnet mit
einem liebevoll zusammengebastelten Prospekt suchen wir die
Sehenswürdigkeiten und finden die normalen Holzhäuschen mit
Terrasse, wie überall sonst auch, höchstens dass sie etwas schäbiger
sind und die Farbe blättert. Trotz ihres Leitspruchs »For Positive
Change« hat die Delaware City Area Business Association versagt.
Wir nehmen die Sache mit Humor. Amerikaner, die extra angereist
sind und vergeblich nach den historisch wertvollen Kulturdenkmä-
lern suchen, fühlen sich veräppelt und regen sich zu Recht fürchter-
lich auf.

Die Marina erinnert an einen Autofriedhof. So viel maritimen
Schrott sieht man selten auf einem Haufen. Ein junger Mann ist am
Aufräumen und bemerkt voll Stolz: »Sieht doch bereits ganz ordent-

lich aus! Sie hätten vor einem Monat hier sein sollen, bevor sie (die Besitzerin) ihren Alten zum Teufel gejagt hat.«

Die Stromversorgung ist sehr speziell. Ich stecke am Abend den Stecker in die Dose, die an einem Pfosten montiert ist, platziere den 110/220-V-Transformator auf dem Schwimmsteg und decke ihn mit einem Müllsack zu, denn es wird Regen erwartet. Am Morgen hängt der 14 Kilogramm schwere Trafo in unerreichbarer Höhe an seinem Kabel und wird nur vom Stecker gehalten. Entgegen allen Erfahrungen haben wir hier einen Tidenhub von beinahe drei Metern. Ich besorge mir eine Leiter und befestige den Trafo mit meinem Gürtel. Die Hose kann ich ja zur Not auch mit den Händen festhalten.

Am Steg nebenan liegt McGregor. Der alte schottische Skipper und seine selbstgebaute Beton-Segelyacht heißen beide gleich. Er sieht aus wie der alte Käpt'n aus dem Kinderfernsehen und hat Unmengen billigen Whisky und noch mehr Geschichten auf Lager, die er beide großzügig unter die Leute bringt. Ursprünglich war er Schiffsmotorenmechaniker, und er erzählt von Dieselmotoren, die so groß sind, dass man in die Zylinder hineinkriechen kann. Von teuren Marinas ist die Rede, wo sie pro Nacht vier Dollar pro Fuß Bootslänge verlangen, von der Kunst, sein Boot aus Beton zu bauen, und von prominenten Skippern, die er einmal getroffen hat. Dann lädt er jeden großzügig ein, in seinem Yachtklub gratis zu übernachten, sagt aber keinem, wo sich der Klub befindet. Wir lehnen nach einem ersten Schluck den offerierten Whisky dankend ab und beschränken uns aufs Zuhören. Der Mann erzählt wirklich amüsant. Nach einer guten Stunde ist sein Repertoire jedoch erschöpft, und er fängt mit den gleichen Redewendungen und in der gleichen Reihenfolge wieder von vorn an.

Mit knapp sechs Beaufort Wind fahren wir den Delaware hinunter, der gegen das Meer hin breit und offen wird. Der Fluss ist gut betonnt. Zur Flussströmung kommt das ablaufende Wasser der Ebbe. So machen wir rasche Fahrt und hängen uns hinter einen Frachter, der uns die gröbsten Wellen ebnet. Komfortabler geht es unter den gegebenen Umständen kaum. Trotzdem sind wir froh, bei Cape May wieder das geschützte Revier des ICW zu erreichen, denn der Wind legt zu. Auf den nächsten Meilen haben wir eine nur geringe Wassertiefe, und immer wieder schrillt der Alarm des Echolots.

Bei Ocean City müssen wir ein Stück übers offene Meer, aber es herrscht dicker Nebel. Da wir gemäß Karte bereits nach 0,8 Seemeilen auf eine Tonne stoßen sollten, stechen wir hinein ins weiße Vergnügen, können aber das Seezeichen nicht finden. Marlise stellt das Radar an und liest die Mitteilung: »Keine Daten.« Ist das Gerät defekt? Sie wird nervös. Wir drehen um genau 180 Grad und laufen zurück. Später stelle ich dann fest, dass das Radar in Ordnung ist, die Mitteilung »keine Daten« bezog sich auf den nicht eingeschalteten GPS, der mit dem Radar verbunden ist.

Trotzdem verzichten wir auf einen zweiten Versuch und wählen die Alternative, den auf der Karte verzeichneten Binnenweg. Plötzlich fehlen die Tonnen. Ein Rätsel, denn wir sind sicher, uns am richtigen Ort zu befinden. Wir verlassen uns auf GPS und Echolot und versuchen uns durchzutasten. Das Wasser wird extrem flach. Wir bleiben im Schlick stecken, können noch einmal zurücksetzen und sitzen dann endgültig fest. Da bleibt nichts anderes übrig, als die Flut abzuwarten.

Wir werfen Anker, um bei steigendem Wasser nicht auf die nächsthöhere Schlammbank getrieben zu werden. Schon bald taucht die Coastguard auf und bietet freundlich Hilfe an. Dann kommt ein professioneller Abschleppdienst und bietet ebenfalls seine Hilfe an. Wir erklären beiden, dass wir uns selbst zu helfen wissen und einfach höheres Wasser abwarten wollen. Nach drei Stunden und einer gemütlichen Malzeit können wir weiterfahren. Der Nebel hat sich inzwischen verzogen und wir wählen den Weg über die See. Dabei stellen wir fest: Die in der nagelneuen Karte verzeichnete und im Nebel gesuchte Tonne gibt es nicht mehr. Auch der eingezeichnete Binnenweg ist längst versandet und aufgegeben.

Wie sich zeigt, sind am selben Tag auch ein paar weitere Leidensgefährten im Schlick stecken geblieben. Einen von ihnen treffen wir später und er erzählt uns, dass er sich ebenfalls auf die gleiche, neu gekaufte Karte (Druckjahr 1999!) verlassen hat. Der dort eingetragene Weg existiert bereits seit vier Jahren nicht mehr, ohne dass die Karte entsprechend korrigiert oder mit einem Zusatzblatt versehen wurde. Im Gegensatz zu uns ließ er sich abschleppen und hatte deshalb das Pech, mit dem Kühlwasser Sand anzusaugen, was den Impeller ruinierte – Gesamtkosten für Reparatur und Abschleppen über 500 Dollar!

Wir sind gewarnt worden, dass die Amerikaner nach Norden hin immer unfreundlicher werden. Daran mag etwas sein. Zumindest mit zwei Brückenwärtern machen wir schlechte Erfahrungen. Der erste öffnet die Brücke lange Zeit nicht, weil er angeblich nicht aufgefordert worden ist. Der zweite schließt aus Unachtsamkeit so rasch seine Drehbrücke, die wir im Konvoi passieren wollten, dass wir nicht mehr durchkommen, gegen die Strömung zurücksetzen müssen und ernsthaft gefährdet werden. Auch andere Yachties und sogar die Coastguard haben ähnlich schlechte Erfahrungen gemacht.

Atlantic City im Staat New Jersey ist ein Spielerparadies. Wir bleiben für ein paar Tage in der »Trump Marina«, einer großen, modernen Anlage mit Schwimmstegen. Jeder Bootsplatz hat 50A/220V und 30A/110V sowie Fernseh-, Telefon- und Wasseranschluss. Es gibt Duschen, WCs, Waschmaschinen, einen Ort zum Fischeputzen, einen Picknickplatz (im Parkplatz integriert), eine Spezialwiese zum Gassigehen mit dem Hund, uniformierte Schutzleute und einen Zaun um das Ganze. Dahinter erhebt sich der riesengroße Klotz des Trump Hotels mit eigenem Kasino, Tennisplätzen usw.

Wir haben zwar eine kleine Waschtrommel an Bord, die trotz ihrer bescheidenen Maße erstaunlich gut funktioniert. Trotzdem ist Marlise froh, dass für eine große Wäsche mehrere große Münzautomaten zur Verfügung stehen. Diese Waschmaschinen arbeiten nach dem gleichen Prinzip, das bei uns in den Sechzigerjahren üblich war: In einem festen Kübel, der von oben beladen wird, dreht sich eine besonders geformte Welle, die das Waschwasser bewegt. Ein Waschgang dauert nur zwanzig Minuten und die Wäsche wird tadellos sauber in dieser Zeit. Wir staunen.

Ein Steg der Marina ist für die 40- bis 50-Fuß-Yachten reserviert. Die Segler sehen aus wie überall. Die Motorboote sind oft drei und mehr Etagen hoch. Die Achterdecks sind mit Folienfenstern verschlossen, und die Flybridge wird ebenfalls mit Stoffverdeck und Plastikfenstern abgekapselt. Das Ganze sieht aus wie aufeinander getürmte Treibhäuser. Eine Klimaanlage mit Wasserkühlung verlangt nach hoch-amperigem Stromanschluss am Steg oder nach einem bootseigenem Generator.

Gleich lang, aber flach sind die großen Rennboote – schwimmende Phallussymbole. Mit riesigen, ungedämpften V8-Benzinmotoren ausgerüstet, machen sie einen Riesenlärm. Warum muss Macho so laut sein?

Am Steg mit den 30- bis 40-Fuß-Booten finden sich viele Trawler, »Krabbenfischer« sowie hohe Gebilde, die aussehen wie die vordere Hälfte einer Großyacht mit nichts dahinter.

Besonders auffallend sind die bis zu 45 Fuß langen Sport-Fischerboote, die höher als lang sind. Oft fehlt die vordere Windschutzscheibe, die Frontpartie ist mit Polyester geschlossen. Da es keinen Innensteuerstand gibt, braucht man ja nicht hinauszusehen. Wir können nicht entscheiden, ob das ein Modegag ist oder ob praktische Gründe dafür sprechen. Hübsch ist es auf jeden Fall nicht. Der untere Steuerstand befindet sich auf der Flybridge, der obere, zwei Etagen höher, besteht praktisch nur noch aus ein paar Alustangen, der Sitzbank und einem Steuerpult. Überall stehen irgendwelche Stangen, manche sehen aus wie Antennen, andere wie Angelgeräte. An Steuer- und Backbord hat es etwa zehn Meter lange Ausleger. Sie sind mit dünnen Stahlseilen verstrebt und können während des Fischens seitlich herausgeklappt werden. Vermutlich dienen sie zum Nachschleppen von Blinkern oder Köderfischen. Auf dem Achterdeck befindet sich ein Anglerstuhl in schwerer Ausführung, an dem jeder Gynäkologe seine Freude haben dürfte, sowie zahlreiche Halterungen für weitere schwere Fischruten.

Die Hotelanlage wirkt gleichzeitig protzig und billig in ihrer Größe. Wir gehen zu Trumps zum Nachtessen und speisen gut und preisgünstig. Im Hotelkomplex befinden sich insgesamt vier verschiedene Restaurants, vom »all you can eat« für zehn Dollar bis zum gepflegten Lokal, wo die Rechnung für zwei Personen ohne Wein rasch einmal über einhundert Dollar ausmacht.

Die meisten Kasinos befinden sich am Broadwalk, einer breiten Fußgängerstraße aus feinstem Teakholz, die sich den Strand entlangzieht. Es sind durchweg riesige Kästen, dazwischen hat es schäbige einstöckige Häuser mit T-Shirt-Läden, noch mehr T-Shirt-Läden, Restaurants und Souvenirshops. Äußerlich versuchen sich die Kasinos und Hotels in ihren Fassaden zu unterscheiden. Das »Taj Mahal« macht auf »1001 Nacht«. Das »Riverboat« zeigt New-Orleans-Balkone mit Cowboys, leichten Mädchen, Südstaatengentlemen, Flaggen und Blumen, alles aus Polyester.

Innen aber sehen sie gleich aus. Viele tausend kleine Lämpchen verbreiten gedämpftes Licht, dicke Teppiche vermitteln Luxus, die vorherrschenden Farben der Decken sind Creme und Gold. Das große Geld wird offensichtlich mit den Spielautomaten verdient. Wer will, kann sogar auf Kreditkarte spielen. Die Verluste werden laufend abgebucht. Der Spieler hat somit alle Chancen, sich richtig in die Scheiße zu reiten, ohne es zu merken.

Wir versuchen, die Größe des Taj-Mahal-Kasinos abzuschätzen, und kommen auf etwa 120 000 Quadratmeter und 30 000 Spielautomaten. Vor den Automaten sitzen mehrheitlich ältere Leute, vor allem Frauen. Viele bedienen mehrere Glücksspielautomaten gleichzeitig. Mit hoher Konzentration, fast wie in Trance, werden die farbigen Knöpfe gedrückt. Keiner lacht, guckt sich um oder redet mit dem Nachbarn. Keiner zeigt eine Regung, weder Freude noch Ärger. Wo liegt die Motivation? Geldgier kann es nicht sein, denn nicht einmal dann, wenn der Automat kiloweise Münzen ausspuckt, kommt sichtbare Freude auf.

Die klassischen Kasinospiele wie Roulette, Poker, Bakkarat, Black Jack sind zwar vorhanden, spielen aber nur eine untergeordnete Rolle. Verglichen mit den europäischen Kasinos fehlt die Atmosphäre, die Eleganz. Die Besucher tragen Shorts und Turnschuhe, sodass die Fettbäuche und Krampfadern richtig zur Geltung kommen. Die Kasino-Angestellten zeigen sich gelangweilt und geben mit hektisch-monotoner Stimme ihre Kommentare zum Spiel. Ich habe immer geglaubt, ein Laster zu pflegen müsse Spaß machen. Wo ist hier der Spaß?

Hinter den Kasinos wird die Stadt rasch arm und unansehnlich. Wir werden gewarnt, nirgends zu Fuß hinzugehen, wegen der Gefahr, überfallen zu werden.

An der FORTUNA sind zwei Fenster undicht geworden. Ich mache mich auf die Suche nach einer geeigneten Dichtungsmasse – leider erfolglos. Bootszubehörläden gibt es zwar, aber die führen eher Schnickschnack als etwas Praktisches. Zudem ist alles sündhaft teuer. Zu guter Letzt finde ich das geeignete Material an Bord unserer FORTUNA, und die Fenster werden neu abgedichtet.

Der nächste und letzte Abschnitt des ICW gilt als der schwierigste. Viele Bootsnachbarn haben dort mit dem Schlick Bekanntschaft gemacht, und dementsprechend brodelt die Gerüchteküche. Es sei schlicht unmöglich, innen durchzukommen, da auf gewissen Abschnitten auch bei Hochwasser kaum vier Fuß Wassertiefe vorhanden seien. Es seien mehrere Boote auf Grund gelaufen und würden jetzt den Weg versperren. Wir wollen es deshalb genau wissen und gehen beim nahe gelegenen Stützpunkt der Coastguard vorbei. Dort beruhigt man uns. Wer genau den Seezeichen nachfährt, sollte bei einem Meter Tiefgang keine Probleme haben. Wir sind mit unserer Broom auf der sicheren Seite.

Dann will es Marlise genau wissen und erzählt von den mysteriösen Seezeichen, die wir unterwegs gesehen haben. Dem freundlichen Beamten sind sie ebenfalls unbekannt. Er holt ein dickes Buch hervor und danach noch ein zweites. Siehe da: Gefunden! Allerdings steht in der Legende lediglich, dass es sich um keine Lateralzeichen handelt. Das wussten wir bereits. Für was sie gut sind, ist immer noch ungeklärt.

Anderntags geht es trotz Wind und Regen los. Die Wassertiefe nimmt auch in den ausgebaggerten Fahrrinnen auf bis fünf Fuß ab. Es grenzt an ein Wunder, dass wir bei einer Wellenhöhe von drei Fuß immer noch vorankommen. Allerdings ist die Fahrerei extrem stressig. Wegen des aufgewirbelten Sandes schrillt der Alarm des Echolots auch bei genügend Wassertiefe. Die schwimmenden Tonnen sind zwischen den Wellen kaum auszumachen.

Entnervt setzen wir einen Tag aus und fahren dann bei weniger Wind und guten Sichtverhältnissen weiter. Ein großer See reiht sich an den nächsten, aber der Schein trügt. Die großen Wasserflächen sind oft nur ein bis zwei Fuß tief.

Die Fahrrinnen werden zwar laufend neu ausgebaggert, aber sie sind sehr schmal und versanden durch die Strömung der Tide rasch wieder. Zudem stehen die Tonnen sehr weit auseinander. Um nicht auf Grund zu laufen, müssen wir genau fahren, dauernd aufpassen und dürfen keine Ecken abkürzen. Dabei genügt es nicht, nach vorn zu sehen, sondern wir müssen uns immer wieder mit einem Blick nach hinten vergewissern, dass wir uns noch auf der Geraden befinden. Der Wind und die Strömung kommen bei unserem gewundenen Weg ständig aus einer anderen Richtung und versetzen uns seitlich. Immer wieder schrillt das Echolot. So kommen wir nach einer Tagesleistung von nur 45 Seemeilen erschöpft in der Brielle Marina beim Manasquan Inlet an. Hier findet der Intracoastal Waterway sein nördliches Ende.

Wegen eines großen Wettfischens hat es kaum Platz in der Marina. Sechzig Boote nehmen daran teil. Aus dem Startgeld von jeweils 250 Dollar wird ein erster Preis von 10 000 Dollar ausgesetzt für den größten gefangenen Hai. Es zählt nur eine gewisse Haifischsorte, alles andere wird wieder ins Meer zurückgeschmissen. Boote unterschiedlichster Größe nehmen teil, von den 45-Fuß-Luxusyachten bis zu relativ einfachen 25-Fuß-Booten. Alle sind übermotorisiert, man sieht kleine offene Flitzer mit zwei Acht-Zylinder-/240 PS-Außenbordmotoren. Die großen Yachten haben bis zu 2000 PS und laufen über 40 Knoten. Das bedeutet einen Dieselverbrauch von bis zu 100 US-Gallonen (380 l) pro Stunde. Das gibt teure Fische.

Furrer's Law on Yachting Nr. 4:

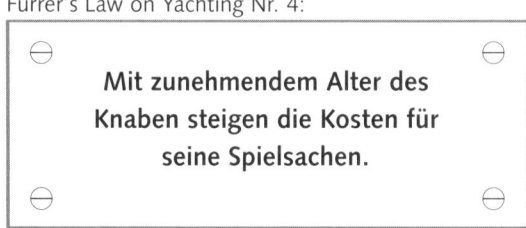

Mit zunehmendem Alter des Knaben steigen die Kosten für seine Spielsachen.

Morgens um sechs Uhr ist Start. Bereits um fünf Uhr lassen die ersten Sportfischer ihre Motoren an, die im Standgas die ganze Marina in blaue, stinkende Abgase hüllen. Die Fischerei ist eine reine Männerangelegenheit. Da wird herumgestanden, gequatscht, geraucht, Kaffee getrunken und am Boot herumgeputzt. Schwere, kurze Angelruten mit massiven Bronzerollen und bassgeigensaitendicken Angelschnüren werden in die Halterungen gesteckt, Putzeimer voll gefrorener Köderfische kommen an Bord. Bugstrahlruder knarren. Alles macht sich auf den Weg. Vor der geschlossenen Hebebrücke herrscht enges, nervöses Gedränge, und die auslaufende Strömung macht noch zusätzlichen Druck.

Wir warten, bis der ganze Rummel vorbei ist, und brechen auf. Es geht an der Küste entlang nach New York. 15 Meter Wassertiefe – herrlich, einmal nicht dauernd aufs Echolot gucken zu müssen. Die Sonne scheint. Es hat kaum Wind. Eine runde, komfortable Dünung begleitet uns. Jeweils vor den Marinas treffen wir eine Seemeile vom Ufer entfernt eine Gruppe Boote voll Fischer, dazwischen ist es prak-

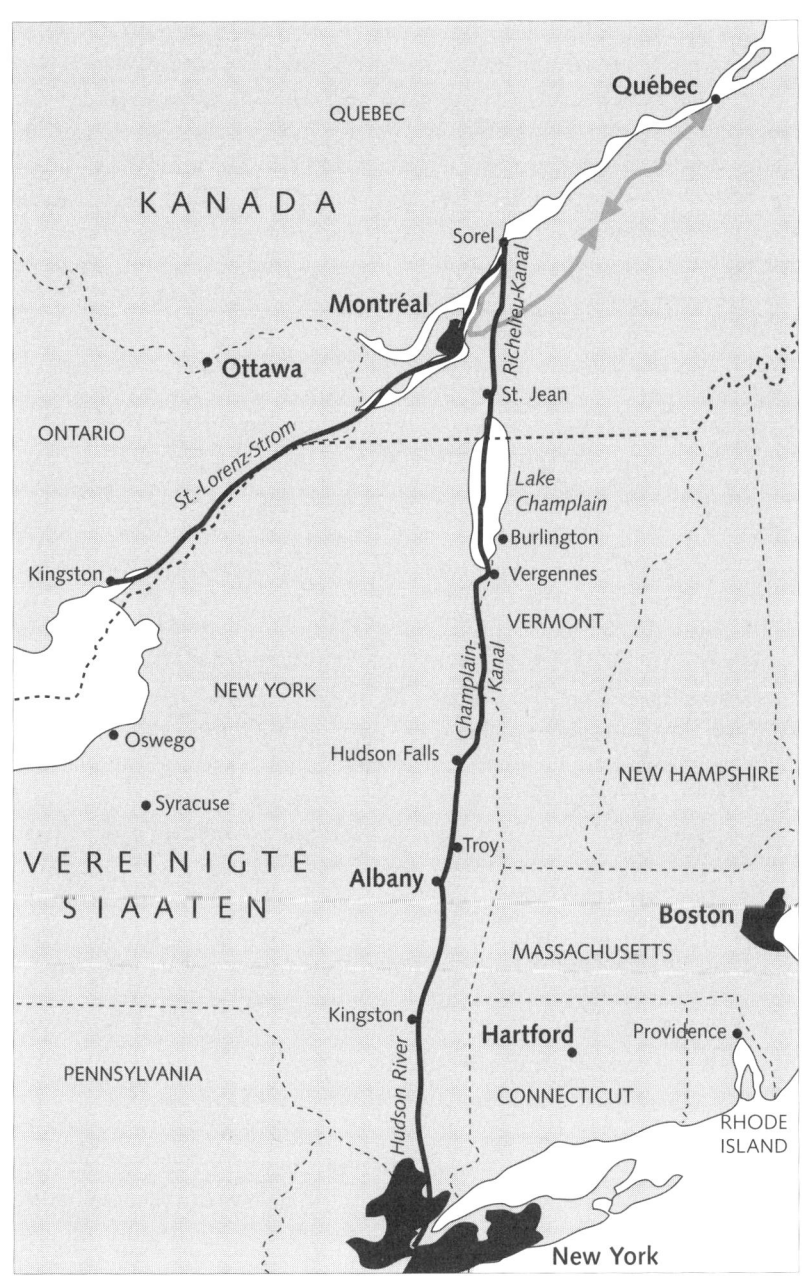

QUEBEC

Québec

KANADA

Sorel

Montréal

Ottawa

St. Jean

ONTARIO

St.-Lorenz-Strom

Richelieu-Kanal

Lake
Champlain

Burlington

Vergennes

Kingston

VERMONT

NEW YORK

Champlain-Kanal

Oswego

Hudson Falls

NEW HAMPSHIRE

Syracuse

Troy

VEREINIGTE
STAATEN

Albany

Boston

MASSACHUSETTS

Kingston

Hartford

Providence

PENNSYLVANIA

Hudson River

CONNECTICUT

RHODE
ISLAND

New York

tisch leer. Der ICW war ein interessantes Erlebnis, trotzdem freuen wir uns auf Abwechslung und auf New York. New York!

Die Einfahrt in den Hudson beim Sandy Huck ist fast zu gut betonnt. Vor lauter Seezeichen wissen wir auf Distanz nie ganz sicher, welches für was gilt und woran wir uns halten sollen. Wir müssen also nahe heran an jede Tonne und ihre Nummer ablesen. Bedingt durch die große Zahl der Schiffe und Motorboote ist das Wasser sehr unruhig.

Die Freiheitsstatue grüßt schon von weitem. Wir fahren auf die grüne Dame zu, um ein ordentliches Foto zu machen. Dann suchen wir eine Bleibe. Auf Höhe der 79. Straße soll es ein Bojenfeld geben, wo man sich für zehn Dollar pro Tag respektive Nacht anhängen kann. Normale Marinas kosten in New York zwischen vier und sechs Dollar pro Fuß und Tag. Das ist uns zu teuer. Für über 200 Dollar bekommt man in New York in einem guten Hotel Zimmer mit Frühstück für zwei. Die Marina bietet nicht viel mehr als einen Pfosten, an dem man das Boot festbinden kann.

Wir finden das Bojenfeld an der 79. Straße, hängen uns an und werden von den Wellen der Sportboote und Vergnügungsdampfer so stark durchgeschaukelt, dass bereits nach wenigen Minuten das erste Porzellan kaputtgeht. Da kann man nicht bleiben – schade. Wir haben uns auf einen mehrtägigen Besuch New Yorks gefreut. Schweren Herzens beschließen wir weiterzufahren.

Schon bald hinter New York wird es ländlich. Der Hudson fließt durch die hügeligen Wälder der Catskill-Berge. Die Gegend erinnert an europäische Flusslandschaften. Das Grün der Bäume wird gelegentlich von braunen Felswänden durchbrochen. Wir sehen verschiedene herrschaftliche Villen aus dem 19. Jahrhundert am Ufer. Einige davon können von Touristen besucht werden, nur hat es leider weit und breit keine Anleger.

Der Hudson unterliegt auf den zweihundert Kilometern bis zur Schleuse bei Troy noch den Gezeiten, was sich allerdings nicht stark bemerkbar macht. Er fließt mit angenehmen drei bis vier Knoten und ist sympathisch tief, sodass man nicht dauernd aufpassen muss, was von unten entgegenkommt. Gut dreißig Kilometer nördlich von New York ankern wir auf der Höhe von Piermont, einem hübschen kleinen Ort – oder eher eine kompakte Häuserzeile. Oberhalb einer alten Mole ist das Wasser flach und fließt nur langsam – ein idealer Platz für uns.

Ein paar Meilen flussaufwärts kommt West Point, die älteste und berühmteste Militärakademie der USA. Majestätisch, wie eine riesige mittelalterliche Burg, steht sie auf einem hohen Felsen über dem Fluss. Generäle wie Eisenhower, Patton, Schwarzkopf und viele andere Kriegshelden kommen von dieser Hochschule. Sie hat einen wichtigen Beitrag zur Geschichte der USA geliefert. Vom Wasser aus sieht man nur einen kleinen Teil der Gebäude. Die Parks und die Sportanlagen sind vom Hügel verdeckt. Marlise hat die Akademie vor Jahren besucht und war von der Anlage begeistert. Leider finden wir auch hier keine Festmachmöglichkeit und fahren weiter durch das Orange County.

Unterwegs hören wir andauerndes Hupen, das langsam lauter wird. Rattern mischt sich dazu. Eine Eisenbahn kommt am Ufer entlang. Sie fährt sehr gemächlich mit vielleicht dreißig Stundenkilometern. Wegen der Abdeckung durch die Bäume können wir nicht ausmachen, wie lang der Zug ist, aber er muss sehr lang sein. Eine kleine Ewigkeit erscheint Wagen um Wagen. Ähnliches gilt auch für alle anderen Züge, die wir während unseres Aufenthaltes gesehen haben. Wahrscheinlich sind die Gleisanlagen so sparsam unterhalten, dass höhere Geschwindigkeiten gar nicht möglich sind. Der Personenverkehr ist in den USA mit Ausnahme von ein paar Vorortzügen praktisch zum Erliegen gekommen, und auch der Gütertransport ist minimal. Dank Henry Ford wurde das Auto in den USA viel früher zum Fahrzeug für jedermann als in Europa. Der Straßenbau wurde schon früh forciert und entzog der Eisenbahn die Existenzgrundlage.

Das hat für uns Yachties angenehme Konsequenzen. Die Eisenbahnbrücken, fast alles tief liegende, rostige Drehbrücken, stehen im Normalfall offen und werden nur geschlossen, wenn nach ein paar Stunden oder Tagen ein Zug kommt. Die Straßenbrücken sind meistens hoch genug, dass wir unten durch können. Wenn nicht, öffnen sie nur zu bestimmten Zeiten oder auf Anfrage über UKW.

Entlang des Flusses finden sich überraschend viele historische Spuren, so z.B. die früheste Siedlung der USA. 1609 ist Henry Hudson auf seiner Entdeckungsreise den Fluss hinaufgesegelt. Er wurde von den ansässigen Indianern freundlich empfangen und auf seiner Rückreise etwas weniger freundlich verabschiedet. Mal ehrlich, Henry: Warum eigentlich? Habt ihr euch etwa schlecht betragen? Im Reiseführer steht nichts davon.

Werktags trifft man kaum Sportboote an. Der Fluss fließt ruhig, ist gut betonnt und ausgesprochen angenehm zu fahren. Noch vor dreißig Jahren war das Wasser so stark verschmutzt, dass das Ökosystem zu kippen drohte. Heute ist es sauber, und wir lassen das Boot von Zeit zu Zeit treiben und baden, um uns abzukühlen. Nach zwei sonnigen Tagen ist das Thermometer bereits wieder Richtung 40°C gestiegen. Das Radio meldet Hitzerekorde. Seit 1941 ist es im Juni nie mehr so heiß gewesen.

Der nächste Stop ist in Kingston, ein kleines Städtchen, dessen Hafen, der kleine Park und die umliegenden Häuser in den letzten Jahren mit öffentlicher Unterstützung renoviert wurden. Eine kleine Freilichtbühne steht jedermann zur Verfügung und wird von musizierenden oder schauspielenden Amateuren rege benutzt. Kingston war früher mit dem Delaware-Fluss durch einen Kanal verbunden und bekannt für seine Textil- und Backsteinindustrie. Der Kanal ist teilweise noch vorhanden und dient privaten Yachtklubs als Standort.

Die Stadtmarina wimmelt von Sonntagsausflüglern, doch bereits am Abend ist alles leer. Nur ein Trawler leistet uns Gesellschaft. Sein Besitzer finanziert sein Hobby, indem er »Bed and Breakfast« anbietet. Ich staune: Das lässt sich tatsächlich verkaufen. Es gibt Leute, die kommen freiwillig auf das nicht allzu große Boot, übernachten eng und unbequem, nehmen dann das Frühstück ein und bezahlen dafür gutes Geld. Eine kleine Rundfahrt kostet extra.

Der benachbarte Skipper zeigt sich sehr freundlich und fährt mich mit seinem Minilaster zum nächsten Supermarkt. Anschließend sitzen wir auf dem Sonnendeck unserer FORTUNA beim Bier und reden über Gott und die Welt. Plötzlich sagt er: »Ich bin Jude«, und schaut mich erwartungsvoll an. Ich bin erstaunt. Was will er? Soll ich ihn dafür loben? Soll ich ihn fragen, ob es wehtut? Soll ich meine Maske fallen lassen und mich als Menschen fressenden Antisemiten zu erkennen geben? Ich wäre noch nie auf die Idee gekommen, mich unaufgefordert als Protestanten, Katholiken oder Konfessionslosen zu deklarieren. Nette, anständige Leute gibt es in allen Rassen und

Religionen. Andere auch. Vielleicht hätte ich ihm erzählen sollen, dass unser höchstes politisches Amt, Präsident des Bundesrates, gerade jetzt von einer Frau Dreyfuss innegehalten wird. Trotz des typisch jüdischen Namens hat sich kein Mensch in der Schweiz für ihre Rassen- oder Religionszugehörigkeit interessiert. Natürlich gibt es auch in der Schweiz Rassismus, doch der Antisemitismus spielt eher eine untergeordnete Rolle. Meine Antwort »Tatsächlich?« fällt etwas blass aus, scheint aber nicht daneben zu sein. Am anderen Morgen lässt er uns zum Frühstück frische »bagels« (zähe Brötchen mit Loch) herüberschicken.

In Troy finden wir unseren letzten Anleger vor dem Champlain-Kanal. Die Gegend um die Marina wirkt einigermaßen verboten. Zuerst wollen wir ja auswärts zur Nacht essen. Es wird schon langsam dunkel. Nach ein paar hundert Metern in einer leeren, düsteren Straße verlässt uns aber der Mut und wir kehren aufs Schiff zurück.

Mitten in der Nacht weckt uns ein lautes Rauschen. Ich stehe auf und sehe einen hundert Meter breiten Wasserfall, der sich von der drei Meter höheren Straße auf den Steg ergießt. Gewitter hatten wir keines, zudem ist es, auch für einen noch so heftigen Regen, viel zu viel Wasser. Neugierig mache ich mich daran, die Ursache zu erforschen: Eine Hauptleitung ist geborsten. Mitten in der Fahrbahn ist ein Loch, aus dem eine einen Meter dicke, etwa zwei Meter hohe Wassersäule hervorschießt. Unglaublich, wie viel Wasser aus so einer Leitung kommen kann. Immer mehr Polizisten und Feuerwehrleute tauchen auf, aber die können nichts unternehmen. Sie stehen einfach herum und warten, bis irgendwo der große Wasserhahn zugedreht wird. Auf Wunsch der Polizei, die nicht auf unser Areal kann, mache ich einen Rundgang auf dem Bootssteg. Alles bestens. Mit Ausnahme von unserem sind alle Boote unbewohnt und haben nichts abbekommen. Nur ein kleines Beiboot wurde mit Wasser gefüllt. Durchnässt gehe ich wieder an Bord. Marlise streckt die Nasenspitze unter der Bettdecke hervor und will alles ganz genau wissen.

Nach Troy, 134 Seemeilen ab Flussmündung, kommt die erste Schleuse, die Federal Lock. Anschließend verzweigt sich der Wasserweg in zwei Routen. Die eine führt über den Erie-Kanal nach Oswego und in den Ontario-See oder nach Buffalo. Die andere geht über den Champlain-Kanal, den Champlain-See, den Richelieu River und den Chambly-Kanal nach Montreal. Wir entschließen uns für die zweite. Das ist zwar der längere Weg. Dafür aber hat es weniger Schleusen, einen wunderschönen See und kaum Verkehr, da manche Brücken für die hohen amerikanischen Motoryachten zu niedrig sind und für Segler sowieso.

Die Schleusen des Champlain-Kanals sind von mittlerer Größe und technisch auf dem neuesten Stand. Senkrecht ins Wasser ragende Rohre oder gespannte Seile sowie herunterhängende Leinen machen das Schleusen einfach. Die Schleusenwärter sind freundlich und reagieren prompt auf den Aufruf auf UKW-Kanal 13. Wir bezahlen 15 Dollar für die Schleusung durch den ganzen Kanal (elf Schleusen) und erhalten reichhaltiges Informationsmaterial. Die Schweizer Flagge erweckt immer wieder Neugierde. Standardfrage: »Seid ihr mit dieser Motoryacht auf eigenem Kiel über den Atlantik gekommen?« Standardantwort: »Nein, es hat im Atlantischen Ozean zu wenig Tankstellen!«

Bei Schleuse 11 kreuzt ein freundlicher Herr auf, der uns erzählt, er habe gerade jetzt bei »Aquafibre«, einer Tochtergesellschaft von Broom, vier Boote bestellt, welche die gleiche Schale besitzen wie unsere Broom »Crown 37«. Er will damit in der Gegend einen Bootsverleih aufbauen. »Blue Line«, Europas größter Bootsverleiher, hat ja vor ein paar Jahren einen ähnlichen Versuch gemacht, aber dann wieder aufgegeben.

Das ist interessant für uns. Die Crown 37 wird nämlich seit über zehn Jahren nicht mehr als Privatboot angeboten. Die Negativform existiert also noch, und die Schale wird mit schwachem Motor und einfachem Innenausbau nach wie vor für Mietboote verwendet. Wir fangen an uns zu überlegen, ob wir nicht eine letzte Crown 37 in Auftrag geben wollen. Ein Boot mit stärkeren Motoren, ein paar Modifikationen im Ausbau und moderner Elektronik. Unsere FORTUNA II ist fünfzehn Jahre alt. Seit ein paar Jahren haben wir deshalb nach einer Nachfolgerin Umschau gehalten, bis jetzt jedoch nichts Passendes gefunden. Entweder hat das Boot zu viel Tiefgang oder es lässt sich nicht weit genug herunterklappen. Zudem gehen die schnittigen Linien des heute üblichen modischen Designs oft zu Lasten von Komfort, Stehhöhe und Stauraum. Andererseits hat der Bootsbau auch bei den Halbgleitern erstaunliche Fortschritte gemacht. Sie sind

82

schneller und sparsamer geworden, ohne ihren guten Geradeauslauf bei niedrigen Geschwindigkeiten zu verlieren. Wir haben ausgiebig Gesprächsstoff.

Die Landschaft wird immer schöner und erinnert immer stärker an die hübschesten Abschnitte der Saône im Burgund. Es soll in diesem Tal namhafte Obst- und Gemüseplantagen sowie etwas Wein- und Milchwirtschaft geben. Nur ist vom Wasser her kaum etwas davon zu sehen. Am Tag darauf erblicken wir dann das erste Mal seit langem eine Kuh. Keine besonders schöne Kuh, Hörner hat sie auch keine. Wir lieben sie trotzdem. Sie ist beinahe so etwas wie ein Stück Heimat.

Während wir das schöne Wetter genießen, wird für die Landwirtschaft die anhaltende Trockenheit zum Problem. Die Einheimischen reden davon, dass der Futtermais wegen des trockenen Wetters um Wochen im Rückstand sei. Das Wasser für die Bewässerung der Gemüseplantagen wird langsam knapp.

Entlang der Ufer bilden Wasserlilien dichte, schwimmende Teppiche. Die Pflanzen sind mit ihren rosa Blüten sehr hübsch anzusehen, beinahe wie Seerosen, aber sie sind eine richtige Pest. Die Stängel enthalten Luftblasen, sodass sie an der Wasseroberfläche schwimmen. Sie wachsen sehr schnell und verdrängen alles andere. Die Wasserläufe werden verstopft. Mancher Ankerplatz, den wir in der Karte finden, und sogar ganze Seen sind unpassierbar geworden.

Nach einer Nacht in einer malerischen Ankerbucht des Lake Champlain erforschen wir den Otter Creek, ein schmales Flüsschen mit knapp genügend Wassertiefe, das sieben Seemeilen ins Landesinnere bis zu einem Wasserfall führt. Marlise klatscht Stechfliegen. Es hat jede Menge davon. Gott sei Dank ist diese Sorte (später erfahren wir, dass es »deerflies« sind) nicht besonders flink, so sammelt sich an Deck innerhalb kurzer Zeit ein Friedhof von vielen Dutzend toter Insekten. Die Biester haben eine besonders niederträchtige Art zu stechen. Es ist fast eher ein Sich-Durchkauen, und sie nehmen immer ein recht großes Stück Haut mit. Marlise siegt zwar, aber es sind Pyrrhussiege. Immer mehr Fliegen kommen. Genervt treten wir den Rückzug an, schließen alle Fenster und Türen und fahren vom Innensteuerstand aus.

Beim Wasserfall finden wir den öffentlichen Anleger des Städtchens Vergennes. Wir sind das einzige Boot an diesem hübschen, gepflegten Ort. Schwimmstege, Wasser und Elektrizität, alles ist gratis. Dank der kühlenden Wirkung des Wasserfalls bläst hier (und nur hier) eine kleine frische Brise, welche die Stechfliegen fernhält und dank der es sich trotz der Hitze gut aushalten lässt. Der Fall führt nur richtig Wasser, wenn es ein paar Tage zuvor in Kanada stark geregnet hat. Der größte Teil des Wassers wird vermutlich vom kleinen lokalen Kraftwerk gebraucht. Es ist somit ein echter Glücksfall, dass er jetzt in Betrieb ist. Wir wollen ein paar Tage bleiben.

Marlise hat einen kleinen Spezialempfänger gekauft, mit dem sich jederzeit der Seewetterbericht abhören lässt. Dieser Service ist erstaunlich gut und geht auf kleine Gebiete ein. Alle vier Stunden wird die Vorhersage auf den neuesten Stand gebracht. Über die ganzen USA verteilt sind es mehrere hundert Bezugsorte, die ihre regionalen Prognosen aussenden. Zudem verfügt das System über eine automatische Alarmfunktion für Stürme. Der Sprecher ist gut verständlich, aber seine Stimme monoton. Im ganzen Land hört man dieselbe Stimme. Das muss ein außerordentlich vielbeschäftigter Mann sein. Später lassen wir uns erklären, dass ein Computerprogramm die Wetterdaten direkt in den gesprochenen Text der Prognose umwandelt. Kein Wunder, dass die Stimme so gar keine Gefühle zeigt.

Der Navtex, der den Seewetterbericht in schriftlicher Form vermittelt, funktioniert ebenfalls. Im Gegensatz zu Europa können jedoch die »Navigational Warnings« nicht unterdrückt werden. Man liest deshalb seitenweise über längst abgehaltene Manöver, gefährliche schwimmende Hindernisse oder Tonnen mit defekter Beleuchtung. Fast alles ist nicht mehr aktuell und weit weg. So ertrinkt die gewünschte Wetterprognose in der Flut der übrigen Nachrichten.

Vergennes ist der älteste Ort Vermonts. Böse Leute würden sagen, es sei ein verschlafenes Nest, aber genau das macht es so sympathisch. Im Stadtpark spielt die Dorfmusik schlecht und recht alte, bekannte Blechmusik-Standards. Die Jüngsten, die da mitmachen, sind noch Kinder, die Ältesten sind Großväter oder Urgroßväter. Ihre Zuhörer, vermutlich die Freunde und die Familie der Musikanten, sitzen entspannt und zufrieden auf ihren mitgebrachten Klappstühlen. Manch einer beißt in sein Sandwich oder nimmt einen Schluck aus der Dose. Dazwischen spielen Kinder Ball oder Fangen – kein schlechtes Leben.

Leer stehende Fabriken zeugen von einer industriellen Vergangenheit. Gießereien muss es gegeben haben, mechanische Betriebe und eine Werft. Wir finden vier Restaurants (eines davon passabel), einen Schnapsladen, ein Spielwarengeschäft, zwei Autozubehörfirmen und acht Kirchen. Die Bäckerei backt kein Brot, sondern verkauft in Klarsichtfolie verpackte Fabrikware. Fleisch gibt es erst in einem Supermarkt außerhalb der Reichweite unserer Fahrräder.

Eine Bürgerinitiative hat einen Co-op gegründet, der frisches Biogemüse und eine Auswahl weiterer hochwertiger Lebensmittel anbietet – ein kleines Wunder. Der Laden wird von ein paar Frauen geleitet, die das gratis tun. Morgen ist die offizielle Eröffnung. Wir kaufen anlässlich der Generalprobe ein. Als alter Marketingprofi kann ich es mir nicht verkneifen, ein paar Anregungen zu geben, die erfreulich gut ankommen. Hoffentlich können sie mit ihrem Projekt überleben.

Man hat den Eindruck, die Innenstadt habe schon bessere Tage gesehen. Zu viele Läden stehen leer, zu viele Häuser sind reparaturbedürftig, zu viele Gärten sind verwahrlost. Es gibt ein öffentliches Restaurationsprogramm, doch sind die positiven Anzeichen rar. Eines davon ist der neue Landungssteg. Dieses Phänomen konnten wir übrigens auch in vielen andern US-Städten beobachten.

Über Jahre hinweg haben wir vom wirtschaftlichen Aufschwung der USA gelesen, aber in diesen ländlichen Gebieten und kleinstädtischen Verhältnissen können wir ihn nirgends sehen. Entweder findet die Hochkonjunktur in anderen Gegenden statt, oder es profitiert nur eine dünne Oberschicht davon. Die Tatsache, dass trotz hohem Zuwachs beim Bruttoinlandsprodukt sich kaum eine Teuerung bemerkbar macht, spricht für die zweite Theorie.

Zeitungsartikel, die ich später in der amerikanischen Presse finde, bestätigen das: 40% der Bevölkerung hat ein Einkommen von weniger als 20 000 Dollar pro Jahr. Das bedeutet – teuerungsbeglichen – gegenüber 1977 einen Einkommensrückgang von 10%. In der gleichen Zeit hat das eine Prozent der Bevölkerung, das am besten verdient, sein Einkommen von 234 000 Dollar auf über eine halbe Million verdoppelt. Trotz langer Arbeitszeiten sind die Armen also ärmer geworden. Das heute offiziell vorgeschriebene Mindesteinkommen liegt knapp über vier Dollar die Stunde, und nicht einmal dieses wird von allen Unternehmen bezahlt. Am schlimmsten sind die illegalen Einwanderer dran. Viele ihrer Frauen schuften in der Textilbranche für zwei oder drei Dollar in der Stunde. Sozialleistungen sind da sowieso ein Fremdwort. Die Zahl der Arbeitslosen mag zwar deshalb relativ niedrig sein, aber wie schon der Herr Blüm von der CDU sagte: Leistung soll sich lohnen. Solche Hungerlöhne werden meines Wissens in keinem einzigen westeuropäischen Land gezahlt. Wo aber bleibt der Aufschrei der Öffentlichkeit? Der Durchschnittsamerikaner sieht keinen Grund, sich aufzuregen.

Der Lake Champlain, einhundert Seemeilen lang und dreizehn Seemeilen breit, ist ein wunderschönes Segelrevier mit idealen Windverhältnissen. Vor allem Kanadier haben ihre Yachten hier, und man sieht mehr »Maple Leafs« als »Stars and Stripes«. Obwohl sich der große, tiefe See so ideal zum Segeln eignet, sind auch hier die Segler in der Minderheit. Und die wenigen fahren zum größten Teil ohne Tücher. Definition: Eine Segelyacht ist hierzulande ein Motorboot mit Mast. Die Gründe, die dafür angeführt werden, sind mannigfaltig: Der Wind kommt aus der falschen Richtung und niemand mag aufkreuzen. Oder er ist zu stark und man weiß nicht, wie sich das Groß reffen lässt. Oder er ist zu schwach und man kommt nur mit vier Knoten vorwärts. Oder die Strecke ist zu kurz, sodass es sich nicht lohnt, die Tücher zu setzen. Oder sie ist zu lang und man ist knapp in der Zeit. Oder man hat statt einer Crew Passagiere, die keine Ahnung vom Segeln haben. Oder man ist allein an Bord und hat eine Hand zu wenig...

Umsäumt von flachen, bewaldeten Hügeln bietet der See vor allem auf der Seite des Staates Vermont idyllische, gut geschützte Ankerbuchten und eine Wasserqualität, die zum Trinken einlädt. Wir machen gute Fahrt und ein angenehmes Lüftchen mildert die Hitze. Freundlich wird hin und her gegrüßt. Die Schweizer Flagge hat die gleichen Farben wie die kanadische, sodass wir oft zuerst für Kanadier gehalten werden.

Auch der kanadische Zoll gehört zu den angenehmen Erfahrungen. Eine nette, rundliche Dame in Uniform begrüßt uns und will uns gleich durchlassen. Wir erklären ihr, dass wir eine Aufenthaltsbewilligung für unser Boot brauchen, da wir möglicherweise in

Kanada überwintern wollen. Hilfsbereit klärt sie telefonisch ab, ob sie uns eine solche ausnahmsweise für länger als die normalen sechs Monate erteilen kann. Siehe da, es geht. Wir kriegen eine für dreizehn Monate. Der Stempel und das Lächeln sind gratis. Nach einem Schwatz und einem Drink an Bord verkauft sie uns noch eine Karte für die nächste Strecke, und weiter geht die Reise.

Liebenswürdiges Kanada

Französischer als Frankreich – Schleusen und Erinnerungen: Im St.-Lorenz-Strom – Hindernisse und Highlights: Der Trent-Severn-Kanal – Niedrigwasser im Felsenlabyrinth – Superlative: »fish and chips« und Mechaniker – Abstecher: Toronto, Schweiz, Niagarafälle – Bootstechnik und Hausbau

St. Jean sur Richelieu könnte ein südfranzösisches Städtchen sein. Charmant, teilweise etwas schäbig, verfügt es über ein lebhaftes Nachtleben. Man trifft sich in den Boulevardcafés, und die Automobilisten fahren wie die Henker. Wir legen am Public Peer vor der Schleuse an und werden vom Brückenwärter begrüßt wie alte Freunde. Er organisiert uns Stadtpläne und Prospekte für den nächsten Abschnitt unserer Reise und erklärt uns, was wir wo in St. Jean bekommen. Mit Ausnahme eines Supermarktes und der Restaurants sind alle Geschäfte geschlossen. Am 24. Juni war der Feiertag von Québec und am 1. Juli ist der Nationalfeiertag von Kanada. Da lohnt es sich ja wohl kaum, zwischendurch der Arbeit nachzugehen.

Am Abend kommt der Brückenwärter noch auf ein Glas Wein an Bord, lässt sich über unsere Reise berichten und erzählt: Eigentlich sei er Pilot. Das Fliegen war zwar sein Traumberuf, aber es fehlte jede soziale Sicherheit. Um doch noch in den Genuss einer Altersfürsorge zu kommen, sei er schließlich gezwungen gewesen, diesen Job beim Staat anzunehmen.

Die Reise durch den Chambly-Kanal mit seinen neun Schleusen ist hübsch, aber wenig spannend. Für uns ungewohnt ist das viele Personal. In jeder Schleuse hat es mindestens zwei adrett uniformierte Leute. Diese reichen uns frisch gewaschene, weiße Leinen, damit wir das Boot festhalten können, und setzen die Schleuse von Hand in Betrieb. Zwei große Kurbeln schließen die oberen Schleusentore, zwei kleine Kurbeln öffnen die Schieber, um beim Aufwärtsschleusen das Wasser ein- und beim Abwärtsschleusen das Wasser abzulassen. Dann kommen die großen Kurbeln der andern Schleusentore an die Reihe. Jeder Schritt wird vom Schleusenpersonal jedes Mal freundlich erklärt. Als alte Hasen, die bereits ein paar tausend Schleusen hinter sich haben, kommen wir uns dabei etwas komisch vor. Regelmäßig werden wir auch gefragt über unser Woher und Wohin und – natürlich – ob es nicht gefährlich sei, mit einem Motorboot über den Atlantik zu fahren. Vielleicht sollten wir ein Flugblatt drucken lassen.

Wir sprechen beide fließend französisch und hatten bis jetzt noch nie Schwierigkeiten, uns zu verständigen. Das war bis jetzt! Kanadisch-Französisch ist eine Sprache für sich. Im Radio oder TV tönt es völlig normal. Im Alltag aber ist der Dialekt der Kanadier so speziell, dass wir kein Wort verstehen. Wenn wir bitten, doch französisches Französisch zu sprechen, werden wir nur verständnislos angeguckt. So hat Marlise bei einem Brückenwärter, den sie auf Französisch bittet, die Dreh- oder Hebebrücke für uns zu öffnen, die größten Probleme. Offensichtlich versteht er uns, aber seine Antwort könnte »Bahnhof« oder sonst etwas heißen. Sie gibt es auf und versucht es auf Englisch. Zurück kommt höflich und in gepflegtestem BBC-Englisch: »Aber selbstverständlich, meine Dame, wir werden die Brücke jeden Moment für sie öffnen.«

In Sorel beschließen wir kurzfristig, Québec nicht auf eigenem Kiel zu besuchen, sondern mit öffentlichen Verkehrsmitteln. Wir sparen uns ein paar hundert Meilen mit dem Boot, der St.-Lorenz-Strom ist immer noch lang genug. Die Dame von der Capitanerie erkundigt sich und teilt mit, dass man Québec mit einem Expressbus erreichen kann, allerdings nur mit Umsteigen.

Eine Dreiviertelstunde später sitzen wir bereits im Bus, dem einzigen an diesem Tag. Alles musste sehr schnell gehen, und wir sind stolz auf unsere Entschlusskraft. Die Gegend erinnert stark an Europa. Die Ortschaften sind relativ kompakt, die Läden im Zentrum. Immer wieder sehen wir »Boulangerie – Dépanneur«. Nanu: Eine Bäckerei mit einem Autoabschleppdienst? Sonderbare Kombination! Später lernen wir, dass ein »Dépanneur« in diesem Land ein »Conveniance Store« ist, also ein kleiner Laden mit schmalem, tiefem Sortiment, der rasch aus der Verlegenheit hilft, wenn die Milch, der Zucker oder die Schuhcreme ausgegangen sind.

Nach gut einer Stunde Fahrt müssen wir in Longueuil umsteigen und stellen fest, dass es sich dabei um einen Vorort von Montréal handelt, der nächsten Station unserer FORTUNA. Mit etwas weniger Spontaneität und dafür besserer Planung hätten wir unseren Abstecher nach Québec von dort aus machen können und uns ein paar Stunden unbequemer Busfahrt erspart.

Während unserer Reise über Land sehen wir viel Wald. Die Holzindustrie spielt eine wichtige Rolle. Immer wieder überholen wir Lastwagen voll Schnittholz. Dann kommt zur Abwechslung Landwirtschaft. Auf nicht allzu großen Feldern wachsen Futtermais, Kartoffeln oder Getreide. Bei jedem Bauernhaus steht ein Silo, vermutlich für Mais. Das würde auf Rinderzucht oder Milchwirtschaft hinweisen, aber wir sehen nirgends Kühe.

Québec wimmelt von amerikanischen Touristen, da die USA den Nationalfeiertag »4th of July« feiern und die Amis über ein verlängertes Wochenende verfügen. Am 1. Juli war der kanadische Nationalfeiertag, und ein paar Tage vorher der intensiv gefeierte Feiertag der Provinz Québec. Zu den vielen Amerikanern kommen deshalb auch noch viele kanadische Besucher.

Im Busbahnhof in der unteren Stadt gibt es ein elektronisches Hotelbuchungssystem. Ich drücke Knöpfchen um Knöpfchen – alles besetzt. Nur in einem der großen Hotelkästen in der Nähe des Kongress-Zentrums hat es noch Platz. Wir finden auch rasch heraus warum. Das Zimmer kostet mindestens dreimal mehr als anderswo, und der Komfort ist eher schlechter. Für den Kaffee, den man auf dem Zimmer mit einem Kocher zubereiten kann, verlangen sie drei Dollar. In jedem anderen Hotel ist dies eine freundliche Geste und somit gratis. So teuer haben wir noch nie schlecht logiert. Man sagt, in der Not frisst der Teufel Fliegen. Das ist schon recht. Wenn dann aber jedes Fliegenbein noch einmal extra berechnet wird, kommt mir die Galle hoch. Leider kann ich den Namen des Hotels nicht nennen, denn ich habe mir sagen lassen, dass diese Kette über eine sehr tüchtige Rechtsabteilung verfügt.

Québec ist mit 400 Jahren die älteste Stadt Nordamerikas. 1535 ent-

90

deckte der Franzose Jacques Cartier das Gebiet mit der Indianerstadt Stadaconda, und 1608 gründete sein Landsmann Champlain die Stadt Québec.

Die Altstadt mit ihren hübschen schmalen Straßen, gepflegten Läden und vielen Restaurants besitzt einen eigenen Charme. Mal denkt man, das könnte eine unbekannte Ecke in Paris sein, aber dann ist es doch ganz anders. Die Trottoirs sind voll von Besuchern. Viele Pferdedroschken mit Touristen sind auf Tour. Das Château Frontenac, die Kathedrale und das Parlamentsgebäude bilden die wichtigsten Anziehungspunkte. Das französische Erbe ist den Québecoises auch heute noch sehr wichtig. Es wird immer wieder besonders hervorgehoben. Das zeigt sich auch in den Straßennamen, den Statuen (sogar Louis XIV ist zu sehen) sowie im Musée de l'Amérique Française.

Die Stadtmauer wurde zwischen 1823 und 1832 gebaut. Von der Zitadelle, der alten Befestigungsanlage, genießt man eine herrliche Aussicht auf schöne Parkanlagen und das weit unten liegende Flusstal. Im angrenzenden großen, gepflegten Park stoßen wir auf einen »Concours Hippique«. Es scheint eine recht exklusive Angelegenheit zu sein, denn allzu viele Zuschauer hat es nicht, dafür ist alles vom Feinsten. Auch die beiden Polizisten wirken in ihren roten Uniformen hoch zu Ross sehr dekorativ.

Wesentlich lebhafter und weniger vornehm geht es bei dem Hundedressurwettbewerb zu, der gleich daneben stattfindet. Es macht Spaß zuzusehen, mit wie viel Eifer nicht nur Herrchen und Frauchen, sondern auch die Tiere bei der Sache sind. Die Hindernisse werden mit Elan genommen, nur mit der Verständigung gibt es für die Hunde immer wieder Probleme. Muss man als folgsamer Hund jetzt von rechts nach links oder von links nach rechts durch den Reifen springen? Man möchte es ja so gern gut machen, wenn man wüsste wie. Schwanzwedeln hilft da nur beschränkt weiter.

Unterhalb der Zitadelle hat es einen frei schwingenden, hölzernen Spazierweg (Oder sollten man eher sagen: einen langen Balkon oder eine Brücke?), der es uns besonders angetan hat. Luftig schwebt die Konstruktion über dem Abgrund, der sich oberhalb des Flussufers auftut. Man wandelt über und durch Baumwipfel und genießt die herrliche Aussicht über das Tal. Treppen hoch und Treppen runter geht es ein ganzes Stück, bis man bei der touristisch belebten Bergstation der vom Flusshafen herkommenden Seilbahn landet.

Québecs Küche ist international. Man isst französisch, griechisch, italienisch, chinesisch, japanisch, thailändisch oder US-Junkfood. Nur die einheimische Kost ist kaum zu bekommen. Was wir finden ist enttäuschend. Das als traditionell »cuisine québecoise« angepriesene Gericht besteht aus einer Knolle Randen (Rote Beete), Pellkartoffeln, zwei Leberknödeln und einem Stück fettem, gedecktem Kuchen mit fragwürdigem Inhalt, ähnlich wie eine englische »Shepherd's Pie«. Am besten sind noch die Pellkartoffeln, da kann man nichts verderben.

Etwas außerhalb des Touristenrummels finden wir am andern Tag eine Straße mit kleinen Boulevardrestaurants, wo vor allem die Einheimischen verkehren. Internationale Küche auch hier, aber diesmal begrüßen wir diese Auswahl und speisen mit Vergnügen vietnamesisch. Am Montag ist die Stadt fast leer. Wir sehen uns am Vormittag noch den Vieux Port mit seinen mittelalterlich anmutenden, steilen Gässchen an und fahren gegen Mittag mit dem Bus zurück nach Sorel.

Ungefähr fünfzig Seemeilen bis Montréal. Der St.-Lorenz-Strom hat viele Untiefen, aber die gute Betonnung leitet uns sicher. Das Wetter ist schlecht. Heftige Regenschauer reduzieren die Sichtweite zeitweise bis auf zweihundert Meter. Die Strömungsgeschwindigkeit des Wassers wechselt ständig. Unser See-Radar mit seiner kurzen Antenne stößt bei der Flussnavigation rasch einmal an seine Grenzen. Da wird das Steuern recht mühsam, Vorsicht ist geboten. Glücklicherweise hat es kaum Verkehr. Wir wählen den kürzesten Weg und fahren im Fahrwasser der Frachter. Die Geschwindigkeit wird den Verhältnissen angepasst. In den Schauern gehen wir auf Verdrängerfahrt, aber sobald es die Sicht erlaubt, fahren wir mit 16 Knoten. Knapp vor unserem Ziel wächst die bisher eher gemächliche Strömung auf über sechs Knoten. Starke Wirbel zerren am Boot. Diese Stelle dürfte für manches Verdrängerboot zum echten Problem werden, aber wir gehen mit Vollgas problemlos durch.

Die Marina in Montréal befindet sich in den alten Docks, die früher der kommerziellen Güter- und Personenschifffahrt dienten. Solche umgenutzten Anlagen haben wir im Laufe der Jahre schon verschiedentlich angetroffen. Die schönsten sind die »St. Catherine's Docks« in London, nahe bei der Tower Bridge. Um den Wasserspiegel konstant zu halten, werden sie durch eine Schleuse von der gezeitenabhängigen Themse getrennt. Auf verschiedene Becken aufgeteilt gibt es hübsche Anleger und Grünanlagen. Zudem verfügen sie über ein klubeigenes, gepflegtes Restaurant und eine Reihe von einschlägigen Läden, vom Schiffshändler bis zum Lebensmittler. Auch »Paris Arsenal«, ebenfalls mit Schleuse und dekorativen Grünanlagen, ist sehr hübsch.

Dem gegenüber kann Montréal nicht ganz mithalten. Die Schwimmstege, der Elektro- und der Wasseranschluss sind zwar einwandfrei. Auch Duschen, WC und Waschmaschinen sind vorhanden und die Anlage wird bewacht. Der Rest der Infrastruktur, z.B. ein gemütliches Klubhaus, fehlt. Die Marina hockt, von senkrechten Wänden umgeben, in einem wenig charmanten Loch. Andererseits befindet man sich hier mitten in der Stadt. In der Nähe lädt eine hübsche Parkanlage zum Flanieren ein. Die Sehenswürdigkeiten und Läden sind leicht zu Fuß erreichbar.

Die Stadt steht auf einer großen Flussinsel und besitzt einen historischen Kern. Besonders sehenswert ist die hölzerne neo-gotische Basilique Notre Dame. Vor allem der reiche, überladene Schmuck in der Kirche fasziniert. So viele Heiligenbilder, indirekt beleuchtete Statuen, prächtige Glasmalereien, Säulen und Schnickschnack haben wir noch nie auf einem Haufen gesehen. Hinten angebaut und aus diesem Jahrhundert ist die Kapelle Sacré Coeur mit einer Dekoration aus den Zwanzigerjahren. Die Kapelle ist auf Jahre hinaus von Heiratswilligen ausgebucht. Lästermäuler behaupten, dass kluge Männer zunächst den Termin mit der Kirche abmachen und erst dann auf Brautschau gehen.

Wir decken uns in einem Fachgeschäft mit den Seekarten für den St.-Lorenz-Strom, den Ontario-See und den Trent-Severn-Kanal ein. Anders als in den USA sind diese berichtigt, d.h. auf den neuesten Stand gebracht, und somit ihr Geld wert. Der Inhaber des Ladens arbeitet eigentlich als Elektronik-Experte auf Frachtschiffen. Er will sich unseren Autopiloten ansehen, der schon seit Jahren Schwierigkeiten macht.

Als Nächstes finden wir ein Lebensmittelgeschäft mit wirklich guter Ware. Vieles wird aus Europa importiert. Der Kaffee kommt aus Belgien und ist nach unserem Geschmack geröstet. Die Konfitüre »Bonne Maman« aus Frankreich ist wirklich Konfitüre. Die

Wurstwaren stammen aus der handwerklichen Fabrikation eines Schweizer Metzgermeisters, der sich hier niedergelassen hat. Genau betrachtet sind es doch eigentlich nur die Deutschen, die Schweizer, die Elsässer und vielleicht noch ein paar Italiener und Lyoneser, die sich aufs Wursten verstehen. Rindfleisch von amerikanischer Zartheit wird vom Metzger nach Kundenwunsch frisch geschnitten. Auch der Käse wird nicht einfach abgepackt, sondern am Stück angeboten und ist perfekt gereift. Gemüse und Früchte stammen aus dem biologischen Anbau – ein echter Gourmet-Tempel. Zudem sind die Preise vernünftig. Ich finde so etwas herzbewegender als jedes Kunstwerk. Der Anblick der Mona Lisa mag zwar der Seele Nahrung geben, aber ein gut geräucherter Schinken bringt im Alltag mehr.

Mit dem Autopiloten hatten wir all die Jahre immer wieder Ärger. Aus diesem Grund ließen wir vor vier Jahren auf Malta die ganze Elektronik ersetzen und mussten nach ein paar tausend Seemeilen feststellen, dass der Monteur die Kabel, welche die Daten übermitteln, nicht ersetzt hatte. Lediglich neue Enden waren daran gebastelt, um so einen professionellen Job vorzutäuschen. Genau in so einem alten Kabel war ein Kurzschluss. Je nach Bewegung des Schiffs funkte es. Daneben muss aber noch sonst irgendwo der Wurm drin sein. Insgesamt haben sicher über ein Dutzend Elektronik-Spezialisten während vieler Stunden an dem Zeug herumrepariert. Alles wurde getestet, die Geräte wurden ausgebaut und zur Kontrolle in die Fabrik geschickt – kein Erfolg. In der Schweiz heißt so ein Apparat Pötäterli (von »peut être« = kann sein): Mal funktioniert es, mal nicht. Auch der freundliche Elektronik-Experte, den wir in Montréals gut sortiertem Seekartengeschäft gefunden haben, beeindruckt zwar durch fundiertes Fachwissen, kann uns nach langer Fehlersuche aber auch nicht weiterhelfen. Wir geben es auf, der Autopilot bringt auf dieser Reise ohnehin nicht viel. Nachher muss unsere FORTUNA zu Broom in die Werft. Das ist so langsam der einzige Betrieb, zu dem wir noch Vertrauen haben.

Alles wird nachgefüllt und kontrolliert. Mit vollen Wasser- und Dieseltanks, mit nachgefülltem Motoröl und Batteriewasser, mit genügend Getränken jeder Art und einem gut versorgten Kühlschrank nehmen wir die Schleusen des St.-Lorenz-Stroms in Angriff. In der Hoffnung, entsprechend besser vorwärts zu kommen, wird schon um sechs Uhr gestartet. Dann folgt das lange Warten: dreieinhalb Stunden vor der ersten Schleuse, eineinhalb Stunden vor der zweiten Schleuse, drei Stunden vor der dritten Schleuse. Auch die Schleuserei selbst ist extrem langsam. So schaffen wir in zwölf Stunden nur 43 Seemeilen und vier Schleusen. Die Schleusenkammern sind auf die kommerzielle Schifffahrt abgestimmt und mit ihrer Breite von 25 Metern genau so groß, dass ein Frachter knapp hineinpasst. Die Privatyachten sind lästig, denn sie stören den Ablauf. Zudem hat es im letzten Jahr mehrere Unfälle gegeben. Es sieht ganz so aus, als ob man versuchen wollte, sie mit extra hohen Gebühren (zehn Dollar je Schleuse, ein Mehrfaches von dem, was wir je zuvor bezahlt haben) und technisch ungerechtfertigt langen Wartezeiten zu vertreiben. Vor der nächsten Schleuse stehen wir volle elf Stunden, obwohl während langer Zeit kein einziger Profi durchkommt. Geschleust wird im Päckchen, wobei das größte Boot an der Wand anlegt und zwei Leinen zum Halten heruntergeworfen bekommt. Dann legen bis zu drei weitere Boote am ersten an, obwohl es eigentlich für jeden genügend Platz an der Mauer hätte. Das System ist kompliziert und unsicher, aber wenigstens hat man links und rechts Nachbarn für einen Schwatz, während man im zehn bis fünfzehn Meter tiefen Loch eine kleine Ewigkeit auf die Schleusung wartet. Da man nie weiß, ob es nicht doch plötzlich weitergeht, brauchen wir eine schnell gekochte warme Mahlzeit.

Bauernomelett

Eine Blitzmahlzeit, die gut schmeckt.
Das Rezept ist nur für zwei Personen.
Mehr hat in einer normalen Bratpfanne nicht Platz.

6 Eier
Ein kleiner Schluck Milch oder Sahne
Eine Hand voll Speckwürfel oder gewürfelte Salami oder Fleischkäse
oder was man sonst gerade hat
1 Zwiebel
1 mittlere Dose Mischgemüse (Pichelsteiner, Russischer Salat oder
Ähnliches)

Ein wenig Fett, Öl oder Butter
Salz, Pfeffer, evt. ein Spritzer Balsamico-Essig

Speckwürfel zusammen mit der gehackten Zwiebel in der Brat-
pfanne (Teflon- bzw. Röstpfanne) mit wenig Fett anbraten. Wenn bei-
des glasig wird, das abgetropfte Gemüse beigeben. Hitze zurück,
unter gelegentlichem Rühren heiß werden lassen. Die mit Milch, Salz
und Pfeffer verquirlten Eier darüber gießen. Nicht mehr rühren,
sondern nur von Zeit zu Zeit zusammenschieben, wenn sich eine
ordentliche Schicht festes Ei gebildet hat. Evt. wenden. Das Omelett
schmeckt am besten, wenn es noch ein klein wenig feucht ist.

Das anfangs sonnige Wetter wird trübe, die Sicht schlecht. Wir
haben die Nase gestrichen voll, als wir bei Tonne 6 querab im alten
Kanal an einer Mauer anlegen. Regen setzt ein, der den ganzen
nächsten Tag durchhält. Wir benutzen die Gelegenheit, um richtig
auszuschlafen. Am Tag darauf wird es nicht besser. Für eine einzige Schleusenkombination brauchen wir volle sieben Stunden. Wir
werfen hinter der Schleuse Anker. Es ist bereits Nacht. Aber vom
nächsten Tag an werden wir für unsere Warterei reich belohnt.

Der St.-Lorenz-Strom ist wirklich eines der schönsten Reviere.
Hübsche Häuser säumen die beiden Ufer. Auf Backbord, der amerikanischen Seite, sind sie von großen Rasenflächen umgeben, in
denen einige wenige Bäume stehen. Auf der kanadischen Seite sind
die Häuser in die Natur integriert mit nur wenig Rasen und dafür
vielen Büschen und Bäumen. Wir haben den Eindruck, dass die
Amerikaner die Welt nach ihren Vorstellungen formen wollen, während die Kanadier die Harmonie zur Umwelt suchen. Wer diese
Bemerkung politisch werten will, ist selbst schuld.

Wir machen fest an einer alten, halb verfallenen Anlegestelle in
einem aufgegebenen Seitenkanal des St. Lorenz. Nachdem die ganze Nachbarschaft mit ihren Booten vorbeigefahren ist und gesehen
hat, was da für ein Fremder aufgetaucht ist, wird es wunderbar ruhig.
Die Sonne geht blutrot hinter einem weit entfernten Häuschen
unter und färbt den Himmel mit seinen Zirren weinrot und orange.
Wir beobachten einen Biber – unseren ersten. Er setzt sich immer
wieder gemütlich auf einen schwimmenden Ast, um dort etwas zu
fressen. Dann gleitet er lautlos ins Wasser, taucht unter und klettert

1 Charleston: Zollgebäude

2 Charleston: Nostalgische Busse

3 Süße Post

4 *Charleston: Containerhafen*

5 *Im Rumpf der* MADISON MAERSK

6 *Die Zwischenlandung*

7 *New Bern: Autor inspiziert Feuerwehrdepot.*

8.

9.

8+9 Chesapeake Bay

10 Vor Annapolis

11 Bojen-Denkmal vor Baltimore

12 Lass mich in Frieden!

13+14 Seezeichen-Vögel

15

17

18

16

15+16
Baltimore: Ankern
im Herzen der
Stadt

17+18
Atlantic City:
Kasinos

19
Die Brücke über
die Chesapeake
Bay verkürzt für
Autofahrer den
Weg nach New
York um einein-
halb Stunden.

19

*20 Manasquan Inlet: Morgen findet das
    große Wettfischen statt.*

21 Christliche Autonummer

22

23

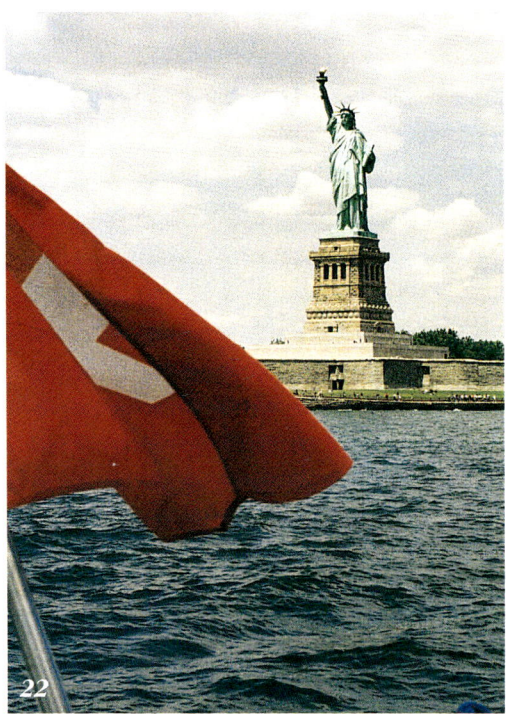

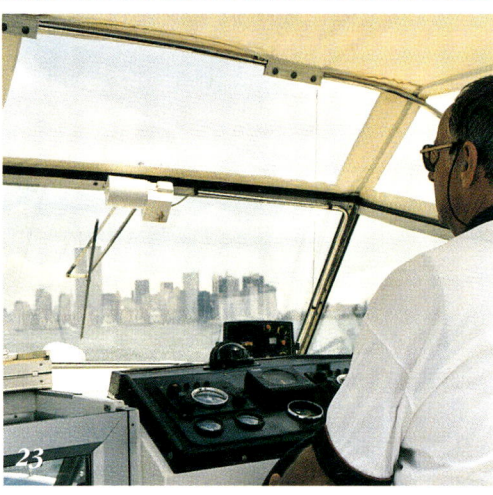

22-24 New York: Einfahrt auf dem Hudson River

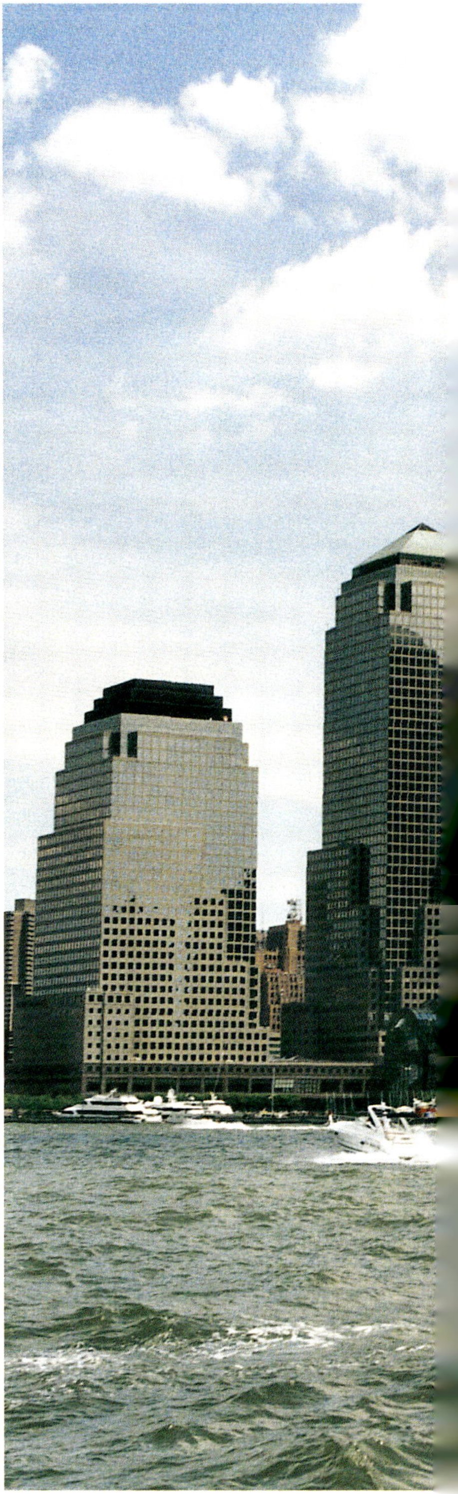

25

26

25 Hudson: *Eisenbahnbrücken sind niedrig,*
Straßenbrücken hoch.

26 Hudson: *Kingston, Sonntagabend, plötzlich*
allein.

27 Hudson: *Erster Schubverband*

28+29 Kanadas freundliche Schleusen

30 Lake Champlain

31 Richelieu-Kanal

32 Québec: Parlament

33 Québec: Der Tourismus blüht.

34 Québec: Château Frontenac

35 Vor Montréal

36

37

38

39

40

41

36-41 St.-Lorenz-Strom: Thousand Islands;
die andern 994 sind genauso schön!

On the sign:
TRENTON
KIRKFIELD

42

42 Trent-Severn Waterway: Hydraulisches Schiffshebewerk bei Peterborough

43-45 Trent-Severn Waterway: Meistens waren
      wir allein.

46 Trent-Severn Waterway: Direkt hinter uns
   die 39 ACRES

47-49
Trent-Severn
Waterway: Die
maritime Eisen-
bahn »Big Chute«,
ein Schiffshebewerk
auf Schienen

dann bald wieder auf denselben Ast. Es passiert also kaum etwas. Trotzdem schauen wir lange zu, bis uns die Mücken zum Rückzug zwingen.

Der Strom wird immer breiter und man hat eher das Gefühl, auf einem endlos langen See zu fahren als auf einem Fluss. Er verzweigt sich immer mehr, und wir kommen ins Gebiet der »Thousand Islands«. Anfänglich sind die Inseln unbewohnt. Manche zeigen einen dichten Baumbestand, andere mit Gras werden als Weide genutzt.

Später stehen zunehmend auch Häuser darauf. Vornehme Inseln prunken mit Millionärspalästen, parkähnlichen Gärten und pompösen Treppen, die vom Schiffsanleger zur Villa führen. Auf den weniger vornehmen stehen kleine, kompakten Siedlungen für die kleineren Millionäre. Ein nach europäischem Muster nachgebautes Schlösschen mit dazugehörender Burgruine dient als Ausflugsort für Touristen. Disneyland lässt grüßen.

Immer öfter begegnen wir weißen Ausflugsschiffen konventioneller Bauart. Manche sind als Raddampfer verkleidet und schleppen ein nicht angetriebenes Paddelrad hinter sich her. Später sehen wir auch immer mehr Sportboote und dazwischen große kommerzielle Hochseeschiffe. Wir winken den Mannschaften, die meistens nichts zu tun haben, auf dem Achterdeck herumstehen und zurückgrüßen.

Am Heck sind die Heimathäfen aufgemalt. Sie erinnern uns an frühere Törns.

»Valletta«: Erinnerst du dich noch, wie wir uns nach unserem Afrikatörn auf der Insel Malta in der Marina von Msida, gleich neben Valletta, herumgedrückt haben. Gästeanleger gab es nicht und das Boot durfte nicht verlassen werden, da der Eigner schon bald zurückkommen und seinen Platz beanspruchen könnte. Ein heißer, trockener Wind blies durch unsere FORTUNA, sodass wir uns trotz riesigen Getränkekonsums vorkamen wie dürre Backpflaumen. Am andern Tag flüchteten wir in eine Ankerbucht und gerieten – pfui Teufel! – in Lee einer brennenden Mülldeponie.

Der nächste Frachter, ein Tscheche, erinnert uns an unsere Abenteuer auf der Elbe. Prag, unser Ziel, haben wir damals nicht erreicht, weil das Wasser so rasch zurückging, dass wir bereits bei Wittenberg umkehren mussten. Drei Wochen später kam die Hochwasserkatastrophe an der Oder, und auch die Elbe trat über die Ufer.

Der übernächste, ein Tanker, trägt kyrillische Schrift und die russische Flagge. Erinnerst du dich noch an den netten russischen Segler, den wir in Skandinavien kennen gelernt haben? Wir überließen ihm ein paar alte Fender und Kartenmaterial und er schenkte uns als Dank eine Flasche Wodka. Ich habe noch heute Kopfweh, wenn ich daran denke.

Dann weht die Trikolore. Wir fragen uns, wie es wohl unseren Freunden Phyllis und Hanspeter geht, die mit ihrer Motoryacht ungefähr jetzt Paris erreicht haben dürften. Erinnerungen an unsere eigenen vielen Bootsreisen durch Frankreich enden meist bei einem besonders netten und preisgünstigen Feinschmeckerlokal.

Das Zweitschönste am Bootfahren ist über gemeinsam erlebte Törns zu plaudern.

Der Strom wird immer mehr zum See und verzweigt sich in viele Arme, von denen jeder einzelne eine beträchtliche Breite aufweist. Wir legen noch einmal auf der USA-Seite an, um uns mit Wein und Bier zu vernünftigen Preisen einzudecken. Dann geht es nach Kingston am Ontario-See. Der dort mündende Rideau-Kanal wäre für uns eine Alternativroute zum St. Lorenz gewesen. Er führt von Montreal über Ottawa durch Flüsse, Seen und etwa vierzig Schleusen ebenfalls nach Kingston. Trotz Handbetriebs dauert dort eine Schleusung nur etwa zwanzig Minuten, sodass man trotz den vielen Schleusen wesentlich rascher und komfortabler vorankommt als auf dem St.-Lorenz-Strom.

Das Zentrum von Kingston hat einen provinziellen Charme. Zweihundert Meter entfernt von der modernen Marina findet man kaum noch Touristen. Laden reiht sich an Laden, die meist älteren Häuser sind gut unterhalten. Ein in die Jahre gekommenes Warenhaus wirbt mit dem Slogan »Einkaufen wie anno dazumal«.

Ursula und Mike, zwei Segler, die wir unterwegs kennen gelernt haben, führen uns zur kanadischen Armee- und Marineakademie auf einem erhöhten Punkt nahe der Stadt mit einer Aussicht, die weit übers Wasser und die »Tausend Inseln« geht. Die Akademie schmeckt nach British Empire des letzten Jahrhunderts. Ein Union Jack flattert, man sieht Soldaten in historisch wirkenden Uniformen, ein Dudelsackbläser spielt. Aber der Eindruck täuscht: Das ist kein Museum, die meinen es ernst.

Marlise redet schon seit längerer Zeit von ihren Haaren und geht zum Friseur. Sie kommt zurück mit einem ordentlichen Haarschnitt, aber das Blond ist viel zu hell und zu gelb. Sie sieht aus wie ein Sexidol von 1950 und ist ziemlich unglücklich. Was will man da machen? Ich erzähle ihr, dass es ihr gar nicht übel stehe. Na ja, kleine Lügen können trösten. Zudem ist es mir eigentlich doch eher egal. Ich liebe sie nicht wegen der Haarfarbe, sondern wegen ihren fröhlich blitzenden Augen und weil sie ein treuer Freund und prima Partner ist. Haarfarben kommen, Haarfarben vergehen, aber blitzende Augen bleiben bestehen.

Mit dem Einkaufen haben wir Pech. Trotz der vielen Läden, die wir besuchen, finden wir nicht, was wir suchen. Elastische Fixleintücher kennt man hier nicht. Die Sommerschuhe gefallen oder passen nicht. Öl für Dieselmotoren ist in der Stadt auch nicht erhältlich. Aber da weiß Mike Rat. Etwas außerhalb kaufen wir bei einem Großhändler hochwertiges Markenöl zu sympathischen Preisen. Allerdings ist es nur in Einliterkännchen erhältlich. Unsere Nachbarn vom Schiff staunen nicht schlecht, als wir 24 einzelne Ölkännchen einladen. Diese Menge reicht aber nur für zwei Ölwechsel, und ein solcher ist alle hundert Stunden fällig.

Das Telefonieren ist in Kanada wesentlich einfacher, weil an den öffentlichen Fernsprechern mit Kreditkarte bezahlt werden kann. Vermutlich ging das in Québec und Montréal auch schon, aber wir haben es erst hier entdeckt. Marlise nutzt es aus und ruft all unsere engeren Freunde und Verwandten der Reihe nach an. Ich überlasse diese Kontakte gern ihr, genauso wie das Postkartenschreiben.

Am Abend sind wir zum Nachtessen bei Ursula und Mike eingeladen und lernen dort zwei ihrer Freunde kennen, Milly und Alan aus Toronto. Alle vier sind Einwanderer erster Generationen und kommen aus England oder Schottland. Sie erzählen von einer Reise in die Normandie und kommen dabei auf die Invasion im Zweiten Weltkrieg zu sprechen. Für uns ist das blasse Geschichte. Für sie aber, nur wenige Jahre älter, erlebte Jugend. Eine Anekdote folgt der andern. Alles streng aus britischer Sicht, und die verbündeten US-Amerikaner kommen dabei ziemlich schlecht weg.

Überhaupt, die USA: Mike ist gar nicht gut auf sie zu sprechen. Während der zehn Jahre, in denen er mit seinem Segelboot immer

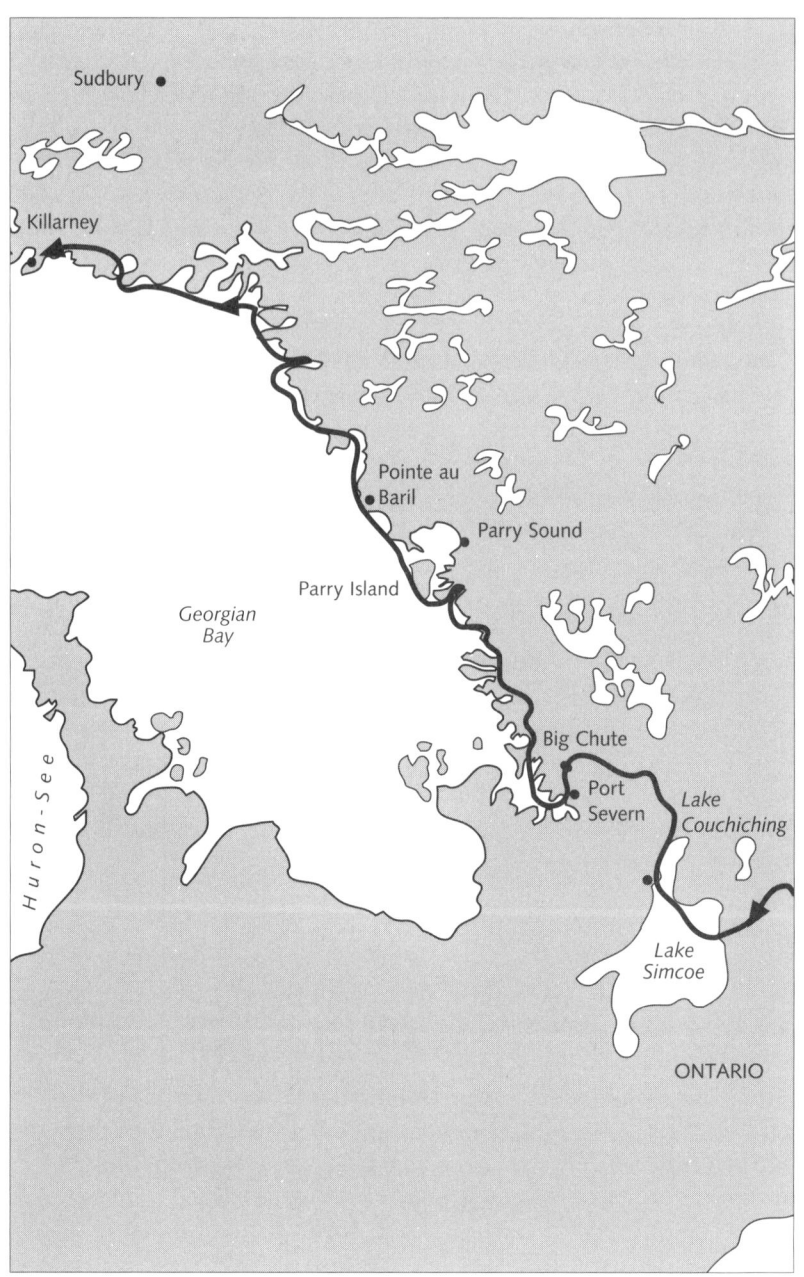

Sudbury

Killarney

Pointe au
Baril

Parry Sound

Parry Island

Georgian
Bay

Huron-See

Big Chute

Port
Severn

Lake
Couchiching

Lake
Simcoe

ONTARIO

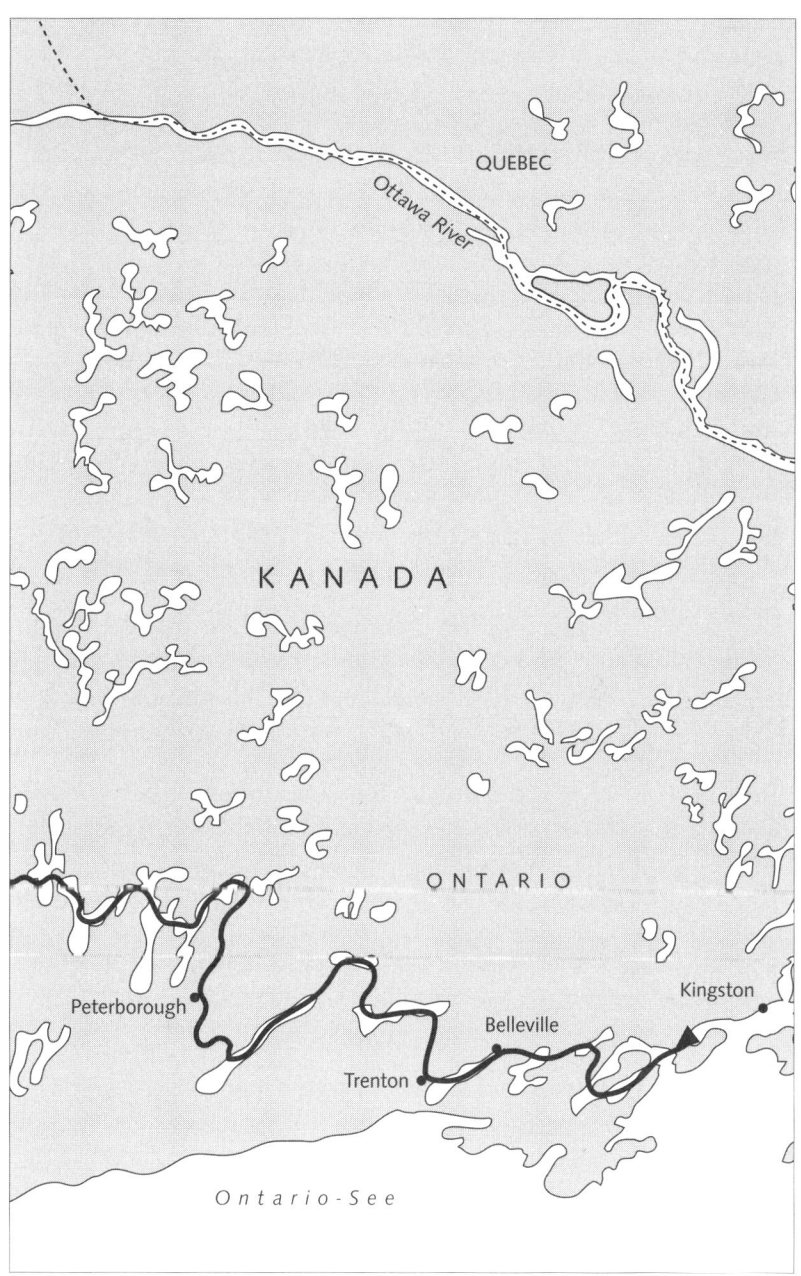

wieder durch die Vereinigten Staaten reiste, habe er allzu oft negative Erfahrungen mit US-Bürokratie und Inkompetenz gemacht.

Viele Kanadier haben ein Problem mit ihrem großen und übermächtigen Nachbarn. Einerseits schafft die wirtschaftliche Abhängigkeit böses Blut. Andererseits haben sie das Gefühl, als Untermenschen behandelt zu werden. Ihr Argument: Schließlich seien die Kanadier die besten Freunde der USA. Diese hätten sowieso nur wenige Freunde auf der Welt. Sie sollten deshalb froh sein, dass sie wenigstens die Kanadier haben, und nicht so herablassend tun. Ein Stück weit können wir das nachempfinden. Viele Amerikaner glauben tatsächlich, der »American Way of Life« sei ein Ideal, dem jedermann anhängen sollte, und alles außerhalb ihrer Grenzen zweitrangig und unwichtig.

Das nächste Thema sind Fliegen und Mücken. Die Kanadier kennen mindestens ein Dutzend verschiedene Sorten stechender Viecher. Besonders bösartig sind die »blackflies«. Dann gibt es »deerflies«, die aussehen wie kleine Mirage-Flugzeuge. Die haben wir schon im Otter Creek kennen gelernt. Heimtückisch sind auch die »no-see-uns«, die so klein sind, dass man sie nicht sieht, sondern nur spürt. Viele Leute sind dagegen allergisch, und dann gibt es dick geschwollene Köpfe. Dazu hat es auch noch normale Moskitos. Mücken in allen Größen, und das alles im Massenaufmarsch. Mahlzeit, da können wir uns auf etwas gefasst machen.

Am Schluss laden uns dann die Freunde unserer neuen Freunde zum Übernachten ein, wenn wir für den Rückflug nach Toronto kommen. Wir sind gerührt ob all der freundlichen Offerten und bedanken uns herzlich. Allerdings werden wir kaum Gebrauch davon machen. Irgendwann fängt man an sich zu schämen. Man versucht zu vergleichen: Wie schneiden wir Schweizer in puncto Gastfreundschaft eigentlich so ab?

An der Bay of Quinte, einem Nebenarm des Ontario-Sees, kommen wir bei Trenton in den Trent-Severn-Kanal. Dieser rund 400 Kilometer lange Wasserweg mit 36 Schleusen, zwei Doppelschleusen, zwei großen Hebewerken und der Eisenbahn für Boote zählt zu den schönsten Revieren Kanadas. Wie wir rasch sehen, gilt das nicht nur für Kanada, sondern unserer Meinung nach für die ganze Welt.

Ungefähr die Hälfte des Wasserweges ist schmal, Kanal oder Fluss.

Die Ufer sind größtenteils bewaldet. Auf den ersten Blick hat man das Gefühl, sich in unberührter Natur zu befinden. Der Eindruck täuscht, denn beim näheren Hinsehen findet man fast überall Wochenendhäuser, die versteckt in den Wald hineingebaut wurden. Gelegentlich parkt ein Wasserflugzeug davor. Hier und da kommt es zu Verdichtungen. Holzhaus reiht sich an Holzhaus, jedes mit Steg und Bootshaus, und die Geschwindigkeit wird auf zehn Stundenkilometer beschränkt. Der Rest des Wegs führt durch langgestreckte, flache Stauseen. Lediglich der rund 25 mal 30 Kilometer große Lake Simcoe hat Wassertiefen bis zu 35 Metern.

Trotz des vielen Waldes hat auch die Landwirtschaft eine gewisse Bedeutung. Im ersten Drittel des Trent-Severn findet man vor allem Milchwirtschaft und Schweinezucht. Wir sehen vom Boot aus große Futtersilos oder ein Weizenfeld. Im zweiten Abschnitt wird die Humusschicht dünner. »Ranches« produzieren Schlachtvieh. Für uns neu sind die Rasenfarmen. Das sind Betriebe, die Rasen züchten, der dann samt Wurzeln und Erde wie ein Teppich aufgerollt und in irgendeinem Garten wieder verlegt wird. Weiter westlich werden die Böden immer karger, die Landwirtschaft verschwindet.

Die Schleusen sind gepflegt und der Service freundlich. Das Schleusen selbst ist allerdings sehr langsam. Wie uns erklärt wurde, liegt es daran, dass viele der Ventile von Wasserpflanzen verstopft sind. Es hat jede Menge Hechtkraut. Die krautigen Stängel stehen dicht und hoch und sind eingehüllt von Pinselalgen, sodass sie wie dicke, braungraue Würste aussehen.

Das Wasser ist gemäss Aussagen von Leuten aus der Gegend auf dem Weg zur Besserung. Trotz seiner grünen Farbe wirkt es recht sauber. Die Ursache für den starken Algenwuchs liegt in der Überdüngung der Felder und ist eindeutig auf die Landwirtschaft zurückzuführen. Bis vor kurzem wurde im Winter die Jauche auf den noch gefrorenen Boden der Felder ausgebracht. Das Resultat: Oberflächenauswaschung der Gülle, die direkt in die Gewässer fließt. Wir hatten in der Schweiz in den sechziger Jahren ähnliche Probleme. Es dauerte nach der Sanierung über zehn Jahre, bis das Wasser wieder sauber war. In Kanada wird es trotz der bescheidenen Bevölkerungsdichte nicht viel anders sein.

Die Schleusen sind uneinheitlich groß, und viele haben Längen-Breiten-Verhältnisse, die »nicht stimmen«: Sie sind für die gängigen

Frachtkahngrößen zu breit und zu kurz. Normalerweise werden innerhalb einer Wasserstraße Schleusen und Boote genau aufeinander abgestimmt. Warum nicht hier? Ich gehe der Sache nach und werde noch auf das Thema zu reden kommen.

Alles hat uns vor dem Ferienverkehr gewarnt. Die ersten Tage sind aber ruhig und wir passieren die Schleusen allein. Ein Schleusenwärter erklärt uns, bis vor etwa zehn Jahren habe es viel mehr Boote gehabt, sodass sich überall lange Warteschlangen bildeten. Die entsprechend lang dimensionierten Anleger existieren immer noch. Sie bieten hübsche Rast- und Picknickplätze mit Bierbänken unter schattigen Bäumen, fest montierten Grills und Toilettenanlagen. Hier darf man gegen eine bescheidene Gebühr ruhig und komfortabel übernachten.

Mit 65 000 Einwohnern ist Peterborough der größte Ort am Trent-Severn. Dort befindet sich das erste Hebewerk, und wir besuchen dieses Wunderwerk der Technik per Klappfahrrad. Die Entfernung beträgt zwei Meilen, und kein Nordamerikaner kann sich vorstellen, dass man ohne Auto oder Flugzeug so weit reisen kann. Wir müssen über zwei ordentliche Hügel, die wir nur im kleinsten Gang schaffen, aber der Weg lohnt sich. In der Stadt bekommen wir wieder einmal ein Stück Alltag zu sehen, der den hübschen Bildchen in den Reiseführern so gar nicht ähnelt. Am Hebewerk imponiert vor allem der riesige Stempel, der in der Mitte von unten den ganzen Trog mit den Schiffen trägt. Eine so dicke Hydraulik habe ich noch nie gesehen. Die zusätzlichen seitlichen Führungen sind vergleichsweise zierlich. Der Trog scheint beinahe zu schweben. Man erwartet, dass sich die Fuhre gleich verkantet, aber das Ding funktioniert seit vielen Jahrzehnten ohne Panne.

Jeden Mittwoch veranstaltet Peterborough ein Openair-Konzert mit anschließendem Bootsballett und Feuerwerk. Wir bleiben einen Tag in der Marina und ich habe an allen Ecken etwas zu basteln. Endlich haben wir eine neue Pumpe gefunden, mit der beim Ölwechsel das Altöl abgesaugt werden kann. Es ist eine Allerwelts-Impellerpumpe aus dem Hobby-Markt, die mit der Bohrmaschine angetrieben wird. Sie funktioniert erstaunlich gut, mit einer Förderleistung, die wesentlich besser ist als die alte Benzinpumpe vom Autofriedhof, die bis zu ihrem Ableben den Dienst versah. Nach dem Ölwechsel kommt das Problem mit den zwanzig Litern Altöl. Die wird man kaum los.

Verschiedene Fenster sind undicht und sollten schon seit Wochen abgedichtet werden. Wer die Arbeit fachgerecht macht, baut das Glas aus, reinigt den Rahmen und kittet die Scheibe frisch ein. Ich habe eine bequemere Methode entwickelt. Aus einer Fahrradspeiche wird ein Haken gebogen und der Stahl vorn angeschärft. So entsteht eine Art Mini-Stechbeitel, der genau zwischen Scheibe und Rahmen passt und mit dem der spröde Kitt herausgeholt werden kann. Anschließend wird mit »3M 5200« oder »Sicaflex« verfugt. So erledigt sich die Arbeit in einem Bruchteil der normalen Zeit. Das hält natürlich nicht so lange wie eine seriöse Arbeit, aber das älteste Provisorium ist vier Jahre alt und immer noch einigermaßen dicht.

Furrer's Law on Yachting Nr. 6:

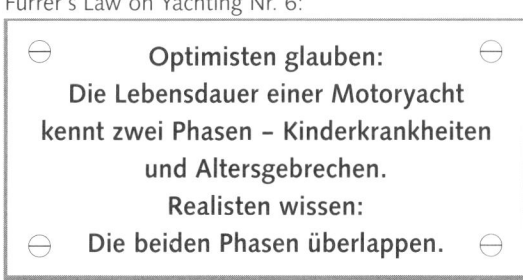

⊖ **Optimisten glauben:** ⊖
Die Lebensdauer einer Motoryacht
kennt zwei Phasen – Kinderkrankheiten
und Altersgebrechen.
Realisten wissen:
⊖ **Die beiden Phasen überlappen.** ⊖

Ein Stück Antirutsch-Decksbelag »Treadmaster« hat sich gelöst und muss wieder angeleimt werden. Beim Reinigen der Klebestelle muss ich feststellen, dass die ursprüngliche Verklebung mangelhaft war. Man hatte den Kontaktkleber zu lange anziehen lassen, sodass der Belag nur am Rand einigermaßen klebte. Trotzdem hat es 15 Jahre gehalten. Es ist erstaunlich, wie lange es gehen kann, bis Handwerkersünden zum Vorschein kommen.

Die flexible Welle des Sumlogs, mit dem die Geschwindigkeit durchs Wasser gemessen wird, ist wieder einmal gebrochen. Ich gehe der Sache mit der Welle nach und muss feststellen, dass sie um zu viele Ecken herum montiert ist. Die neue verläuft gerade. Hoffentlich herrscht jetzt Ruhe.

Da weit und breit nur Fastfood-Restaurants zu sehen sind, essen wir an Bord. Ein Birchermüsli ist gerade recht, um die überreifen

Bananen, Birnen und Aprikosen aufzubrauchen. Ich verzichte auf ein Rezept. Wie man so etwas zubereitet, weiß nun wirklich jeder.

Im Crary Park, direkt neben der Marina, findet dann das wöchentliche Openair-Konzert mit wechselnden Bands statt. Es wird von über dreißig lokalen Sponsoren gestiftet, zum Teil recht kleine Firmen: eine Drogerie, ein Dental-Labor, die chemische Reinigung und ähnliche. Diese Woche ist die Jason McCoy Country Band an der Reihe. Sie spielt Standards von Swing über Country bis Rock 'n' Roll und zieht überraschend viele Leute an. Das Publikum geht begeistert mit.

Nach dem Einnachten tritt das von der Marina organisierte Ballett der Boote auf. Kleine, einheitliche Motorboote tragen dreieckig angeordnete Lichterketten. Im Dunkeln sehen sie aus wie beleuchtete Segeljollen. Zur klassischen Musik aus dem Lautsprecher führen sie einen präzise eingeübten Reigen vor. Auch hier hat es viel Publikum, offensichtlich Einheimische, die zusehen und klatschen. Ein hübsches kleines Feuerwerk rundet das Fest ab.

Leider haben eine ganze Reihe anderer Fahrtenyachten ebenfalls einen Tag ausgesetzt, und am nächsten Morgen stehen diese alle vor dem Hebewerk. Da sich alles in der gleichen Richtung bewegt, sind auch die nächsten Schleusen voll. Viele drängeln vor nach dem Motto: »Oma kriegt die Bahn nicht mehr.« Die meisten Crews sind das Schleusen nicht gewohnt, sodass immer wieder einmal ein Boot quer in der Kammer liegt.

Der Skipper vom Boot nebenan bemerkt, es sei schon erstaunlich, wie schwierig manche Yachten zu manövrieren seien. Ich entgegne, das läge am Skipper, nicht am schwimmenden Untersatz. Darauf findet er, er meine ja das Gleiche, habe es nur netter gesagt.

Seine Motoryacht heißt THIRTYNINE ACRES. Auf meine Frage hin erklärt er, man habe halt so viel Land verkaufen müssen, um sich das Boot leisten zu können. Bootsnamen sind Glücksache. Der Besitzer der CARPE DIEM wird in diesem Land vermutlich weniger wegen seiner humanistischen Bildung bewundert als gefragt, was der »diem« denn für eine Karpfenart sei. Ich wollte ursprünglich unsere aus zweiter Hand erstandene FORTUNA ja auch in ARIEL – der griechische Gott der Winde – umtaufen, bis mir das Waschmittel gleichen Namens in den Sinn kam. Der extremste Name, den wir bis jetzt gesehen haben, war die BEWOHIHA, gebildet aus den beiden Anfangsbuchstaben der Vornamen der Eignerfamilie. Jetzt müssen sie den Namen dauernd buchstabieren: »Bravo-Echo-Whisky-Oscar-Hotel-India-Hotel-Alfa.« – »Wie bitte?« – »Bravo-Echo...« Da hat es der Skipper, der seine Yacht zu Ehren eines Erbonkels DOK (»Danke, Onkel Karl«) taufte, doch wesentlich einfacher.

Trotz aller philosophischen Betrachtungen können wir das Gedränge um uns herum nicht ignorieren, aber wir haben ja noch viel Zeit. So beschließen wir, den Konvoi ziehen zu lassen. Ein einsamer, schattige Anleger mit Tisch und Bänken lädt bei Lakefield zum Verweilen ein.

Mein Kopfkissen ist total verschwitzt und fängt an zu riechen. Ich stopfe das Ding in unsere kleine Waschtrommel. Das geht soweit recht gut. Das Problem kommt nach dem Waschen: Die Federn haben sich voll Wasser gesogen und das Kissen will nicht mehr aus der Maschine heraus. Es wird eine längere Übung, fast wie bei einer schweren Geburt. Dann wird das Kissen geknetet, an die Sonne gelegt und immer wieder gedreht und geschüttelt, bis es endlich, nach vier Tagen, wieder erfreulich luftig wird und angenehm riecht. Ermutigt durch diesen Versuch schickt Marlise bei der nächsten Gelegenheit unsere sämtlichen Kissen durch eine Münzwaschmaschine und den Trockner. Sie hat ja auch schon Taue, Turnschuhe und Hüte in die Maschine gesteckt. Das Resultat wird erstklassig.

Am nächsten Tag fahren wir wieder allein. Das Wetter ist drückend heiß und feucht. An drei Tagen hintereinander kommt es am Nachmittag zu heftigen Gewittern. Leider bringen diese kaum Abkühlung, und die hohe Luftfeuchtigkeit bleibt. Vor allem in der Nacht ist es recht unangenehm.

Am folgenden Sonntag erreichen wir bei Orillia die enge Atherley-Passage zwischen Lake Simcoe und Lake Couchiching. Dort erleben wir ein Gewitter anderer Art: Die Motor-Racer kommen! So etwas haben wir noch nie erlebt. Katamaran-Rennboote mit drei riesigen Außenbordern machen so viel Lärm, dass die Insassen Gehörschutz tragen. Die klassischen Einrumpf-Rennboote mit ihren riesigen V8-Benzinmotoren und offenem Auspuff sind auch nicht besser. Dazu kommen jede Menge Flitzer und als besondere Plage die Waterscooter (»Individual Water Craft« heißt das offiziell), die mit ihren 60-

PS-Motoren bis vor kurzem selbst von Kindern ohne jede Aufsicht und Ausbildung gesteuert werden durften.

Es gibt in Kanada zwar Vorschriften in Bezug auf Lärm und Schwell, aber sie werden nirgends durchgesetzt und kein Mensch hält sich daran. Alles fährt Vollgas, selbst zwischen engsten Markierungen, wo ein Ausweichen kaum möglich ist. Man kommt sich vor wie am Freitagabend auf der Autobahn. Ich werde in Zukunft jedem Segler, der in Kanada über die Motorbootfahrer schimpft, Recht geben müssen. Zudem befürchte ich, der Trend ist allgemein: Die Motoren werden stärker, es wird schneller und rücksichtsloser gefahren. Aus dem Wassersport wird ein Kampfsport, jeder gegen jeden. Das gilt leider auch für die USA und teilweise das Mittelmeer.

Der Rest des Trent-Severn besteht wieder aus Fluss, Kanal und Schleusen. Die Landschaft wird immer karger. Große, rote Felsen unterbrechen den Birken- und Tannenwald. Ein wenig erinnert sie an das östliche Ende des Götakanals in Schweden.

Wir machen zum Übernachten an den Stegen der Schleusen fest. Ich knüpfe mit einer Gruppe von Leuten aus der Wirtschaft ein Gespräch an. Wir kommen auf die konjunkturelle Entwicklung zu sprechen. Kanada hat während langer Jahre eine eher enttäuschende wirtschaftliche Entwicklung durchgemacht, ist aber jetzt schon seit längerer Zeit im Aufschwung: Niedrige Inflationsrate und abnehmende Arbeitslosigkeit erlauben Wachstumsraten in einer Höhe, von denen wir in Europa weit entfernt sind. Ich versuche herauszufinden, warum das in den Augen der Kanadier so ist.

Es ist erstaunlich, wie schlecht diese Banker und Wirtschaftsleute über die Entwicklung ihres Landes Bescheid wissen. Wenn es hoch kommt, wird irgendein Artikel aus der Fachpresse zitiert, aber auch das nur sehr vage. Geht es wirklich so viel besser? Der US-Dollar war vor nicht allzu langer Zeit etwa gleich viel wert wie der Kanadische Dollar, heute gilt er fünfzig Prozent mehr. Dazu kommt die Tatsache, dass immer mehr qualifizierte Leute in die USA arbeiten gehen, wo sie nicht nur besser entlohnt werden, sondern auch nur ungefähr halb so viel Steuern zahlen.

Es sieht so aus, als ob sich Kanada mehr Sozialstaat leistet, als es bezahlen kann. Die hohen Steuern und die beträchtliche staatliche Verschuldung sprechen eine deutliche Sprache. Ein weiteres Problem mag in der dünnen Besiedelung liegen, welche die Kosten für die Infrastruktur in die Höhe treibt.

Nach einer Nacht vor Anker erreichen wir früh am Morgen die maritime Eisenbahn »Big Chute«. Hier wird ein Spezialfahrzeug unsere FORTUNA aufnehmen und sie über die Wasserscheide Richtung Georgian Bay fahren. Früh aufstehen lohnt sich, denn dann hat es kaum Betrieb. Bereits eine Stunde später bilden sich lange Warteschlangen. Wir machen an einem Schwimmsteg fest und staunen, wie rasch und kompetent das Auf- und Abladen der Boote erledigt wird.

Dann sind wir selbst an der Reihe, fahren von hinten auf das Fahrgestell. Breite Hebegurte werden hydraulisch angehoben und sichern unser Boot. Die Fuhre bewegt sich auf ihren Gleisen aus dem Wasser. Ein freundlicher Schifffahrtseisenbahner befreit die Antriebsschrauben von den darumgewickelten Packbändern, Tauwerk und Angelschnüren. Als Dank schenken wir dem anwesenden Personal unsere letzten Dosen Elefantenbier. Das ist mit sieben Prozent Alkohol das stärkste aller Biere und kommt aus der Tuborg Brauerei in Kopenhagen, ein Überbleibsel von unserer letztjährigen Skandinavienreise. Allgemeine Begeisterung!

Normalerweise werden Wasserwege mit ihren Kanälen und Schleusen aufgrund von Regierungsprojekten gebaut. Kanal, Schleuse und Frachtschiffe werden planmäßig aufeinander abgestimmt. Die Kähne müssen eben gerade hineinpassen. Jeder Zentimeter zu wenig, jeder Spatenstich zu viel wäre ein Luxus.

Die Projekte sind immer auch ein Politikum. Aus diesem Grund muss die Basis dazu entsprechend breit und der wirtschaftliche Nutzen offensichtlich sein. Mit dem Suez- und dem Panamakanal konnte die Umschiffung eines ganzen Kontinents eingespart werden. Die damals gegründeten Aktiengesellschaften versprachen den Anlegern aus den Gebühren ein gutes Geschäft. Der Götakanal in Schweden wurde aus Sicherheitsgründen gebaut, da Schiffe, die um Schweden herumsegelten, immer wieder einmal von den Dänen überfallen wurden. Der Rideau-Kanal wurde von den Kanadiern aus Angst vor den bösen US-Amerikanern errichtet. Die meisten anderen Kanäle ermöglichten billigen, sicheren Warentransport und waren sehr erfolgreich, bis sie Konkurrenz von der Eisenbahn und später vom Auto bekamen und durch diese abgelöst wurden.

Nicht so der Trent-Severn-Kanal. Er entstand aus einem Sammelsurium von Einzelprojekten. Bereits 1785 wurde eine Machbarkeitsstudie für eine Verbindung zwischen dem Ontario-See und der Georgian Bay gemacht. Resultat: negativ. 1833 wurde dann auf Druck der Bevölkerung doch eine Route festgelegt und die nötigen Dämme, Schleusen und Kanäle gezeichnet. 1835 entstanden die ersten paar Schleusen. Sie befanden sich verstreut im mittleren Teil der Strecke. Dann kam ein Aufstand gegen die Regierung. Man hatte andere Sorgen. Das Geld ging aus, noch bevor ein zusammenhängendes Stück Wasserweg entstanden war.

Schnittholz war in der Mitte des neunzehnten Jahrhunderts das große Geschäft. Der Bedarf war enorm, denn die US-Städte an den großen Seen wuchsen rasch. Die Holzflöße aber waren nicht auf Schleusen angewiesen, solange nur genügend Wassertiefe vorhanden war. Dazu waren zwar Dämme nötig, aber anstelle der angefangenen oder geplanten Schleusen genügten einfache Holzrutschen.

Ungeachtet der heftigen Kritik an den Kosten und an den vielen benötigten Schleusen wurde dann, trotz Regierungswechseln und fehlenden Geldes, bis 1879 doch ein erstes zusammenhängendes Stück fertig gestellt. Es maß nur etwa zwanzig Prozent der projektierten Gesamtlänge, befand sich mitten in der Strecke und hatte keinen Anschluss an einen der Großen Seen. Der wirtschaftliche Nutzen war gering, doch es wurde von der ansässigen Bevölkerung mit Begeisterung für Vergnügungsfahrten per Dampfboot genutzt.

Dann ging wieder für längere Zeit das Geld aus. Die anschließenden Stücke entstanden erst knapp nach der Jahrhundertwende und die Verbindungen zu den beiden Großen Seen erst 1918 und 1920. Unterdessen waren die Wälder durch den jahrzehntelangen Raubbau erschöpft, das Holzgeschäft tot. Die Schleusen sind für moderne Binnenfrachtschiffe viel zu kurz, und die hohe Zeit der Kanäle ist ohnehin vorbei. Aus diesen Gründen wurde auf dem Trent-Severn nie in nennenswertem Umfang Fracht befördert. Keine industriellen Bauten suchten ihren Platz am Verkehrsweg. Gerade deshalb ist er heute so schön, ein Paradies für Sportboote.

Die älteste Schleuse des Trent-Severn stammt aus dem Jahre 1835, die neuste von 1965. Wer da durchfährt, erhält Unterricht in Schleusenbaugeschichte. Das Prinzip »Schleuse« könnte nicht einfacher sein: In eine Kammer mit einem oberen und einem unteren Tor wird Wasser ein- oder aus ihr abgelassen und dadurch ein Niveau-Unterschied überwunden. Aber selbst ein so einfaches Grundprinzip kann in seiner technischen Umsetzung immer weiter verbessert werden. Bei großen Schleusen öffnen sich die Tore oft nach oben oder unten. Kleinere besitzen je zwei Flügel, die sich leicht gepfeilt gegen den Wasserdruck stemmen. Bei älteren und einfacheren Konstruktionen erfolgt die Füllung durch Schieber in den Toren. Das Wasser schießt herein, prallt ans gegenüberliegende Tor und bildet zahlreiche Wirbel. Bei einer schnellen Schleusung hat man alle Hände voll zu tun, um das Boot festzuhalten. Darum geht es meistens gemächlich zu. Besser ist eine Reihe von seitlichen Einlässen – die Schokoladeseite, wo es sich ruhiger liegt, befindet sich vis-à-vis. Noch besser ist eine Reihe von Einlässen auf beiden Seiten. Wirklich moderne, komfortable Schleusen haben einen doppelten Boden. Das Wasser wird in einer Vorkammer beruhigt, bevor es von unten her durch viele Löcher in die eigentliche Kammer einfließt. Die Schleusung kann sehr rasch erfolgen.

Alle Schleusen des Trent-Severn haben kunststoffummantelte Stahltrossen oder Stangen, die in regelmäßigen Abständen an den seitlichen Wänden herunterhängen und unten und oben festgemacht sind. Diese Methode haben wir in Europa nirgends gesehen, aber sie ist sehr praktisch. Man braucht nur eine Leine um die Stange zu legen und das Boot wandert dann mit zu- oder abnehmendem Wasserstand hinauf oder herunter.

Schleusenmanöver sind Routine. Wir laufen mit zwei Knoten schön in der Mitte in die Schleuse ein. Auskuppeln. Im richtigen Moment mit dem Steuerbordmotor kurz in den Rückwärtsgang, und das Boot dreht sich steuerbord auf den gewünschten Festmacher zu. Marlise steht mit einer Bugleine bereit. In dem Moment, wo sie die Leine um die Trosse oder Stange gelegt hat, gibt es mit dem Backbordmotor einen kräftigen Schub nach hinten. Das Boot stoppt ab und dreht mit dem Hintern zur Wand. Ich mache ein paar Schritte nach hinten, binde fest, blicke nach oben, grinse und grüße den Schleusenmeister – fertig ist das Manöver. Die Motoren können abgestellt werden.

In Kanada und den USA sind zwei Leinen Vorschrift. Beim Herunterschleusen und in ruhigen, großen Schleusen binden wir normalerweise das Boot aus Faulheit aber nur in der Mitte an. Marlise muss die Leine oft viele Meter weit um den nächsten Poller werfen. Das geht so: Ein Ende ist an der Klampe festgemacht, das andere liegt daneben und wird mit dem Fuß gesichert. Die Festmacherleine wird so aufgeschossen (in die Hände genommen), dass man in jeder Hand ein paar Buchten (Schlaufen) und dazwischen ein gerades Stück hat. Jetzt wird die Leine geworfen, von unten nach oben, so wie ein Kleinkind einen Ball wirft. Die Leine bildet im Flug ein U und fängt den gewünschten Poller oder Pfosten ein.

Es ist erstaunlich, auf welch große Distanz und mit wie viel Sicherheit Marlise das macht, nachdem sie es wohl ein paar hundert Mal geübt hat. Entscheidend ist das Sichern der beiden Enden. Der Kollege, der mir den Trick vor einer kleinen Ewigkeit zum ersten Mal zeigte, hatte das unterlassen und war einigermaßen verblüfft, als das ganze Seil ungebremst davonflog und in den eisigen Fluten der Ostsee versank.

Schiffshebewerke sind Fahrstühle für Schiffe. Da die Fahrstuhlkabinen, d.h. die Tröge voll Wasser, rasch einmal ein paar hundert Tonnen schwer sind, muss ein Gegengewicht ausgleichen. Bei manchen Systemen werden Schwimmer tief unter das Wasser gedrückt, andere arbeiten über Kabelzüge mit festen Gewichten.

Die beiden Hebewerke des Trent-Severn – das von Kirkfield mit einer Hubhöhe von 14,9 Metern und das von Peterborough mit 19,8 Metern – funktionieren hydraulisch. Es halten sich jeweils zwei relativ kleine Tröge im Gleichgewicht. Geht der eine rauf, fährt der andere runter. Wenn ich es richtig verstanden habe, nimmt der obere immer einen Fuß Wasser mehr mit, sodass kaum Zusatzenergie gebraucht wird.

Das gleiche System ist mit vier Liften übrigens auch in Belgien am Canal du Centre zu finden. Es arbeitet ruhig und entwickelt eine höhere Hubgeschwindigkeit als manche moderne Konstruktion. Dabei darf man allerdings nicht vergessen, dass die modernen Hebewerke meistens sehr viel größer sind und oft Hubhöhen von über dreißig Metern aufweisen.

Als wir vor zwei Jahren durch die neuen Bundesländer fuhren, benutzten wir das Schiffshebewerk Magdeburg-Rothensee am Mittellandkanal. Da hatten hinter einem großen Binnenfrachter noch problemlos unsere FORTUNA und eine andere größere Yacht Platz. Im Trent-Severn sind es allenfalls vier Sportboote unserer Größe. Aber das genügt ja auch, denn die meisten Boote sind relativ klein. Am Anfang, in Charleston, gehörte unsere FORTUNA eher zu den kleinen Booten, hier zu den größten.

Furrer's Law on Yachting Nr. 5:

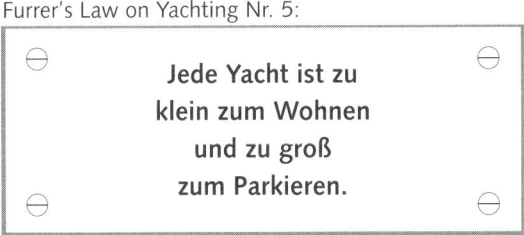

**Jede Yacht ist zu
klein zum Wohnen
und zu groß
zum Parkieren.**

Der »Big Chute« ist die einzige maritime Eisenbahn in Nordamerika und vermutlich weltweit die modernste. In Europa gibt es zwar viel größere Schräglifte (z.B. bei Arzweiler, im Rhein-Marne-Kanal oder, noch größer, im Kanal Charleroi - Brüssel bei Ronquières). Die können ganze Binnenfrachter transportieren, aber sie arbeiten nach einem anderen Prinzip und sind lange nicht so originell und romantisch wie der »Big Chute«.

Einmal mehr war beim Schleusenbau das Geld ausgegangen. Ein einfacher Wagen auf Schienen diente als Übergangslösung. Als dann 1917 wieder etwas Geld vorhanden war, stellte man fest, dass in der Georgian Bay der »sea lamprey«, ein schmarotzender Aal, sich mit seinem Saugnapf an Fische heftete. Um das Ungeziefer nicht einzuschleppen, wurde statt einer Schleuse eine größere Bahn gebaut. Diese wurde 1977 durch eine neue ersetzt, kann aber immer noch besichtigt werden. Die Bootsbahn ist für den Tourismus so attraktiv geworden, dass kein Mensch mehr an eine Schleuse denkt, obwohl dem Lamprey schon vor Jahren mit einem Pestizid der Garaus gemacht wurde. Die große, rationell arbeitende Anlage von heute kann zwei größere Boote oder vier kleine aufnehmen. Der Wagen taucht so tief unter Wasser, dass sie problemlos in die Hebegurte hereinfahren können. Dann werden die Gurte genau positioniert und die Boote hydraulisch angehoben. Der Wagen fährt über einen kleinen Hügel, und zwar jedes Rad auf seiner eigenen Schiene. Wenn es bergauf geht, bewegen sich die hinteren Räder gleichzeitig mit den vorderen nach oben und die Plattform bleibt waagrecht.

Nach der Schleuse Nr. 45 erreichen wir in Port Severn die Georgian Bay. Hier hat es in der näheren Umgebung eine größere Anzahl Marinas, doch dann fängt es an, leer zu werden. Die Bucht mit ihren 30 000 Inseln ist wohl das schönste Revier, das wir je gesehen haben. Große Teile davon sind Nationalpark, andere Indianerreservate. Die küstennahe Route windet sich um viele Inseln mit engsten Passagen und knappen Untiefen. Aus den 120 Seemeilen Luftlinie bis nach Killarney werden effektiv gefahrene 260 Seemeilen. Der ganze Seegrund ist felsig und steigt innerhalb weniger Meter von dreißig und mehr auf gefährliche zwei Fuß. Immer wieder werden wir von andern Wassersportlern angesprochen und auf diese Gefahren aufmerksam gemacht.

Die Warnungen erfolgen absolut zu Recht. Die Route stellt navigatorisch hohe Anforderungen. Es wird eng. In der Karte findet man Bemerkungen wie »Nicht geeignet für Boote länger als 40 Fuß«. Manche Tonnentore sind kaum fünf Meter breit, sodass man links und rechts nur noch gut einen Fuß Platz zum Durchfahren hat. Teilweise sind sie so verwinkelt, dass man »auf dem Teller« drehen muss, um zwischen den roten Felsen durchzukommen. Alle Ufer und der Grund bestehen aus ekelhaft hartem Stein, dem man besser nicht zu nahe kommt. Natürlich könnte man auch außen herum über den offenen See fahren. Aber da sieht man nur Wasser. Innen ist es interessanter. Zudem fühle ich mich mit Marlise als Navigator absolut sicher.

In der Karte ist auf der ganzen Strecke nur ein einziger Ankerplatz eingetragen. Trotzdem wollen wir in einer der vielen hübschen Buchten übernachten. Sorgfältig und langsam tasten wir uns in die geschützten Ecken, aber der Anker greift nirgends und rutscht bei der geringsten Brise über den blanken, glatt gehobelten Fels des Seebodens. Beim fünften Versuch kommt uns der Grund plötzlich so nah, dass wir, um die Schrauben des Bootes besorgt, von weiteren Versuchen absehen und in der Parry Island Marina anlegen.

Das im Camping-Restaurant ausgeschriebene »Special of the day« gibt es nur am Freitag und Samstag. Auf der Speisekarte finden wir nur Rührei und Burger. Die eigene Küche ist besser, es gibt Röster, Salat und ein Stück Fleisch.

Röster

Schnell, einfach, schmackhaft, für 4 Personen

1,2 kg festkochende Kartoffeln
0,4 kg schöne, große Zwiebeln (Mutige Menschen nehmen mehr.)
Schweineschmalz, Butter oder Öl zum Braten (je weniger gesund, desto schmackhafter)
Salz

Diese Mecklenburger und Brandenburger Spezialität haben wir vor zwei Jahren auf unserem Törn durch die neuen Bundesländer kennen gelernt. Das billige Kartoffelgericht ist einfach und rasch zubereitet und das beste Essen, das wir in diesen Landen entdeckt haben. Die Kartoffeln werden geschält und in vier Millimeter dicke Scheiben geschnitten, die Zwiebeln grob gehackt. Als Fett nimmt man Schweineschmalz, welches bessere Leute mit einem Hauch von Butter verfeinern. Wir verwenden Traubenkernöl wegen des hohen Anteils an mehrfach ungesättigten Fettsäuren. Das ist viel gesünder und schmeckt auch. Die rohen Kartoffeln und Zwiebeln werden in einer Bratpfanne (Wir Schweizer sagen »Röstipfanne«.) unter gelegentlichem Wenden gebraten. Zuerst kommt ein Deckel drauf, die Temperatur wird etwas zurückgenommen, bis alles gar ist. Dann kommt der Deckel weg und wir braten mit etwas mehr Hitze bis zu einer kräftigen Bräunung weiter.
Gut dazu passen Schweinekoteletts. Ich lösche diese nach dem scharfen Anbraten mit einem ordentlichen Schuss Rotwein ab und lasse sie darin 20 Minuten auf kleinstem Feuer schmoren. Etwas gehackte Zwiebeln oder Champignons machen sich auch gut, müssen aber nicht sein. Wenn der Wein zu stark reduziert wird, muss etwas nachgeschüttet werden. Vor dem Anrichten wird die Sauce noch mit Aromat und Pfeffer abgeschmeckt und mit etwas Speisestärke angedickt.

Die Marina von Pointe au Baril ist noch kleiner und bietet noch weniger Infrastruktur als die letzte. Ein paar Stege, ein Minimarkt mit einer sehr bescheidenen Lebensmittelauswahl. Dahinter hat es nur Wald und eine drittklassige Straße, die zu einem weiteren einsamen Bootssteg führt. Die enge Passage wird von Booten stark frequentiert. Trotz Geschwindigkeitsbeschränkung fährt jeder Vollgas, und wir werden entsprechend durchgeschaukelt. Für eine Nacht muss es genügen.

In der Karte sind recht viele Marinas eingetragen. Wir fahren verschiedene an, finden aber meistens nur ein, zwei kleine Stege und müssen zudem feststellen, dass die Wassertiefe für den Tiefgang unseres Bootes nicht ausreicht. Später erfahren wir, dass der Wasserstand des Sees wegen der seit zwei Jahren herrschenden Trockenheit über drei Fuß niedriger ist als normal.

Das gilt nicht nur für die Georgian Bay, sondern natürlich auch für die ganzen Großen Seen. Diese bilden die größte zusammenhängende Süßwasserfläche auf der ganzen Welt. Ich fange an zu rechnen und komme auf einen Wasserwürfel mit einer Kantenlänge von über zwei Kilometern. In Litern gerechnet ist das eine Zahl mit dreizehn Stellen. Man kann sich kaum vorstellen, dass diese Riesenmenge Wasser in nur zwei Jahren verdunstet oder den St.-Lorenz-Strom hinuntergeflossen ist.

Dann haben wir bei unserer Suche nach einem Platz zum Übernachten doch noch Glück und sehen in einer Inselgruppe ein paar Yachten vor Anker liegen. Sorgfältig tasten wir uns zwischen den Felsen durch und werden mit großem Hallo begrüßt. Einer unserer Nachbarn hat eine Schweizerin geheiratet und unsere Flagge ausgemacht. Großes Palaver. Dann kommt die oben genannte Frau plus Kindern mit dem Beiboot von ihrem kleinen Ausflug zurück. Noch einmal großes Palaver.

Anschließend genießen wir ein Bad im glasklaren, angenehm frischen Wasser und erforschen mit dem Gummiboot die Inselgruppe. Eigentlich möchte ich hier eine Woche bleiben. Marlise aber drängt weiter. Wir haben einen Flug ab Toronto gebucht und wollen für einen Monat in die Schweiz, um nach unseren Geschäften zu sehen. Marlise hat Heimweh nach den Söhnen (Zwillinge, 25 Jahre). Da wir noch keine Ahnung haben, wie wir ohne eigenes Fahrzeug von der Wildnis aus Toronto erreichen, ist es sicher besser, reichlich Zeitreserve einzuplanen.

Die letzte Etappe vor unserer Heimreise führt durch die Prince-Edward-Enge, die uns als besonders sehenswerte Schlucht geschildert wurde. Es wird wieder sehr eng und gemäß Karte sieben Fuß tief. Dann, genau mitten zwischen einem roten und einem grünen Seezeichen, passiert es. Bums! Ein unsympathisches Geräusch… Möglicherweise haben wir nur mit dem Kiel den Grund berührt, was bei unserer geringen Geschwindigkeit zu keinem ernsthaften Schaden führen würde. Wenn wir aber mit einer der Schrauben auf ein Hindernis geprallt sind, werden wir das noch früh genug herausfinden. Wir fahren weiter und stellen beim nächsten Erhöhen der Geschwindigkeit fest, dass die Backbord-Schraubenwelle offensichtlich verbogen ist. Ab 2000 Touren fängt das ganze Schiff an zu schütteln. Wir wissen, was diese Vibration bedeutet, denn wir erleben sie nicht zum ersten Mal.

Das letzte Mal hat es eine Welle erwischt, als wir auf der Elbe bei rasch zurückgehendem Wasser abzulaufen versuchten, um nicht den ganzen Sommer auf dem Trockenen zu verbringen. Ein anderes Mal kostete es gleich beide Schrauben und Wellen, als ein mit überhöhter Geschwindigkeit fahrender Frachtkahn so viel Wasser vor sich herschob, dass wir anschließend auf den Boden des flachen Kanals knallten.

Dieses Mal ärgert es mich besonders, denn ich bin wirklich sehr vorsichtig gefahren und habe nichts falsch gemacht. Gemäß Karte hatten wir sieben Fuß Wassertiefe, und da das Kartennull einen Fuß unter dem effektiven Wasserspiegel liegt, hätten es acht sein sollen. Möglicherweise hat der Wind zwei bis drei Fuß Wasser weggeblasen. Dieses Phänomen kennen wir ja von der Ostsee, wo solche Windverfrachtungen mehr als einen Meter Wassertiefe ausmachen können. So verbleiben immer noch mindestens fünf Fuß Wasser. Bei dem Bums aber konnten höchstens drei vorhanden gewesen sein.

Wie wir später erfahren, gibt es in dieser Gegend sogenannte »dead heads«. Das sind große Pfähle von Stegen oder Abstützungen, die unter Wasser abgefault sind und sich selbstständig gemacht haben. Da das faule Ende schwerer ist, treiben sie senkrecht knapp unter der Wasseroberfläche und können bei starkem Wellengang bis zu zwei Meter hoch aus dem Wasser schießen. Vermutlich war es eben einer dieser »Totenköpfe«, den wir erwischt haben.

Killarney besteht vor allem aus Marinas. Dort herrscht heute Hochbetrieb. Die edle Marke »Hatteras« veranstaltet ein regionales Skippertreffen. Es wimmelt nur so von diesen großen, teuren amerikanischen Yachten. Wir haben Glück im Unglück und finden auf Anhieb den einzigen seriösen Bootsmechaniker am Ort. Er ist ein gebürtiger Finne aus Turku. Wir haben diese Stadt mit unserer FORTUNA letzten Sommer besucht, schwärmen von Finnland und finden rasch Kontakt. Die verbogene Welle zu richten sollte kein Problem sein, meint er. Wir vereinbaren, das Boot während unseres Schweizaufenthaltes aufs Trockene zu stellen. In ein paar Tagen dürfte hier die Saison bereits vorbei sein und unser Mechaniker für die Reparatur gut Zeit haben.

Zu einem echten Problem sind die Spinnen geworden. Gott weiß, wo sie alle hergekommen sind. Sie hocken in jeder Ritze, unter jedem Überhang und überziehen Deck und Reling mit ihren Netzen. Wohin man greift, hat es Spinnweben. Überall hinterlassen sie schwarze Tupfen. Im Innern sitzen sie in Vorhängen und anderen Verstecken. Manche sind besorgniserregend groß. Marlise wurde einmal von so einem Viech gebissen, und ihre Gefühle sind entsprechend mulmig. Eines Morgens wacht sie auf und erblickt als Erstes so ein großes Exemplar, das sich genau über ihrer Nase abseilt. Jetzt muss etwas geschehen. Ein normales Insektenspray zeigt wenig Wirkung. Dann finden wir in einem kleinen Laden für Bootszubehör ein spezielles Anti-Spinnen-Spray. Dieses wirkt verblüffend gut und hält lange an. Die Spinnen verschwinden und kommen das ganze Jahr nicht wieder. Käfer und Insekten werden nicht beeinträchtigt, es ist somit anzunehmen, dass das Gift sehr selektiv und auch für Menschen unschädlich ist.

Unsere Frage nach einem Plänchen von Killarney erntet einen Heiterkeitserfolg. Man empfiehlt uns, in diesem Ort nur ganz langsam zu gehen, sonst wäre man sofort außerhalb. Auf eine Besonderheit kann Killarney allerdings stolz sein. Der Ort beherbergt nämlich die beste »fish-and-chips«-Bude von ganz Kanada. Das Geschäft hat sich in einem alten, roten Bus etabliert und der Fisch ist wirklich vorzüglich. Es handelt sich um Abschnitte von einem Weißfisch, der im dazugehörigen Produktionsbetrieb filetiert und vakuumverpackt wird. Ich versuche herauszufinden, was für eine Sorte Fisch es genau ist, komme aber zu keinem Ergebnis. Vermutlich gibt es immer das, was gerade gefangen wurde. Der Fisch ist wohl deshalb so gut, weil er aus kaltem, sauberem Süßwasser kommt und wirklich fangfrisch ist. Es gibt ihn frittiert in kleinen Pappschachteln mit drei, sechs, zehn oder zwanzig Stück. Drei Stück reichen für einen durchschnittlichen Hunger. Ich als verfressener Mensch nehme sechs Stück und verzichte auf die Pommes. Auf den benachbarten Bierbänken sehen wir dicke Amerikaner sitzen, die mit den Fingern bis zu zwanzig Stück verzehren. Das dürften an die zwei Kilo Fisch sein. Dazu kommen noch einmal gleich viele Pommes mit reichlich Mayonnaise, Ketchup und Malzessig. Ich liebe diese Amerikaner, ich fühle mich mit meinen 96 Kilo immer so schlank neben ihnen.

Neben dem Weißfisch, der ganz speziellen Fischart, fängt man hier Seeforellen, Barsche, Hechte und auch Lachse. Praktisch jeder, der in dieser Gegend wohnt, ist ein begeisterter Fischer. Viel mehr kann er ja in seiner Freizeit auch nicht anfangen. Im Winter frieren alle Seen und Flüsse zu. Die besonders Eifrigen vergnügen sich dann mit Eisfischen.

Das Eis ist übrigens auch der Grund für die vielen demontierbaren Schwimmstege. Je nach Lage entwickelt im Frühling das treibende Eis einen enormen Druck, dem auch dickste Balken und Betonmauern nicht standhalten.

Dank der Motorschlitten hat Killarney neben der kurzen Sommer- auch eine Wintersaison. Langstreckenfahren heißt der Sport. Nicht das Naturerlebnis zählt, sondern Härte und Leistung. Wenn man so zuhört, hat man das Gefühl, das sei der letzte echte Männersport. Eine Veranstaltung schließt an die nächste an, und die wenigen Hotels sind ausgebucht.

Jede Kette ist nur so stark wie ihr schwächstes Glied. Das kann man auch positiv sehen: Dank dem schwächsten Glied sind die anderen Glieder der Kette nicht gefährdet. Das schwächste Glied an meiner Broom sind die Propellerwellen. Sie sind relativ weich. Dafür sind die Lagerböcke weniger gefährdet. Wenn so ein Lagerbock ausreißt, gibt es ein ordentliches Leck und nasse Füße. Dann habe ich doch lieber eine krumme Welle.

Andererseits ist eine neue Welle ekelhaft teuer. Mit der Kranbenutzung und Montage kommen da rasch 5000 Franken zusammen. Eine Welle kann nicht gerichtet werden, hat man mir in verschiedenen europäischen Reparaturbetrieben erklärt.

Irrtum, sie kann. In den neuen Bundesländern Deutschlands hat uns eine Werft eine Welle innerhalb kürzester Zeit, zu einem Bruchteil der sonst üblichen Kosten und mit absoluter Präzision gerichtet. Kommentar der Profis von außerhalb: Kunststück, die mussten ja immer improvisieren, als das noch DDR war. Kaum in Genthin angekommen, erschien auch schon ein Kran und tauchte die Hebegurte ins Wasser. Wir mussten unsere FORTUNA in die Schlaufen fahren und waren ruck zuck aus dem Wasser. Die Werft war eigentlich auf Profi-Binnenschiffe spezialisiert, aber es fehlt an Aufträgen. So repariert man auch kleine Boote. Alle Fachleute stehen ums Boot und machen bei der Inspektion lange Gesichter. Ob sich die Welle richten lässt? Im Westen käme nur eine neue in Frage, da sind sich alle einig. Man will es trotzdem versuchen. Welle und Schraube werden ausgebaut, und die Welle kommt auf eine hydraulische Presse zum Richten. Ich mag da nicht mehr zuschauen und verdrücke mich. Nach einer halben Stunde höre ich schon von weitem am Klang der Stimmen der mittlerweile dreißig Zuschauer: Erfolg! Die etwa fünf Meter lange Welle dreht sich auf einer riesigen Drehbank, erhält mit dem Hammer die letzten Retuschen und wird vermessen: Abweichung weniger als zwei Zehntelmillimeter. Das ist deutsche Wertarbeit!

Aber in der Georgian Bay kann man es auch, genauso präzise und mit viel einfacheren Mitteln. Matti, ein freundlicher älterer Finne und »im Prinzip« seit zehn Jahren pensioniert, suchte eigentlich nur einen Platz für seine Fünfzig-Fuß-Segelyacht. Irgendwie ergab es sich, dass er dann gleich eine ganze Marina kaufte. Das Hobby wuchs sich zu einem richtigen Job aus. Der Reparaturbetrieb ist nur von Mai bis Anfang September offen, während des Rests des Jahres arbeitet der studierte Ingenieur als Consultant und Spezialist in der Installation von Papiermaschinen.

Der Schaden wird begutachtet. Es sieht schlimm aus. Matti will lediglich wissen, ob die Welle schon einmal gerichtet worden sei, und meint dann:»Kein Problem.« Als Werkzeug braucht er lediglich eine hydraulische Presse. Ein paar Kugellager sind in die Werkbank eingelassen und bieten die Möglichkeit, die Welle frei drehbar zu lagern. Der Rest ist Fingerspitzengefühl.

Wie Matti meine zweifelnden Blicke sieht, holt er doch noch das »unnötige« Präzisionsmessgerät hervor: Abweichung unter einem Zehntelmillimeter. Wellen richten gehört in diesem Revier zum täglichen Brot.

Ursprünglich wollten wir unsere Reise auf zwei Jahre verteilen. Aber eigentlich macht es mehr Sinn, bereits im September weiterzufahren. Dann sollen sich Kanadas Wälder in ihren schönsten Farben zeigen. Außerdem erleben wir so den Süden in der kühleren Jahreszeit. Das teilweise tropische Klima hat uns bei unserem Kurzbesuch vor einem Jahr doch zu schaffen gemacht. Zudem sind wir so begeistert, dass wir problemlos noch ein halbes Jahr anhängen können.

Zuerst aber müssen wir für ein paar Wochen nach Hause in die Schweiz. Aufräumen, einpacken, Schiff aus dem Wasser. Matti chauffiert uns die siebzig Kilometer bis zur nächsten Busstation. Er ist erstaunt über den lebhaften Verkehr auf der Straße, wir zählen insgesamt knapp zwanzig Autos. Er vergleicht Finnland mit seiner zweiten Heimat. In beiden Ländern wächst der gleiche Wald, herrscht ein ähnliches Klima, aber nur in Kanada zeigen die Blätter im Herbst das kräftige Rot in allen Schattierungen, während in Finnland das Laub lediglich braun wird.

Nach einer Nacht im Hotel in Sudbury geht es mit dem Greyhound-Bus fünf Stunden weiter bis Toronto. Wir sehen Wald, Wald und nochmals Wald. Erst relativ nah beim Ontario-See findet man fruchtbarere Böden und Landwirtschaft.

Toronto ist eine moderne Großstadt, die in den letzten Jahren stark gewachsen ist. Sie bietet außer dem hohen Aussichts- und Funkturm keine sensationellen Sehenswürdigkeiten, wirkt insgesamt aber sehr freundlich. Es gibt moderne Wolkenkratzer, aber doch noch nicht so viele, dass man sich erschlagen fühlt. Strukturen und architektonische Spielereien nehmen den Gebäuden die Schwere. Die Sonne bringt die hübschen Farbtöne der Fassaden und die vielen Fensterscheiben zum Leuchten. Dadurch wirkt die Stadt leicht und lichtdurchflutet. Mitten zwischen den Hochhäusern hindurch führt die Young Street, eine lebhafte, nicht immer sehr vornehme Einkaufsstraße mit etwa einhundert Jahre alten, zweistöckigen Gebäuden. Ein weit verzweigtes System unterirdischer Einkaufsstraßen lädt »downtown« zum Shopping ein. Der Kontrast könnte nicht größer sein.

Aufgrund einer Empfehlung gehen wir ins »Congress Center«. Während der Semesterferien ist das ein Hotel, sonst eine Hotelfachschule, Teil des hiesigen Polytechnikums. Es ist ein Glücksfall. So gut

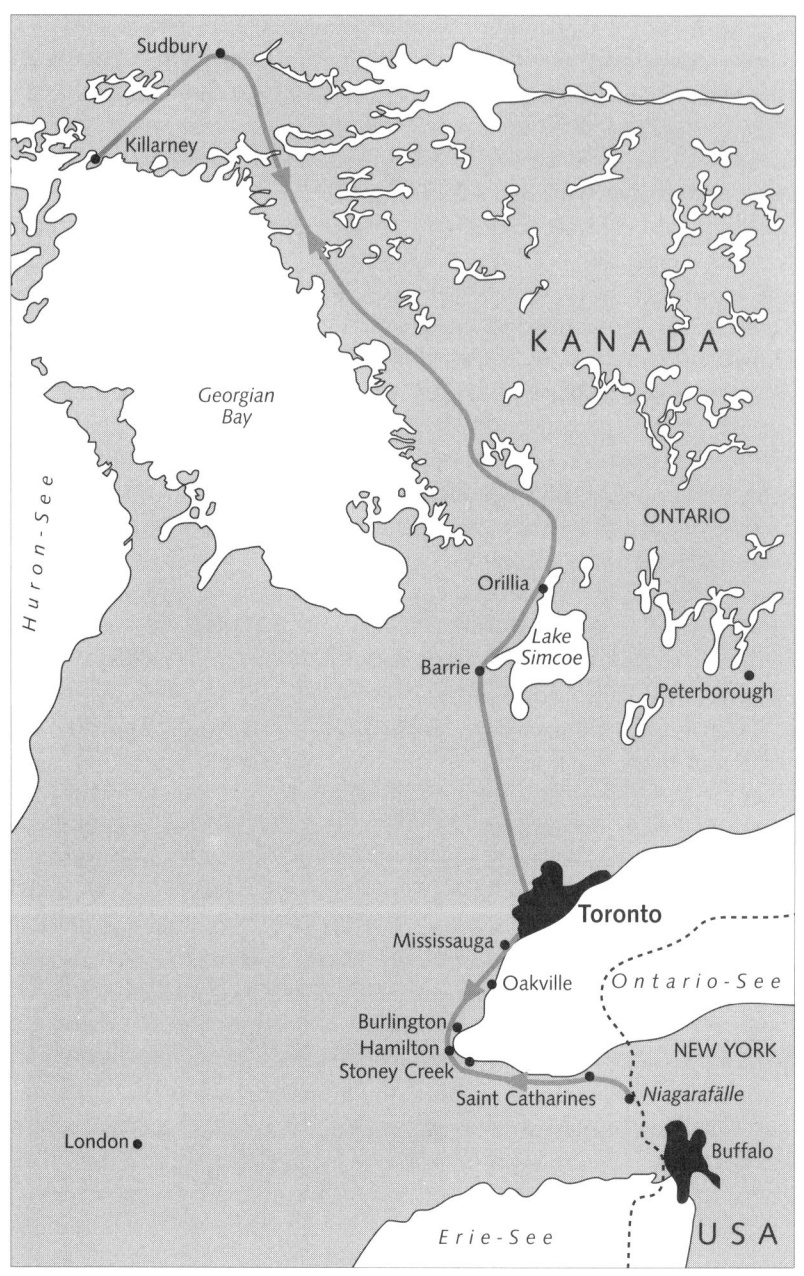

und preisgünstig könnte ein normal kalkulierendes Hotel vermutlich gar nie sein. Auch das Frühstück macht Freude, bis auf den Kaffee. Aber wo in Nordamerika gibt es schon einen ordentlichen, starken Kaffee...

Drei Tage lang laufen wir uns die Füße wund. Vom höchsten Fernsehturm der Welt aus genießen wir das Panorama und gucken mit einem flauen Gefühl im Magen durch den Glasboden 450 Meter senkrecht in die Tiefe.

Mir persönlich behagt am meisten China Town, und zwar wegen der Gemüse-, Früchte- und Gewürzstände: wunderschöne, frische Ware in einer Auswahl, wie ich sie außerhalb von Asien noch nie gesehen habe. Alles ist hübsch arrangiert, leuchtet in allen Farben und duftet. Bei einem guten Teil der Produkte weiß ich nicht, was es ist, dabei liebe ich die chinesische Küche und habe mich als Hobbykoch auch immer wieder darin versucht.

Das Wetter schlägt um. Wir verschieben den Besuch der nahen Niagarafälle auf später und bleiben in Toronto. Vor einem Platzregen flüchten wir in ein Geschäft mit Ledermoden: gute Qualität, europäisches Design und kanadische Verarbeitung. Marlise findet einen schwarzen Ledermantel, schick, feinstes Nappa und natürlich nicht gerade billig. Sie lässt sich vom Verkäufer und von mir überreden, das gute Stück zu kaufen, obwohl sie »eigentlich gar keinen Mantel braucht«. Schließlich war das Hotel billig.

Kaum zu Hause in der Schweiz holt uns der Alltag ein. Ich habe als Altersvorsorge unsere Spargroschen in Liegenschaften angelegt und mache die Verwaltung selbst. Irgendeine Aufgabe sollte man ja auch in den reiferen Jahren noch haben. Zwei Wohnungen müssen neu vermietet werden. Heiz- und Nebenkostenabrechnungen sind zu erstellen. Jemand hat versucht, bei uns einzubrechen, und die Eingangstür arg demoliert. Das führt zu einem gedrängten Terminkalender mit Sitzungen, Telefonaten und Verhandlungen mit Mietern, Handwerkern und Versicherungen.

Unsere beiden Söhne haben während der Abwesenheit zwar gute Arbeit geleistet, aber wenn es kompliziert wird oder Ärger gibt, braucht es halt doch immer noch den alten Herrn, das heißt mich. Zudem müssen wir natürlich auch dringend viele unserer Freunde sehen, und ich nehme dabei um stolze fünf Kilo zu. Die vier Wochen vergehen wie im Flug, und am 9. September 1999 sitzen wir schon wieder in der komfortablen Air Kanada. Ein gutes Gefühl: Alles ist erledigt, und am »Check-in« gibt es trotz dreißig Kilo Übergepäck auch keine Probleme.

Mein Seesack, ein überdimensionaler Rucksack ohne Gestell, ist halb leer, deshalb packt Marlise noch zehn Kilo Brotmehl und fünfzehn Kilo andere Lebensmittel ein, die in den Staaten schwer erhältlich sind. Es ist zwar verboten, Lebensmittel in die USA einzuführen, aber mit dem Umweg über Kanada dürfte es wohl gehen. Jetzt ist der Sack immer noch nicht voll, wiegt aber fast fünfzig Kilo. Ohne einen Pfosten oder Handgriff, an dem ich mich hochziehen kann, kippe ich immer wieder nach hinten, sobald ich das Gewicht aufnehmen will. Wenn ich dann endlich auf den Füßen bin, stehe ich ziemlich schräg in der Gegend.

Der Seesack ist wasserdicht und hat einen wasserdichten Verschluss, sodass er schwimmt, falls wir einmal mit der Rettungsinsel über Bord müssen. Er lässt sich flach zusammenlegen und findet problemlos Platz unter der Matratze. Nur, bequem zu tragen ist er nicht, denn er steht viel zu weit vom Rücken ab und der Schwerpunkt wandert zu weit nach hinten. Wir werden das schwere Gepäck los, indem wir es in Toronto im Schließfach des Busterminals verstauen. Das Hotel haben wir noch vor unserem Abstecher in die Schweiz reserviert und es liegt gleich um die Ecke.

Am nächsten Tag geht es zu den Niagarafällen. »Ein ruhiger Tag, nicht viele Besucher«, sagt eine Verkäuferin an der Kasse. Dabei stauen sich die Leute, die mit einem der kleinen Vergnügungsdampfer unter die Fälle fahren wollen, bis weit nach hinten. Wir möchten nicht hier anstehen, wenn es wirklich Betrieb hat. Trotz des Touristenrummels sind wir beeindruckt vom Naturschauspiel. Die Niagarafälle kennt natürlich jeder von Fotos, von Filmen, aber erst die Wirklichkeit macht Wissen zum Erlebnis.

Mit einem Aufzug und anschließend durch Tunnel kann man bis nahe an den Horseshoe Fall heran, ja sogar dahinter gelangen. Das Panorama reduziert sich auf ein Stück Wasserwand. Eine dünne Plastikhaut, im Eintrittspreis inbegriffen, schützt vor dem zerstäubenden Wasser. Dumpf dröhnt es, wie unter einer Brücke, wenn die Eisenbahn darüber fährt. Der ganze Fels scheint zu beben, und man

124

nimmt das Donnern des fallenden Wassers nicht nur mit den Ohren, sondern mit dem ganzen Körper wahr.

An den Wänden des Tunnels ist eine Dokumentation zu sehen mit Fotos von Hotels und Touristenattraktionen früherer Zeiten sowie mit Zeitungsausschnitten von all den Leuten, die sich, meist in einem Fass, die Fälle hinuntergestürzt haben. Etwa zwei Drittel sind mit dem Leben davongekommen. Die Sensation hat heute Staub angesetzt. Trotzdem findet sich auch in neuer Zeit immer mal wieder ein Narr, der es wissen will.

Noch am gleichen Tag fahren wir mit dem Bus zuerst zurück nach Toronto und dann nach Sudbury. Insgesamt neun Stunden Busfahrt sind doch recht anstrengend. Prompt verschlafen wir die Station, an der wir eigentlich aussteigen sollten. Marlise wacht auf und erkundigt sich beim Fahrer des Greyhound-Busses nach unserem Ziel. Der klärt uns auf und macht für uns vor einem Spital mit Unterstand einen Zwischenhalt. Unterdessen hat uns sein Kollege per Funk ein Taxi organisiert, sodass wir nur wenig verspätet im Hotel eintreffen.

Am andern Morgen kaufen wir im Supermarkt die benötigten Frischprodukte ein und Matti, der unser Boot repariert hat, holt uns in seinem schönen großen, schwarzen Mercedes ab. Der Busch, wie hier der Mischwald mit seinen Birken, Eichen, Buchen und Ahorn genannt wird, fängt bereits an sich zu verfärben. Das Laub mancher Bäume leuchtet in einem kräftigen Burgunderrot. Das ist der rote Ahorn. Wir sehen noch einen, der sich gelb verfärbt. Insgesamt gibt es um die 150 Ahornsorten. Hoffnungslos, herausfinden zu wollen, wie welcher auf Deutsch heißt. Andere Bäume sind wegen der Dürre vorzeitig braun geworden, aber der größte Teil ist immer noch sommerlich grün. Matti deutet auf Stellen im Wald: Hier hat er vor ein paar Tagen eine Bärin mit ihren Jungen gesehen. Hundert Meter weiter ist ihm Rotwild knapp vor dem Kühler vorbeigerannt, und Füchse hat es sowieso überall.

Dann kommen wir auf die überzogenen Preise von Ersatzteilen zu sprechen. Matti hatte bei einem Motorenlieferanten eine Öldruckanzeige bestellt. Als das Instrument kam, kostete es 410 Dollar und war zudem defekt. Er schickte es zurück und bestellte ein anderes direkt bei VDO, dem Original-Hersteller – Kosten 65 Dollar. Ähnliche Erfahrungen habe auch ich gemacht; so sind z.B. Einspritzdüsen beim Hersteller Bosch nur halb so teuer wie das Originalteil (identisch, ebenfalls von Bosch) vom Motorenhersteller. Andere Komponenten sind bei der gleichen Marke als Lastwagenteil viel billiger als das baugleiche Bootsmotorenteil.

Ähnlich sieht es bei vielen anderen maritimen Ersatzteilen aus. Die Hersteller nutzen die Tatsache aus, dass sie ein Monopol auf die Ersatzteile haben, die zu ihren Geräten passen. Ob sie sich wohl auch schon überlegt haben, dass ein Kunde, der sich übervorteilt fühlt, beim nächsten Kauf mit hoher Wahrscheinlichkeit die Marke wechselt? Matti jedenfalls stellt fest, dass z.B. bei den Generatoren immer mehr Leute von der »besten« Marke auf weniger bekannte wechseln, weil sie sauer sind.

Unsere FORTUNA hängt repariert in den Gurten des Krans. Die Rechnung für die Arbeit ist sehr freundschaftlich. An einem anderen Ort hätten wir vermutlich allein für die fünf Wochen Marina doppelt so viel Geld bezahlt.

Marlise hat Tuula, Mattis Frau und pensionierte Lehrerin, versprochen, ihr bei ihrem neu erworbenen Computer etwas beizustehen, lässt es dann aber bleiben. Das Interesse ist nicht groß. Die Frau möchte den Kasten offensichtlich am liebsten in einer Ecke stehen lassen. Mit dramatisch rollenden Augen erzählt sie, dass die Bären in letzter Zeit immer näher an ihr Haus herankommen. Gerade gestern habe sich ein Junges bis in ihren Garten getraut, so kürzt sie ihren Jogging-Pfad täglich etwas mehr ab. Bären gehören zum Alltag und werden als eher ungefährlich angesehen, es sei denn, man kommt zwischen Mutter und Kind oder treibt das Tier in die Enge. Marlise hätte für ihr Leben gern einen wild lebenden Bären gesehen, aber doch lieber vom Schiff aus.

Während der nächsten zwei Tagen bereiten wir uns gemütlich auf die Weiterfahrt vor. Marlise lädt Tuula zu einem Kaffee aufs Boot ein, dann stößt Matti dazu, dann zwei Leute aus einem Motorhome, die altersbedingt den Yachtsport vor einem Jahr aufgegeben haben. Es gibt viel Kaffee, Schweizer Schokolade und Getränke aus kleinen Gläsern. Wir werden einmal mehr gründlich informiert über alle möglichen Arten blutsaugender Viecher. Anschließend, als Fortsetzung des Themas, kommen einmal mehr die hohen kanadischen Steuern daran. Vierzig Prozent der Steuereinnahmen müssen zur Bezahlung der staatlichen Schuldzinsen verwendet werden. Kanada versucht die Steuern herunterzusetzen und gleichzeitig die hohe Staatsverschuldung zu reduzieren. Aber auch hier können Politiker nur dann etwas verschenken, wenn sie Schulden machen oder den Leuten in die Tasche greifen. Wir kennen das Problem.

Matti baut sich auf einer vorgelagerten Insel sein zweites Heim. Mit dem Schiff sind das vom Geschäft aus keine zehn Minuten, und wir werden zu einer Besichtigung eingeladen. Der Rohbau steht absolut einsam. Keine Straße führt hin, sogar der Anlegesteg musste extra gebaut werden. Erhöht auf blankem Felsen bietet das zukünftige Heim einen fantastischen Ausblick auf die Privatbucht, auf gischtumspülte Felsen voller Möwen und auf viel Wald mit Nadelholz. Der Strom, 7400 Volt, wird per Unterwasserkabel zugeführt. Das Trinkwasser soll aus einem noch zu bohrenden Brunnen kommen. Das Abwasser landet über einen Fäkalienabscheider in einer großen Sickergrube. Dafür mussten viele Kubikmeter Sand antransportiert werden. Als Fundament dient der blanke Fels. Matti hat viele Löcher hineingebohrt, in die als Verankerung ungefähr zwei Zentimeter dicke Armierungseisen einzementiert wurden. Der Rohbau wurde von sechs Bauarbeitern in nur sieben Arbeitstagen aufgestellt. Die Konstruktion besteht aus industriell vorgefertigten, mehrfach verleimten Holzelementen, die bauseitig vernagelt und noch einmal zusammengeleimt werden. Ganze Hauswände werden flach am Boden liegend montiert und dann aufgestellt. Sowohl bei den Wänden als auch bei der Dachkonstruktion kommt zuinnerst eine Täfelung oder ein Verputzträger, dann eine Dampfsperre in Form einer Kunststofffolie, dann fünfzehn Zentimeter Isolation, zehn Zentimeter Hinterlüftung und anschließend die Außenhaut. Im Gegensatz zu den früher geschilderten Bauten auf Fripp Island wirkt diese Konstruktion trotz der Leichtbauweise vertrauenerweckend solide. Sie muss ja wegen des Schnees hohe Dachlasten aushalten können. Für die Ewigkeit wird aber auch hier nicht gebaut.

Der Innenausbau steht noch nicht fest. Irgendwo kommt ein Kamin hin. Wie hier üblich wurden keine Pläne gezeichnet, sondern der Bau entsteht in rollender Planung anhand grober Skizzen des Bauherrn. Matti wartet sehnsüchtig auf die versprochenen Fenster. Seit fünf Wochen sollten sie »morgen oder übermorgen« kommen. Schon bald fällt der erste Schnee. Bis dahin sollten alle Löcher zu sein.

Das Haus steht auf einer natürlichen Senke im Fels und erhält auf drei Seiten eine schöne Terrasse aus druckimprägniertem Holz, die an den Felsen anschließt. Für den Kontakt zur Natur ist gesorgt, so hat eben auf diesem Felsen ein Bär einen Riesenhaufen Losung (Scheiße) hinterlassen.

Über den Michigan-See
nach Chicago

*Herbststürme und Navigationsprobleme – Aufstrebender Tourismus
– Ein Leck und seine Folgen – Lifestyle, Kunst und Dreck: Chicago*

Ich selbst würde noch gern ein paar Tage in Killarney bleiben, und
sei es auch nur wegen der gebratenen Fische. Marlise hingegen
ergreift die Wanderlust, und so geht es weiter in das etwas größere
Dörfchen Little Current. Dort hat es einen Seekartenhändler, der uns
mit den noch fehlenden Karten bis Chicago versorgt. Der Ort mit seinen 1600 Einwohnern verfügt über eine erstaunlich gute Infrastruktur. Er ist zwar klein, aber der einzige Ort weit und breit. Unser
Handy hat einmal mehr kein Netz. Dafür bietet das ortsansässige
College (zwei Klassenzimmer) gratis Zugang zum Internet. Wir nutzen die Gelegenheit und senden je eine E-Mail an unsere Söhne in
der Schweiz: »Gut angekommen, alles bestens.«

Wir beide spüren die Drohung im Genick: Herbststürme. Vor
allem Marlise hat Angst davor, nicht aus dem Norden wegzukommen
und plötzlich in vierzig Fuß dickem Eis eingefroren zu sein. Obwohl
die Wetterprognose grobe See voraussagt, starten wir deshalb am
nächsten Morgen früh. Nach gut zwei Meilen kommen wir aus der
Abdeckung heraus. Mit dem Wind auf die Nase kommt unsere
FORTUNA trotz reduzierter Geschwindigkeit so hart ins Stampfen, dass
wir bald umkehren. Ein zweiter Versuch, ein paar Stunden später,
führt zum selben Resultat.

Am andern Morgen sind die Verhältnisse leicht besser, das Boot
stampft zwar immer noch, taucht aber nicht mehr so hart ein, dass
wir befürchten müssen, die harten Schläge könnten den Rumpf

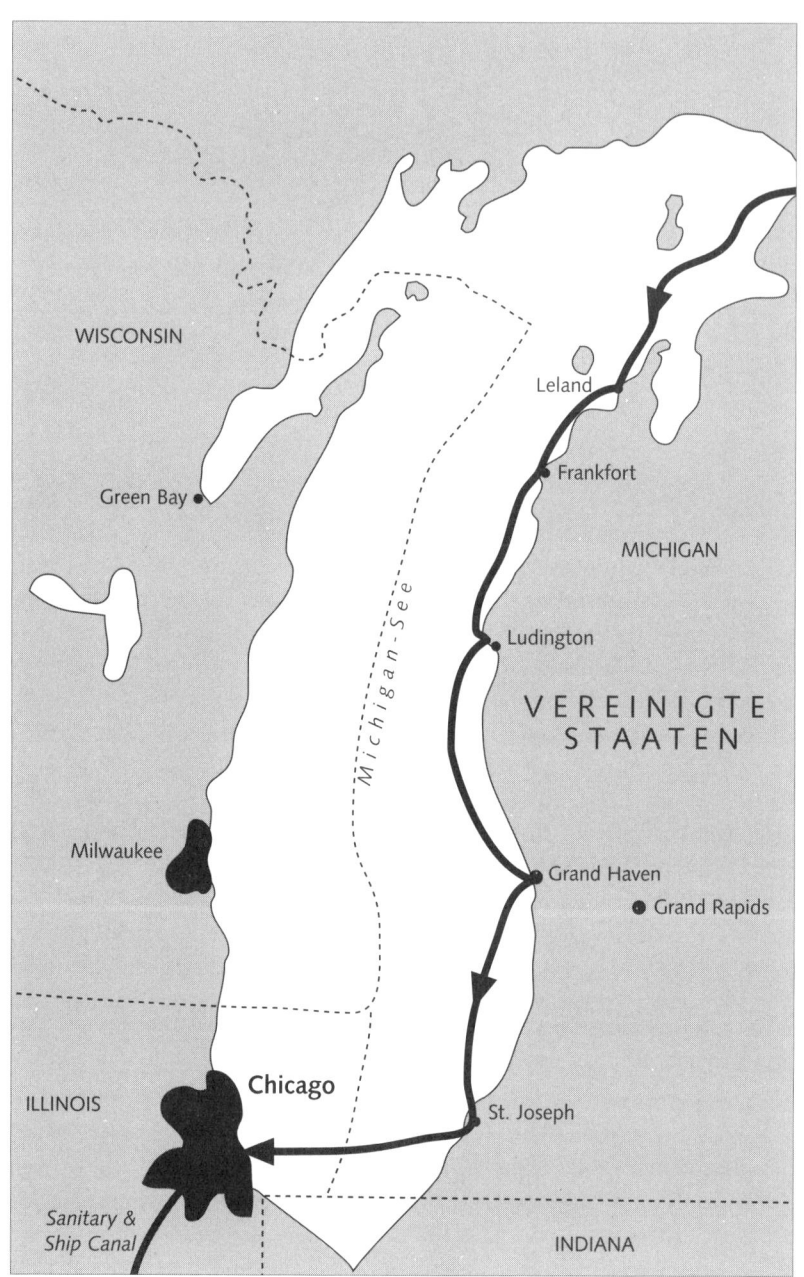

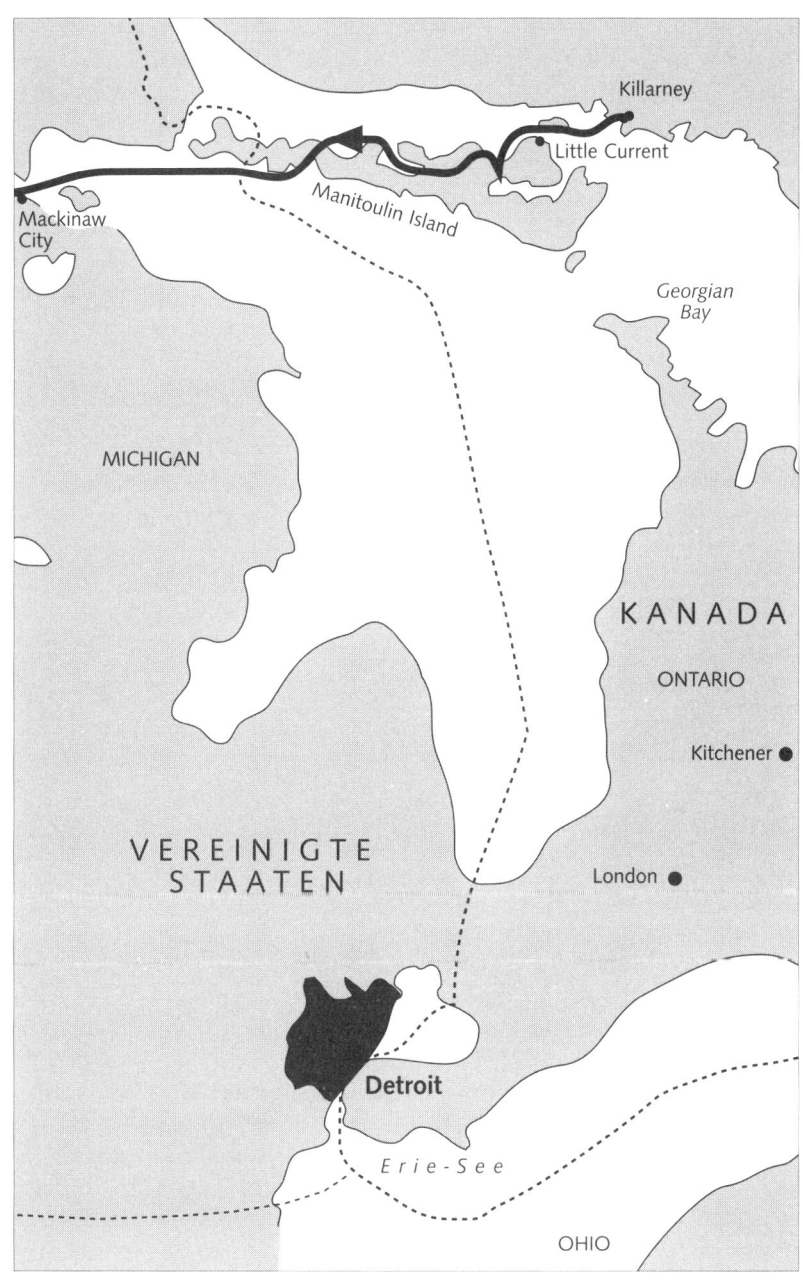

Killarney

Little Current

Manitoulin Island

Mackinaw
City

Georgian
Bay

MICHIGAN

KANADA

ONTARIO

Kitchener ●

VEREINIGTE
STAATEN

London ●

Detroit

Erie-See

OHIO

131

weich klopfen. Die Sichtverhältnisse sind gut geworden und die Navigation ist anspruchslos. Wir fahren den Seezeichen nach und sehen bereits auf große Distanz eine markante rote Tonne, die sich schön vom grünen Hintergrund abhebt. Nichts einfacher, als darauf zuzusteuern. Eine Viertelstunde später entpuppt sich die Tonne als Baum, der leuchtend rot in seinem Herbstlaub prangt! Die auf der Karte verzeichnete rote Tonne ist irgendwo anders und auch all die übrigen Seezeichen, die vorhanden sein sollten, befinden sich am falschen Ort. Wohl zum ersten Mal auf unserer Reise sind wir dankbar, dass es einen GPS gibt. Er hilft uns aus unserem Schlamassel.

Furrer's Law on Yachting Nr. 3:

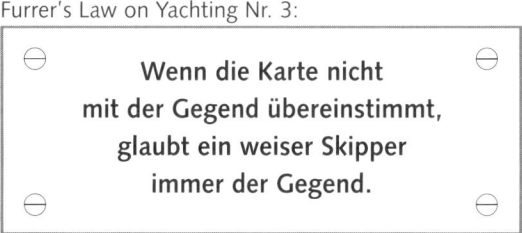

Wenn die Karte nicht mit der Gegend übereinstimmt, glaubt ein weiser Skipper immer der Gegend.

Die Fahrerei ist wegen der Wellen recht ungemütlich, und nach bereits dreißig Meilen verziehen wir uns in die Marina von Gore Bay. Der Betrieb ist geschlossen, das Restaurant dunkel, die Stege leer und außer uns niemand da. Gott sei Dank sind wir mit unserem Schiff weitgehend autonom und brauchen nicht an jedem Anleger Strom und Wasser.

Das nahe Dorf hält im September bereits seinen Winterschlaf. Lediglich der Lebensmittelladen ist noch offen und ein Quiltshop, der gleichzeitig auch ein Produktionsbetrieb ist.

Patchworkquilts sind dreilagige Kissenbezüge oder Decken, bei denen kleine Stoffstücke zu Bildern oder symmetrischen Mustern zusammengenäht werden. Dieses traditionelle Kunsthandwerk lässt sich bis ins Altertum zurückverfolgen, gelangte mit den Kreuzrittern nach Europa und mit den englischen und holländischen Kolonisten nach Amerika, wo Siedlerfrauen aus raren Stoffresten in feinster Handarbeit wunderschöne Unikate schufen. Dieses Kunsthandwerk ist heute noch in aller Welt verbreitet und wird auf hohem Niveau gepflegt. Gute, alte Stücke sind sehr wertvoll und können auf Auktionen Spitzenpreise erzielen. Hier, im Quiltshop, werden mit der Nähmaschine kleine Serien gefertigt, für welche die Stoffe teilweise extra gewoben oder bedruckt worden sind. Ein bescheidener Abglanz, aber immer noch sehr hübsch. Wir bleiben bei einem Bettüberwurf hängen, kaufen aber dann doch nicht. Wir wissen nicht, wohin damit auf dem Boot, zudem ist das Stück recht teuer.

Am Nachmittag fahren wir mit unseren Klapprädern zum Leuchtturm vor der Bucht und können feststellen, dass der Wind stark abgenommen hat. Auf einem Picknickplatz laden Bänke zum Sitzen ein, doch die Kälte treibt uns schon bald zurück ins warm geheizte Boot. Am andern Morgen hat der Wind auf Norden gedreht und ist ziemlich schwach geworden. Wir brechen zeitig auf und fahren rund hundert Seemeilen bis zur Mackinac Strait, die den Huron-See mit dem Michigan-See verbindet.

Auf dem Michigan-See herrschen westliche oder nordwestliche Winde vor, die in dieser Jahreszeit recht frisch werden können. Es ist somit logisch, die Westküste hinunterzufahren, denn bei ablandigem Wind bleiben die Wellen in Ufernähe niedrig.

Trotzdem entscheiden wir uns für die 500 Kilometer lange Ostküste. Sie soll wesentlich hübscher sein. Zudem findet man alle zehn bis zwanzig Meilen einen sicheren Hafen. Wir sind in einem Dilemma: Einerseits möchten wir einige gemütliche Tage länger bleiben und die hübschen kleinen Orte an der Ostküste in aller Ruhe besichtigen, andererseits den großen Süßwassersee möglichst rasch hinter uns bringen, denn überall wird von den bald einsetzenden Herbststürmen geredet. Auch die amtliche Vorhersage gibt immer wieder Sturmwarnungen durch und prophezeit Wellen von zehn und mehr Fuß Höhe. Nein danke, lieber nicht.

Vor den Stürmen auf den Großen Seen werden wir immer wieder gewarnt. Sie sollen gefährlicher sein als auf dem Meer und können selbst seetüchtige, große Frachter in Schwierigkeiten bringen. Das Wetter kann unverhofft und rasch umschlagen. Die Wellen werden bis dreißig Fuß hoch, sind schnell, steil und kommen als Kreuzseen aus allen Richtungen. Ein Ausweichen ist kaum möglich. In den Großen Seen sollen über 50 000 Wracks liegen, mehr als die Hälfte davon allein im Lake Michigan.

Der Michigan ist das Trinkwasserreservoir von Chicago. Sein Wasser ist heute kristallklar. Zu verdanken ist das unzähligen Muscheln, die, vor Jahren ausgesetzt, das Wasser filtern und die Trübstoffe, Bakterien, Algen usw. fressen. In Bezug auf Abwasser bestehen strenge Vorschriften, und ein Verstoß kann teuer werden.

Wir betreiben die Navigation nach wie vor auf die klassische Art und führen ein ordentliches Logbuch. Beim Fahren auf Sicht werden die Seezeichen und andere Merkmale auf der Karte sorgfältig abgehakt, beim Fahren nach Kompass wird gekoppelt und das Resultat stündlich mit dem GPS verifiziert. Auf einen Kartenplotter haben wir bis jetzt aus Kostengründen verzichtet. Wer wie wir immer wieder andere Reviere befährt, gibt für das Kartenmaterial leicht mehr Geld aus als für den Treibstoff. Mit zusätzlichen elektronischen Karten wird das Ganze mindestens doppelt so teuer, denn auf die Papierkarten darf man unter keinen Umständen verzichten. Elektronik kann aussteigen, Papier und Bleistift sind unberührt vom Stromausfall.

Der GPS, das »Global Positioning System«, kann aufgrund der Informationen, die er von mehreren Satelliten erhält, bis auf wenige Meter genau unsere Position angeben. Grundsätzlich ist es möglich, mit dem Gerät über einzelne Wegpunkte eine ganze Route zu programmieren, die dann vom Autopiloten automatisch abgefahren wird. Solange einer an Bord die Aufgabe des Ausgucks gewissenhaft wahrnimmt, ist das keine schlechte Sache. Ich allerdings bin misstrauisch und befürchte, dabei rasch einmal so nachlässig zu werden, wie ich es von manchen Kollegen kenne. Aus diesem Grunde verzichteten wir bei der Installation der neuen Elektronik bewusst auf eine Vernetzung von Radar und GPS mit dem Autopiloten und benutzen die Geräte einzeln.

Das Radar, ein Gerät der gehobenen Preisklasse, ist neueren Datums mit großem Bildschirm und einer Vielzahl von Möglichkeiten: Alarm, sektorieller Alarm, Verschieben des Zentrums, Einblenden von Fremddaten usw. – Möglichkeiten, die wir größtenteils nie nutzen. Heute würden wir uns vermutlich ein kleineres, einfacheres Gerät anschaffen, aber ich will mich nicht beklagen. Wenn auch nur selten benutzt, hat uns das Gerät schon mehrere Male aus lebensgefährlichen Situationen herausgeholfen. Da ist es doch eigentlich egal, was es gekostet hat.

Auf dem Armaturenbrett des äußeren Steuerstandes befindet sich ein zusätzlicher Hupenknopf. Damit kann im Motorenraum ein

Alarm ausgelöst werden, der im ganzen Schiff zu hören ist. Das hat sich bei einer Zweimann- respektive Ehepaar-Crew als außerordentlich nützlich erwiesen. Die Praxis hat gezeigt, dass der Steuermann auf Außenposten auch mit Schreien und Trampeln im Innern des Bootes oft nicht gehört wird, und wenn es kritisch wird, kann er das Ruder nicht verlassen.

Die erste Erfahrung machte ich vor Jahren auf einem Klubschifftörn. Wir waren mit einer 39 Fuß langen Halberg-Rassy-Segelyacht auf dem Ärmelkanal von England in Richtung Guernsey unterwegs. Ich stand am Steuer. Es war kalt, Nacht und neblig. Der Regen hatte irgendwie den Weg in meinen Kragen gefunden und durchnässte das Frottiertuch, das ich als Halstuch umgeschlungen hatte. Trotz des schweren, gut isolierenden Hochsee-Ölzeugs und des dicken Faserpelzes fror ich wie ein Schlosshund. Ich fuhr hoch am Wind gegen den Tidenstrom, aber der Leuchtturm wollte nicht näher kommen. Statt Höhe zu gewinnen, bewegten wir uns nur seitlich. Der Kollege, der nach Klubregel als Ausguck an Deck sein sollte, hatte sich in die Kajüte verzogen und quatschte mit dem Skipper. Ich sah das Ufer gefährlich nahe kommen, schrie und trampelte und wurde nicht gehört. Im Moment, als ich mich zum Beidrehen entschloss, kam dann der Skipper doch noch herauf und bekam beinahe junge Hunde.

Ein anderes Mal, im Canal du Midi, steckte ich im Motorenraum, um bei laufenden Maschinen an den Wellendichtungen zu basteln. Marlise am Steuer musste in eine Schleuse einfahren, rief und trampelte am Steuerstand und wurde nicht gehört. Sie bekam Angst, mir sei etwas passiert. Als ich dann nichts Böses ahnend wieder auftauchte, wurde ich von einer heulenden Frau empfangen, die mir als Erstes ein paar klebte. Da habe ich doch lieber ein Alarmsystem!

Bei Mackinac Island verlassen wir Kanada und kommen wieder in die USA und damit in den Michigan-See. Weder der kanadische noch der amerikanische Zoll will etwas von uns wissen. Wir sehen uns die Insel vom Schiff aus an und verzichten auf einen Besuch. Sie schmeckt uns allzu stark nach Tourismus. Dafür gehen wir in der Marina von Mackinaw City an Land und geraten vom Regen in die Traufe. Hier blüht der Tourismus nicht nur, er wuchert. Ein ganzes, speziell für die Touristen hingestelltes, kitschig-romantisches Dörfchen mit Souvenirläden, Restaurants, nochmals Souvenirläden und einem Revuetheater macht sich breit. Die Häuser sind in den süßesten Marzipanfarben gehalten, und ein überall gegenwärtiges Audiosystem überzieht das Ganze wie Sirup mit genau so süßen Melodien. Apropos süß: Auch in diesem Ort finden wir mehrere »fudge factories«. Das sind typisch amerikanische Zuckerbäcker. Man kann zusehen, wie auf großen Marmortischen die Spezialität frisch zubereitet wird. Fudge sind meterlange Laibe aus einer süßen, fetten, pastösen Masse, die tranchenweise verkauft werden. Eines der Geschäfte offeriert stolz neunzehn verschiedene Geschmacksvarianten. Uns fehlt der Mut, das Zeug zu probieren – vielleicht später.

Nach weiteren 75 Seemeilen erreichen wir Leland. Das ist ebenfalls ein Touristenort, aber viel sympathischer. Als Attraktion wird die Rekonstruktion eines alten Fischerdorfes gezeigt. Die Hütten aus verwittertem Holz sind zwar alle Souvenirläden, aber mit etwas Fantasie kann man sich vorstellen, dass es ursprünglich so ähnlich ausgesehen hat. Auch der Rest des Dorfes macht einen gepflegten Eindruck. Es hat mehrere ordentliche Restaurants sowie viele Innenausstattungs- und Antiquitätenläden. Man orientiert sich ganz offensichtlich an einer gehobeneren Kundschaft.

Am andern Morgen fängt der Wind an zuzulegen und wir entscheiden uns für eine kürzere Etappe von 36 Seemeilen. Gleichzeitig mit uns startet ein Segler unter Tüchern und hat das gleiche Ziel. Ich bewundere seinen Sportsgeist. Den braucht er, um bei so viel Wind auf die Nase die Segel zu setzen und aufzukreuzen. Das gibt eine lange Fahrt. Ich rechne überschlagsmäßig: Um gegen fünf Fuß hohe Wellen einigermaßen in Schwung zu kommen, sagen wir mit etwa sechs Knoten Fahrt, kann er nicht volle Höhe laufen. So werden aus den 36 Seemeilen ein effektiver Weg von gut sechzig. Dafür braucht er etwa elf Stunden. Mit seiner Frau wird er bei diesem Geschaukel wohl nicht rechnen können. Er wird somit elf Stunden lang mitten im Spritzwasser einhand am Ruder stehen – elf Stunden. Noch nie war Einsamkeit so nass.

Nach vier Stunden Verdrängerfahrt erreichen wir Frankfort, unsere nächste Etappe. Es ist etwa 14 Uhr. Wir sind der einzige Gast in der City Marina, die jetzt, außerhalb der Saison, jeweils nur von einem einzigen Studenten betreut wird. Wie das Gästebuch zeigt, sind wir die ersten Kunden seit fünf Tagen. Man sieht die jungen Leute den lieben langen Tag ohne Arbeit in ihrem Häuschen sitzen.

136

Das muss entsetzlich langweilig sein. Doch dann werde ich eines Besseren belehrt, der Job ist hoch begehrt, denn man kann sich während der Arbeitszeit auf das Studium vorbereiten.

Der Seglerkollege trudelt um 18 Uhr ein und erzählt, er habe schon bald die Segel eingeholt und sei die Strecke unter Motor gefahren. Seine Frau ist ziemlich grün hinter den Kiemen und hat offensichtlich Angst gehabt. Ich halte die Klappe, bin aber doch recht erstaunt, denn grundsätzlich ist ein Segelboot wesentlich seetüchtiger als ein Motorboot ähnlicher Größe. Einmal mehr nehme ich mir vor, die Entscheidung, bei zweifelhaftem Wetter zu starten, immer, aber auch wirklich immer meiner Frau Marlise zu überlassen.

Das Wetter verschlechtert sich rapide, der Wind frischt auf zu einem Südost mit 35 Knoten, die Wellen erreichen innerhalb weniger Stunden eine Höhe von acht Fuß. Das können wir zwar noch fahren, wenn es unbedingt sein muss, aber es muss ja nicht sein. Deshalb bleiben wir die nächsten zwei Tage im Hafen. Heftige Regengüsse setzen ein und die Temperatur stürzt in wenigen Stunden von 29°C auf 5°C.

Am Dienstag sind die Wetterprognose und das dazugehörige Wetter wieder freundlich. Der See (man wäre versucht zu sagen, die See) hat eine große, runde Dünung aus Nordwest, darauf sitzen kleinere Wellen aus Süd und auf diesen ganz kleine vom ablandigen thermischen Wind. Es ist immer noch recht kalt und Marlise will das Verdeck schließen. Das Gespräch läuft etwa wie folgt:

»Findest du es auch recht kühl?«

»Mmmh.«

»Es zieht ein wenig.«

»Was ist eigentlich der Kurs? Ich finde es recht angenehm.«

»Wart einmal.«

»Eigentlich brauch ich gar keinen Kurs: einfach den Bach runter, dann rechts und wir sind in Chicago.«

»185° Karte und plus 7° Abweichung.«

»190° liegt an. Das wäre also knapp vor die nächste Landzunge.«

»Warum bist du nicht ein älterer Herr?«

»Dafür ist es mir noch zu früh.«

»Dann mach halt das Verdeck zu.«

Um die Verwirrung nicht allzu groß werden zu lassen, will ich hier abbrechen und erklären: Der magnetische Kompass weicht von der

Karte um ein paar Grad ab. Je nach Gegend ist diese zu berücksichtigende Abweichung etwas anders. Mit dem »älteren Herrn« ist es etwas komplizierter: Professor Burckhardt (Name geändert), Ordinarius an der Universität Basel, hatte die Angewohnheit, sich im Schlaf an der Wand abzustützen. Die Tapete wurde abgewetzt, schmuddelig. Ein Maler musste her. Frau Professor empfängt ihn: »So, guter Mann, darf ich Ihnen jetzt zeigen, wo mein Mann jede Nacht seine Hand hinlegt?« Darauf der Malermeister: »Nein danke, Frau Professor, ich bin bereits ein älterer Herr und hätte lieber einen kleinen Schnaps.«

Seither bildet der »ältere Herr« einen festen Bestandteil in unserem Wortschatz.

Das US Army Corps of Engineers hat vor wenigen Jahren die Hafeneinfahrten verschiedener kleiner Städte am Ostufer des Lake Michigan durch Spundwände gesichert. Diese Kanäle mit Blechwand haben den Nachteil, die Wellen zu reflektieren, sodass sie bei westlichen Winden bis weit ins Land hineingetragen werden.

Unser Anlegemanöver an den quer zur Welle stehenden Docks in der City Marina von Grand Haven wird recht problematisch und die zwei Amerikaner, die uns beim Anlegen helfen, müssen sich ordentlich ins Zeug legen, damit ihnen die zugeworfenen Leinen nicht aus den Händen gerissen werden. Um ganz sicher zu gehen, dass der heftige Schwell uns nicht eine Klampe abreißt, verteilen wir den entstehenden Druck auf sieben verschiedene Klampen (insgesamt haben wir neun). Das ergibt jede Menge Festmacher, Springs, gekreuzte Leinen usw. Trotzdem gibt der Steg mit seinen dreißig Zentimeter dicken Pfosten bei größeren Wellen bis zu vierzig Zentimeter federnd nach.

Die freundlichen Helfer heißen Mike und John und kommen aus Chicago. Sie überlassen uns leihweise ein Handbuch für die nächsten Reviere und geben uns manchen nützlichen Tipp. Am Abend gehen wir gemeinsam essen und anschließend versucht Mike mit viel Geduld, Marlise das Billardspiel beizubringen, wobei er langsam aber sicher zuläuft. Na ja, am Ende sind auch wir andern nicht mehr ganz nüchtern.

Am nächsten Tag hat der Wind nochmals zugelegt und an ein Auslaufen ist nicht zu denken. Wir fahren mit unseren Klapprädern entlang der Spundwand gut drei Kilometer bis zum Leuchtturm hinaus und werden gründlich nass gespritzt. Surfer laufen mit ihren Brettern immer wieder nach vorn zum Leuchtturm, paddeln auf dem Bauch liegend in die Brandung und versuchen ihr Glück im Wellenreiten. Die Betonung liegt auf »versuchen«.

In Grand Haven ist die Sommersaison längst zu Ende. Trotzdem kommt wieder Leben in das 1600-Seelen-Städtchen. Ein Luxus-Kreuzfahrtschiff mit ungefähr vierhundert deutschen Touristen an Bord wird erwartet. Die »Grand Haven Tribune« leistet sich zu dem Großanlass eine farbige Sonderbeilage. Die Zeitung versucht Verbindungen zu Deutschland herzustellen: Anfang des Jahrhunderts soll es einen deutschen Verein gegeben haben, und irgendeinmal im letzten Jahrhundert war da ein deutscher Kerl, der möglicherweise von der deutschen Polizei gesucht wurde und nach Grand Haven verschwand, bevor man seiner habhaft werden konnte. Die örtliche Möbelfabrik bezieht ihre Lacke teilweise aus Deutschland. Ein weiterer Artikel belehrt die Einheimischen über die Gebräuche in Deutschland, so z. B. dass es unhöflich sei, auf einer Visitenkarte zusätzliche Notizen zu machen oder als Geschäftsmann in einem deutschen Restaurant einen Tisch in der rauchfreien Zone zu verlangen.

Die Strandrestaurants und Boutiquen werden wieder eröffnet und überall rattert der Rasenmäher. Es ist das erste Mal, dass ein größeres Kreuzfahrtschiff Grand Haven anläuft. Erst vor ein paar Monaten wurde der Kanal auf die nötigen zwanzig Fuß Tiefe ausgebaggert. In den Schaufenstern der Läden hängen kleine Plakätchen mit »Willkommen« und anderen deutschen Texten. Auf drei Worte findet man einen Orthografie-Fehler.

Das Motorschiff COLUMBUS ist ein Fünf-Sterne-Luxuskreuzer mit Heimathafen Nassau. Das einzig Deutsche, neben den Passagieren, ist die Hapag-Lloyd, welche die Reisen auf den Großen Seen organisiert.

Das Schiff fährt sehr langsam rückwärts durch den langen Kanal und wird von Fähnchen schwingenden Amerikanern und einer Rede des Bürgermeisters empfangen. Alles ist auf diese Touristen ausgerichtet. Ein echter Raddampfernachbau steht bereit und bringt einen Teil der Leute ins Hinterland, andere fahren mit einem alten Londoner Doppeldecker-Bus durch den Ort. Zudem sind zwei geführte Touren durch die Geschäfte »downtown« vorgesehen. Das Strandcafé in der Nähe hat zwar noch keinen deutschen Touristen gesehen, spielt dafür aber »echt deutsche« Schuhplattlermusik. Man gibt sich alle Mühe, wer weiß, wenn die Touristen zufrieden sind, wird Grand Haven fest ins Kreuzfahrtprogramm aufgenommen.

Von einem deutschen Ehepaar, das an Land gekommen ist, erfahre ich, dass das Schiff mit seinen 5,8 Metern Tiefgang offensichtlich Probleme mit der Wassertiefe hat. Insgesamt sind 341 Passagiere an Bord, alles Deutsche, Durchschnittsalter etwa siebzig Jahre, die für die besseren Kabinen und die neuntägige Kreuzfahrt über 20 000 DM bezahlt haben. Sie werden verwöhnt mit deutscher Küche, deutschen Weinen, deutschen Schlagern aus den Fünzigerjahren und einer deutschsprachigen Betreuung. Der Ausdruck »deutsches Kreuzfahrtschiff« ist vielleicht doch nicht so ganz falsch.

Der Rummel wird für unseren Geschmack etwas zu groß, wir kochen an Bord.

Spaghetti Bolognese

Das kann eigentlich jeder, doch meine
Sauce wird oft gerühmt. Für 4 Personen

Mindestens 500 g Spaghetti (möglichst die echten aus Italien)
1 sehr große oder 2 mittlere Zwiebeln, gehackt
500 g Hackfleisch
400 g gehackte Tomaten aus der Dose (Pelati)
1 kleine Dose Tomatenmark
1 kleine Dose gehackte Champignons (muss nicht sein, aber macht sich gut)
Reichlich Herbes de Provence (Rosmarin, Majoran, Thymian und Basilikum)
4 Bouillonwürfel
Salz
Trockener Rotwein
Geriebener Parmesan zum Darüberstreuen

Zwiebeln und Hackfleisch unter großer Hitze anbraten, mit einem Schluck Rotwein ablöschen und Rest beigeben. Unter gelegentlichem Rühren auf kleinem Feuer etwa eine Stunde köcheln lassen.

Spaghetti mit reichlich Salzwasser kochen. Kochzeit 10–15 Minuten (steht meistens auf der Packung)

Nach weiteren sechzig Seemeilen liegen wir an der Spundwand einer hübschen Parkanlage in St. Joseph. Es wimmelt von Möwen und Enten. Der Rasen ist voller Kot. Das Zentrum von St. Joseph ist hübsch, sauber und familienfreundlich. Es verfügt über ein kleines Museum, wo eine Weihnachtssonderschau mit kunsthandwerklichen Geschenken zu sehen ist. Nur der Lebensmitteleinkauf ist (wieder einmal) ein Problem. Einen Supermarkt können wir nirgends zu finden. Doch dann haben wir Glück. Ein Pärchen, das in seinem Gummiboot durch den Kanal in Richtung Michigan-See fährt um zu sehen, wie hoch hohe Wellen sind, kommt mit Marlise ins Plaudern. Zwanzig Minuten später stehen sie mit ihrem Wagen da, fahren Marlise in den nächsten Lebensmittelladen zum Einkaufen und schenken ihr darüber hinaus noch eine Flasche Wein aus der Gegend. Es muss nicht immer Nappa Valley sein, auch in anderen Gegenden der USA gibt es durchaus trinkbaren Rebensaft.

Nach zwei sonnigen, sommerlich warmen Ruhetagen finden wir es an der Zeit, uns wieder zu bewegen. Die Wetterprognose ist gut: zehn Knoten Wind aus Süd. Wir befinden uns schon weit im Süden des Michigan-Sees und rechnen damit, im Windschutz des Ufers fahren zu können. Die Überfahrt beträgt 62 Seemeilen. Die Welle kommt nicht, wie vorhergesagt, aus Süden, sondern mit viel Anlauf aus Westen und ist deshalb recht hoch. Ungefähr auf halber Strecke legt sie zünftig zu. Gut sechs Fuß hohe Wellen kommen jetzt aus Nordwesten, aber der dazu gehörende starke Wind fehlt. Aus diesem Grund sind sie eher rund und trotz ihrer Höhe gut zu fahren.

Da wir nicht wissen, was noch kommt, geben wir Gas. Plötzlich schrillt der Alarm und die Kontrolllampe zeigt einen überhitzten Backbordmotor an. Wir stellen ihn sofort ab. Marlise übernimmt das Steuer. Sie versucht das Boot so ruhig zu halten, wie das in dieser Situation nur möglich ist. Trotzdem ist das Rollen und Stampfen so stark, dass es mir nur mit Mühe gelingt, den Inspektionsdeckel abzunehmen. Ich lege mich flach auf den Bauch, um nicht in Gefahr zu laufen, im Maschinenraum zu landen. Die erste Kontrolle gilt dem Vorfilter, denn mit höchster Wahrscheinlichkeit haben wir einen

Plastiksack oder sonst was im Ansaugstutzen des äußeren Kühlkreislaufs. Fehlanzeige. Ich mache den Kühlerdeckel des inneren, geschlossenen Kreislaufs auf: leer. Nach dem Nachschütten von gut 16 Litern Wasser ist das Expansionsgefäß immer noch leer. Das Leck muss recht groß sein, wenn das Kühlerwasser so rasch wieder herausläuft. Ich vermute, dass es sich um einen geplatzten Wasserschlauch oder etwas Ähnliches handelt. Wir entschließen uns, mit nur einer Maschine weiterzufahren. Mit der erreichen wir ja immer noch gut neun Knoten.

Erstaunlich, wie die Wellen, die wir vorher mit viel Gelassenheit genommen haben, jetzt plötzlich überaus hoch und bedrohlich wirken. Es ist nicht mehr weit nach Chicago, aber die Sichtverhältnisse sind zeitweise hundsmiserabel. Die Einfahrt in den Hafen Burnham ist nur schwer zu finden. Dann sehen wir die Hafenmole, die gleichzeitig auch als Landepiste eines kleinen Privatflugplatzes dient. Unser Weg führt knapp unter den landenden Flugzeugen durch.

Die zwei Kilometer entfernte Skyline von Chicago wird immer mehr von tiefen Wolken und Nebel verhangen und verschwindet am Ende ganz. Die Marina liegt weit weg vom Zentrum Chicagos, und es kommt kein öffentliches Verkehrsmittel vorbei. Das Wetter ist trostlos grau in grau und die Temperatur liegt jetzt unter 10 °C. Überall im Hafen hört man die Fallen der Segelboote an die Masten schlagen – kein netter Empfang.

Der Schaden an der Maschine ist rasch gefunden: An einem Kupferrohr, das eigentlich nur dazu da ist, das Wasser des geschlossenen Kühlsystems abzulassen, findet sich die undichte Stelle. Da ich die Teile für eine Reparatur sowieso nicht habe, verzichte ich auf eine Demontage. Wir suchen einen Mechaniker und der Hafenmeister hilft mit einer Adresse. Noch am gleichen Abend kommt der Fachmann und stellt fest: Es wurde ein O-Ring, eine kleine Dichtung, herausgedrückt. Das ist eine einfache Reparatur. Folgeschäden durch Überhitzung sind nicht zu befürchten, dafür haben wir den Motor zu rasch abgestellt. Er will am anderen Morgen mit Werkzeug, Material und Frostschutz anrücken und die Sache beheben. Der Vormittag vergeht, kein Mechaniker. Wir rufen an, er vertröstet uns auf 14 Uhr, dann vertröstet er uns auf 16 Uhr, dann will er ganz sicher um 17.30 Uhr kommen, und am Tag darauf ist er immer noch nicht da. Zähneknirschend organisiere ich am übernächsten Tag einen anderen Mechaniker. Der kommt trotz anders lautenden Versprechens überhaupt nicht. Ein dritter Mann wird von der Marina organisiert und soll am Tag darauf kommen.

Morgens um drei Uhr wache ich auf, bin hellwach, stocksauer und entschließe mich, selbst etwas zu unternehmen. Noch im Pyjama tauche ich in den Maschinenraum (Tut mir Leid, Marlise, wegen der Ölflecken!) und fange an, das Zeug auseinander zu nehmen. Zuerst muss ein dickes Rohr des äußeren Kühlkreislaufes weg, dann mache ich mich an den Fitting, bei der undichten Stelle. Nach liebevoller Behandlung mit Kriechöl kann die Sache auseinander geschraubt werden. Nichts von O-Ringen, wie der »Fachmann« gesagt hat. Das Ende des Kupferrohrs ist wie eine kleine Trompete nach außen gebördelt und knapp dahinter abgebrochen. Ein freundlicher Nachbar weiß Rat und bringt mich mit seinem Wagen zu einer Lastwagen-Ersatzteilhandlung, die kupferrohrtechnisch auf der Höhe ist. Das Zusammenschrauben ist ein Klacks. Vier Gallonen Frostschutz und Wasser einfüllen, und die Maschine läuft wieder einwandfrei, ohne zu tropfen. Aus lauter Freude machen wir hinterher noch den fälligen Ölwechsel.

Nach dem ganzen Ärger mit den Mechanikern haben wir uns einen Streifzug durch Chicago redlich verdient. Das Wetter ist unterdessen klar geworden. Die Skyline der nächtlichen Stadt präsentiert sich von ihrer besten Seite. Wir fahren mit unseren Rädern bis zum Buckingham-Brunnen. Ein großes und großartiges Wasserspiel, das computergesteuert in den verschiedensten Farbkombinationen leuchtet. Das Ganze wird untermalt von patriotischer oder heroischer Musik. Rhythmisch, im Takt der Musik, schießen Wasserstrahlen hoch in die Luft, formen Bündel, fallen in sich zusammen. Wasser plätschert über Strukturen aus Stein und über bronzene Skulpturen. Die Pferde des Poseidon versprühen feine Wasserstrahlen aus ihren Nüstern. Kitsch? Ja, möglich, aber wir lassen uns lieber auf unserem niederen Niveau unterhalten als uns auf einem höheren zu langweilen. Staunend hocken wir vor dem nassen Denkmal, bis uns die Kälte in ein Gasthaus treibt.

Der nächste Tag ist sonnig und es zieht uns in die Stadt. Südlich der Marina liegt das Industriegebiet und man warnt uns vor kriminellen Elementen. Richtung Norden finden wir das feinere Chicago. Im Grant Park zieht sich ein langer Fahrradweg entlang des Ufers am Michigan-See bis ins Zentrum der Stadt. Er führt am wirklich sehenswerten Aquarium vorbei und am Chicago Yacht Club. Eigentlich wollten wir dort anlegen, denn die Hälfte der Stege ist leer. Aber leider, leider… Man akzeptiert nur (teuer zahlende) Gäste von amerikanischen Yachtklubs, keine Europäer und ähnliches Gesindel. Der Verein erinnert an die Kapuzinergruft in Wien: beinahe so vornehm und mindestens so tot. Weiter hinten im Park befindet sich das wegen seiner Impressionisten weltberühmte Art Institute of Chicago.

Die Michigan Avenue kann mühelos mit den Champs Elisées oder der Fifth Avenue konkurrieren. Sie erstreckt sich von Süden nach Norden durch die ganze Stadt, geht an Universitätsgebäuden und Erste-Klasse-Hotels vorbei, durchquert das Geschäftszentrum und führt einige Meilen nördlich zum River North Quartier mit seinen guten Restaurants und gepflegten Wohnhäusern.

Seit ein paar Jahren gilt es wieder als schick, in der Stadt zu wohnen. Verschiedene alte Industriebauten wurden in Wohnkomplexe umgewandelt. Wir sehen auch neue, repräsentative Überbauungen mit sechs bis sieben Etagen und Wohnhochhäuser. Solche »Städte in der Stadt« haben an die siebzig Stockwerke und mehrere tausend Mieter. Sie verfügen über ihre eigene Post, die eigene Bank, den eigenen Supermarkt, das eigene Kino und Theater, eigene Spazierwege, eine eigene Tennisanlage, das eigene Fitnesszentrum und Hallenbad, den eigenen Arzt und die eigene Krankenschwester – kurz, alles was man so braucht als Mieter mit gehobenem Einkommen.

Der Chicago River fließt von West nach Ost durch die Stadt und trennt die Downtown vom Nordquartier. Direkt unter zwei zusammengebauten Hochhäusern, die aussehen wie runde Bienenwaben, befindet sich die City-Marina. Zuunterst hat es Einstellplätze und eine Tankstelle für Boote, dann kommen sechzehn Etagen Parkhaus und darüber vierzig Stockwerke mit Wohnungen. Eigentlich wollten wir ja mit unserer FORTUNA dort hin, um nahe beim Zentrum zu sein. Wir erwarteten in dieser Weltstadt so etwas wie die »St. Catherine's Docks« in London oder »Paris Arsenal«. Diese beiden Marinas sind schön, ruhig, gepflegt und sogar vernünftig im Preis. Hier in Chicago aber liegt man mitten im Verkehrslärm und den Abgasen in engen dunklen Löchern. Die Gebäude zittern vom durchfahrenden Verkehr. Nein danke, das müssen wir nicht haben.

144

50 Michigan-See: Am Anker im White Lake,
   der Herbst zeigt sich.

51 Michigan-See: Einfahrt nach Grand Haven

52 Michigan-See: Grand Haven; das erste
   Kreuzfahrtschiff mit deutschen Touristen
   kommt.

54

55

53

56

57

53
*Georgian Bay:
Ein Revier für
Fortgeschrittene*

54-57
*Varianten zum
Thema
Leuchtturm*

58

59

58+59 Chicago: *Burnham Marina; derselbe Hafen mit zwei Stunden Zeitabstand*

60 Chicago: *Der Wasserweg führt mitten durchs Zentrum.*

61 Chicago: *Großzügige Parkanlagen entlang des Wassers*

63

64

65

62 *Chicago: City Marina*

63 *Chicago: Chicago Tribune*

64+65
  Chicago: Invasion der Kühe

66 *Mississippi:*
St. Louis

67 *Mississippi:*
Raddampfer vor
Peoria

68 *Ohio River: Am*
neuen Public Peer
von Paducah

69

69-71
*Kentucky Lake und
Tennessee River*

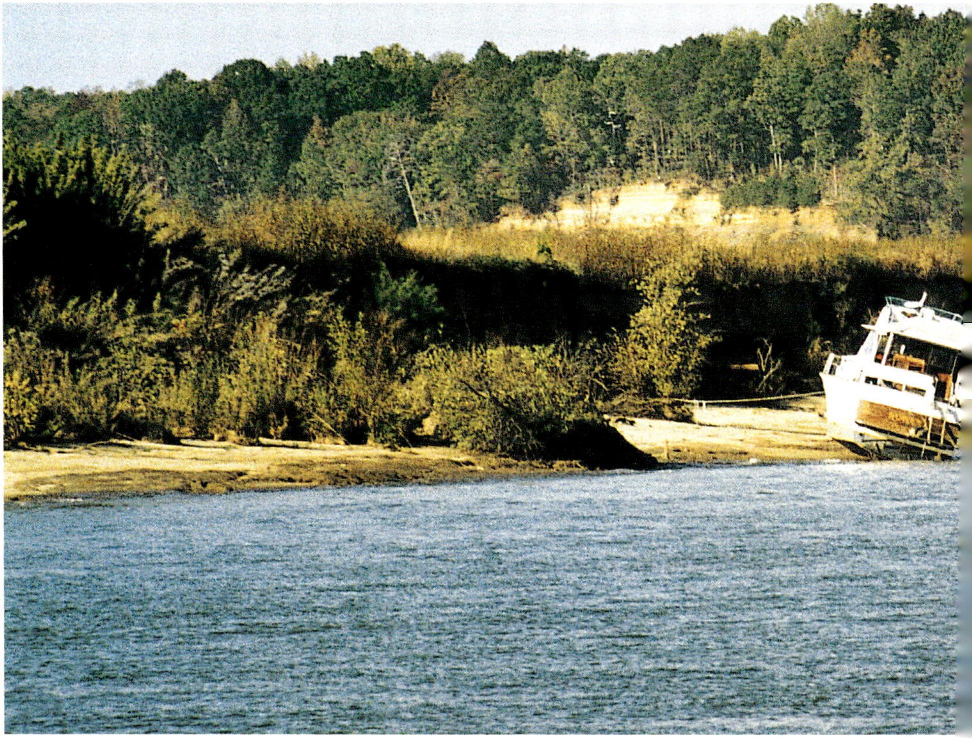

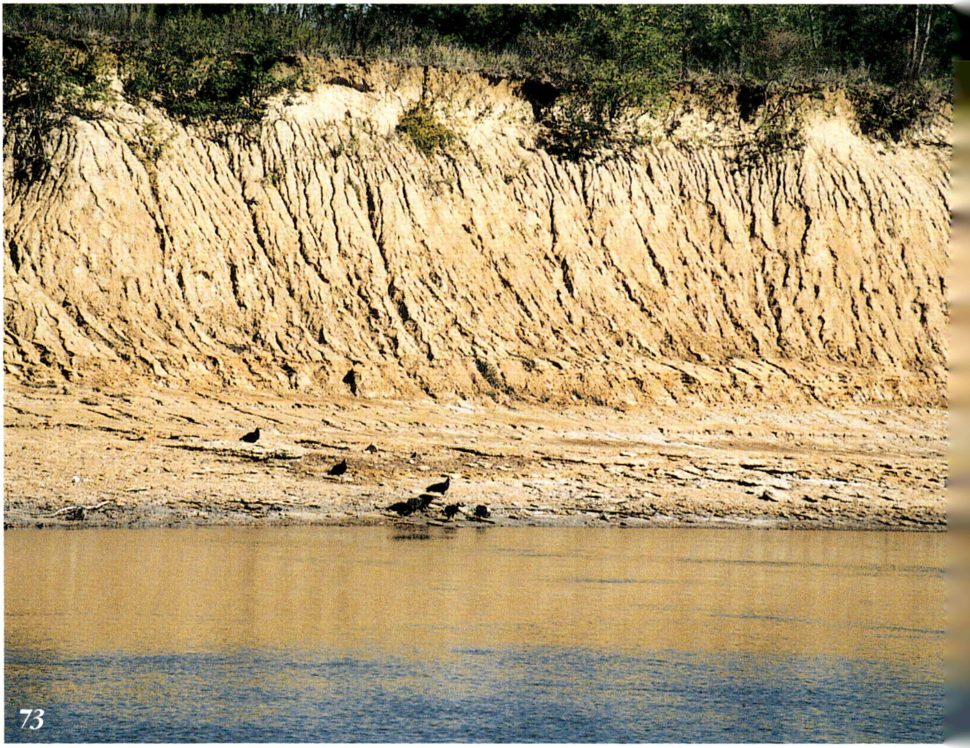

72+73 *Tenn-Tom Waterways: Niedrigwasser*   74 *Nashville: Sogar das Karussell ist »Country«!*

75-77
Tombigbee: Seit Tagen
nichts als Herbstwälder.

78 Solche abgestorbenen
Baumstämme treiben auch
im Wasser.

77

76

78

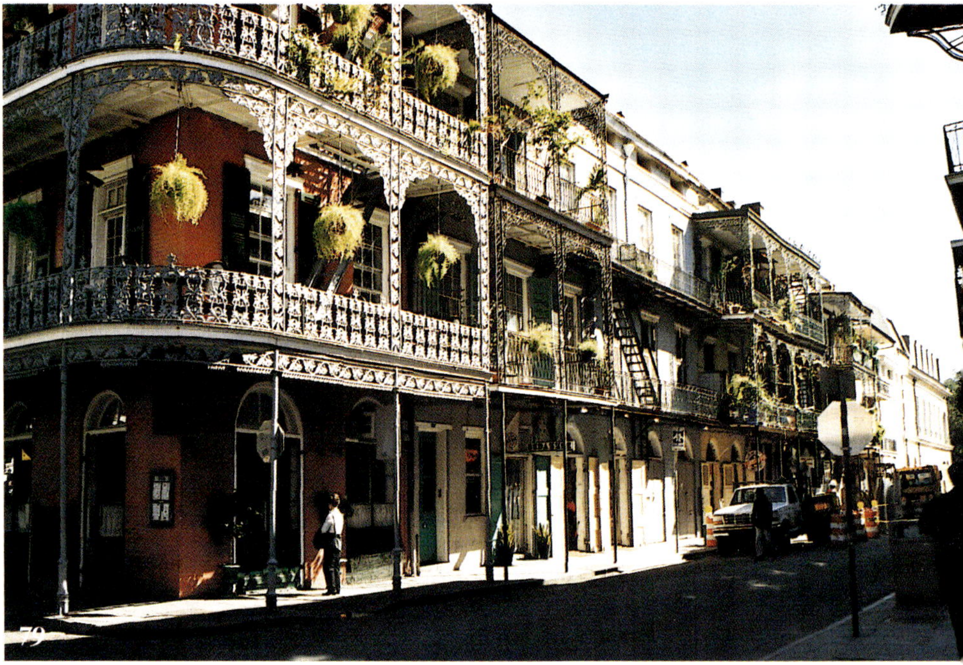
79

81

82

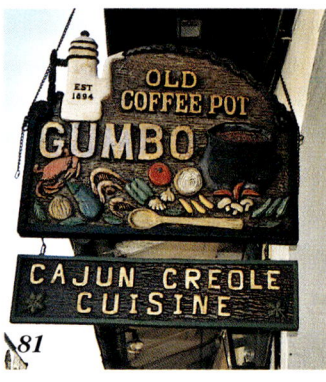

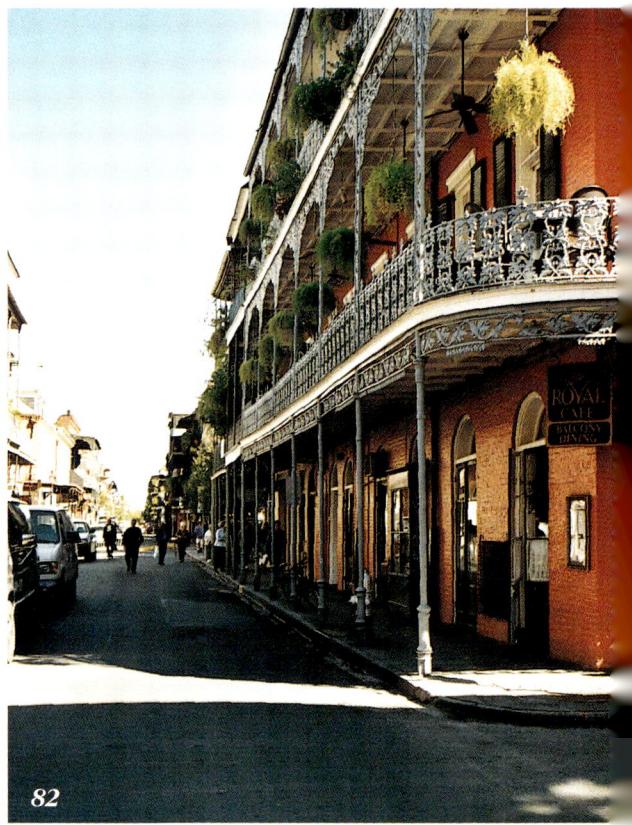

79-84
New Orleans: French Quarter

85

88

85+86
*Golf von Mexiko: Charmantes,
altmodisches Cedar Key*

87-89
Golf von Mexiko: Fischer vor Mobile

86

87

89

90 *Professioneller Haarschnitt am Bord*

91-93
*Longboat Key: Überwältigende
Gastfreundschaft am schönsten Steg
von Westflorida*

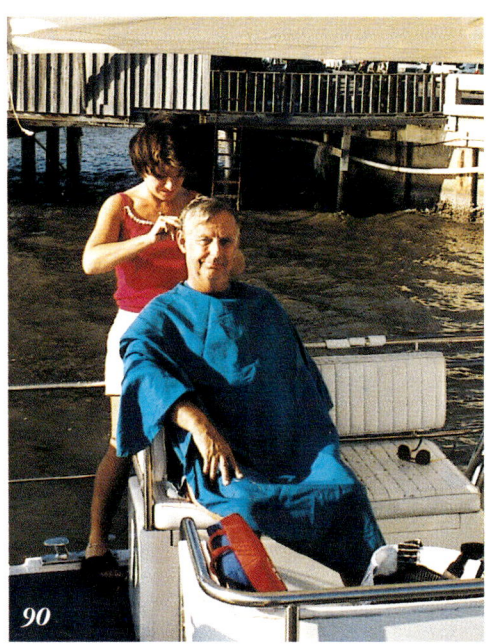

91

93

94

95

96

97

98

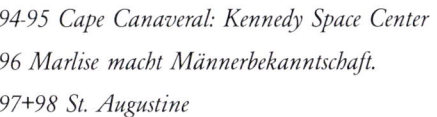

99

100

94-95 *Cape Canaveral: Kennedy Space Center*

96 *Marlise macht Männerbekanntschaft.*

97+98 *St. Augustine*

99 *Daytona Beach und seine*
Wahrzeichen, die Harleys

100 *Häufige Begleiter*

101-103
Die letzten
ICW-Meilen vor
Charleston,
unserem Ziel

Im Übrigen aber ist das Zentrum dieser Stadt blitzsauber und modern. Die Hochhäuser stehen in lockeren Abständen und zeugen von architektonischer Kreativität. Der Bau der »Chicago Tribune« prangt mit einer neogotischen Fassade und filigranen Türmchen. Gegenüber sieht man am protzigen Steinbau, wie weit es Herr Wrigley mit seinem Kaugummi gebracht hat. Die meisten Wolkenkratzer sind durch dekorative Elemente gekrönt.

Das Auffälligste an der Stadt sind für uns die Kühe, die überall herumstehen. Leider sind die dreihundert Tiere nur aus glasfaserverstärktem Kunststoff, dafür aber aufs Originellste bemalt und dekoriert. Im Rahmen ihres Kulturförderungsprogramms hat die Stadt Jugendlichen die Möglichkeit gegeben, ihr künstlerisches Talent zu zeigen. Firmen treten als Sponsoren auf. Oft hat sich der junge Künstler erkenntlich gezeigt und geht auf den Tätigkeitsbereich des Gönners ein. So hat z.B. eine kleinere Schuhboutique eine weiblich-elegante Kuh vor dem Haus, die mit Blumenmustern aus farbigen Glas-Schmucksteinen verziert ist, und der Schaufensterdekorateur zieht das Thema bis in den Laden. Damit lässt sich die Ausgabe auch für ein kleines Geschäft rechtfertigen. Bei Großfirmen wie Wrigley oder der Werbeagentur BBDO, beide mit mehreren Kühen vertreten, fühlten sich die Künstler frei. Die Kuh als Weltkugel, die Doppelkuh mit zwei Vorderteilen, aber ohne Hinterteil, die Kuh als Vamp, die Kuh als Unter»mann« der Bremer Stadtmusikanten, die Kuh in Boxershorts und Hausschuhen, die Kuh in Leder, in Gummi, in Kleinmosaik, in Beton. Dazu kommen zahlreiche Bemalungen ohne Thema, von poppig-schrill bis schlicht und edel. Es gibt kaum eine Idee, die nicht verfolgt wurde. Wie seinerzeit in Zürich (woher das Konzept stammt) ist die Aktion beim Publikum ein großer Erfolg. Fast überall, wo sich eine kleine Menschenansammlung bildet, steckt eine Kuh dahinter.

Chicago ist ein lebendiges Zentrum des traditionellen Jazz. Ein guter Teil der Entwicklung dieser Musik hat hier stattgefunden. Seit über zwanzig Jahren findet ein großes Openair-Jazzfestival statt, das jeder gratis besuchen kann. Nach einer Stadtrundfahrt sind wir ziemlich durchfroren und beschließen, bereits um sechs Uhr eines der Jazzlokale zu besuchen, von denen es auch heute noch eine ganze Reihe gibt. Der international bekannte »Andy's Jazz Club« hat bereits geöffnet. Wir genießen bei einem frühen Nachtessen sauber gespielten Mainstream Jazz der Sechzigerjahre. Anschließend soll es in den berühmten Blueskeller »Blue Chicago« gehen (alkoholfrei! Nichtraucher!). Das Lokal macht aber erst spät auf, und da uns bereits wieder friert, geht es heim aufs Schiff.

Anderntags ist Museumswetter und wir gehen ins Aquarium. Auf die besondere Attraktion, das im Aquarium neugeborene Belugawal-Junge, verzichten wir wegen der langen Wartezeit in der Schlange. Es gibt auch sonst genug zu sehen. Neben der Delfinschau interessiert uns besonders die Sonderausstellung über Seepferdchen und ihre Brutpflege.

An einem Informationsstand erfahre ich die Antwort auf eine Frage, die mich schon lange beschäftigt: Warum sind im Michigan-See Lachse anzutreffen? Ein Lachs wird ja normalerweise im Meer groß und fett, wandert dann zum Laichen in das Süßwassergewässer seiner Jugend, feiert Hochzeit und verendet bald danach. Später ziehen die Jungfische wieder ins Meer und der Kreislauf schließt sich. Beim Michigansee ist dieser Kreislauf nicht möglich Wie bei allen Großen Seen führt der Abfluss über die Niagarafälle. Ich kann mir nicht vorstellen, dass ein noch so kräftiger Fisch es schafft, dort hochzuspringen.

Der Mitarbeiter des Aquariums weiß die Antwort: Der Michigan-Lachs ist ein Zuchtprodukt. In den Sechzigerjahren wurde der »alewife« (Großaugenhering), ein kleiner flinker Raubfisch, eingeschleppt, welcher in kurzer Zeit die Brut der einheimischen See- und Braunforellen so stark dezimierte, dass die Fischarten vom Aussterben bedroht waren. Aus diesem Grunde fing der Staat an, in Fischzuchten Lachse zu vermehren und auszusetzen, die nun ihrerseits den »alewifes« an den Kragen gingen. Auch heute werden jedes Jahr große Mengen an Jungfischen ausgesetzt. Auch die Bestände an Forellen sind wieder aufgestockt. Die Lachse gedeihen prächtig im Süßwasser, aber sie können nicht wandern und finden keine Laichmöglichkeiten im tiefen Michigan-See. Dieser Teil des Kreislaufs kommt aus der Fischzuchtanstalt.

Das Klima, das wir hier im Herbst erleben, besteht aus lauter Extremen. Erst noch sitzen wir in Shorts und T-Shirt in der warmen Sonne, wenige Stunden später pfeift ein frostig-kalter Wind durch die Stadt. Bei Südwind wird's dann in kürzester Zeit wieder warm. Nach meiner Theorie liegt das daran, dass die Berge nicht wie in

Europa in West-Ost-, sondern in Nord-Süd-Richtung verlaufen So finden der Nord- und der Südwind ungehindert ihren Weg hindurch. Wenn das stimmt, wären die kurzfristigen Temperaturschwankungen von 20 °C und mehr gar nicht so erstaunlich. Für den 3. Oktober verspricht die Wetterprognose Regen mit Schnee. Es wird höchste Zeit zu verschwinden.

Als wir am Morgen aufwachen, bewegt sich die Temperatur um den Gefrierpunkt und unsere Stimmung ebenfalls. Wir haben unsere normale bürgerliche Bettwäsche zusätzlich durch Schlafsäcke ergänzt und während der Nacht einigermaßen warm gehabt. Aber jetzt, hinaus in diese Saukälte? Es regnet, die Stadt hat sich in Wolken eingehüllt und es weht eine zünftige Brise. Unter solchen Umständen zu reisen macht wenig Freude. In Chicago zu bleiben bedeutet aber mehr oder weniger an Bord zu bleiben. Das macht noch weniger Spaß. Also, fahren wir los.

Bis zur Schleuse, dem Tor zum Chicago River, sind es nur zwei Meilen über offenes Wasser. Diese werden allerdings recht mühsam, da es bei dem hohen Wellengang schwierig ist, Kurs zu halten. Hinter der Schleuse wird das Steuern problemlos. Der Kanal schlängelt sich durch die Straßenschluchten und führt alle paar Meter unter einer Brücke hindurch. Bei 5,1 Metern Höhe sind diese für unsere FORTUNA kein Hindernis, doch wir finden zwischen den Brücken etliche Segelyachten, die kreisend darauf warten müssen, dass die nächste Brücke aufgeht. Schon nach wenigen Meilen wird die Stadt industriell. Dann kommen vor allem Lagerplätze, auch einer für Boote. Eine große Traube Segelyachten wartet darauf, fürs Überwintern aus dem Wasser genommen zu werden.

Die Wasserstraße heißt jetzt Chicago Sanitary & Ship Canal. 1830 fertig gestellt, dient der Kanal nicht nur der Schifffahrt, sondern auch als Abfluss für das Chicagoer Kanalisationssystem. Wie mir erklärt wurde, hat Chicago bis zum heutigen Tag keine Kläranlagen, sondern überlässt den Dreck von 3,8 Millionen Einwohnern seinen südlichen Nachbarn. Die erste Schleuse hat keine andere Funktion als dafür zu sorgen, dass der Dreck nicht in den so wunderbar sauberen Michigan-See fließt, sondern in die andere Richtung. Zweimal im Jahr, am 1. März und am 1. Oktober, wird das System geflutet. Der liegen gebliebene Schmutz wird durch den Kanal geschwemmt, durchfließt den De Plaines River, den Illinois River und landet im Mississippi. Das Wasser hat eine entsprechende Farbe, doch bleibt uns dank der kalten Witterung die Duftnote erspart. Wir lesen in einer PR-Broschüre, die Wasserqualität habe sich in den letzten Jahren stark verbessert, und fragen uns, wie es denn vorher gewesen sein muss: pastös statt flüssig?

Es ist verboten kalt, regnet in Strömen und bereits nachmittags um zwei Uhr fängt es an dunkel zu werden. Über dem Wasser steht der Seerauch, eine Art Bodennebel, der es außerordentlich schwierig macht, die nächste Tonne zu finden. Wir sind froh, nach 55 Meilen in der Harborside Marina einen freien Steg und im dazugehörigen Restaurant ein frittiertes Hähnchen als Nachtessen zu erhalten. An der Tankstelle finden wir die obligatorische Absauganlage, mit welcher der Fäkalientank des Bootes entleert werden kann. Benutzungsgebühr 20 Dollar, viermal mehr als normal. Das Wasser in unserem Schmutzwassertank dürfte sauberer sein als das im Fluss. Wir wundern uns einmal mehr – und sind nicht die Einzigen.

Mississippi und die Südstaaten

Flussverkehr – Wenig Wasser im großen Strom – Einkaufsschwierigkeiten und Stegskipper – Hauptstadt der Country Music: Nashville – Amerikanische Variationen: Wein, Frühstück, Freizeitkapitäne – Motorenservice – Wildlife – Typologie der Bootsbesitzer – Wildlife II – Fachsimpeln – Jazzbegeisterung und Südstaatenflair: New Orleans – Touristenrummel und Hilfsbereitschaft

Die nächsten Tage werden etwas wärmer und entgegen der negativen Wetterprognose sonnig. Das Kanal- und Flusssystem wird intensiv für den Güterverkehr genutzt. Im Gegensatz zu Europa trifft man ausschließlich auf Schubverbände. Bis zu 17 Leichter (unmotorisierte Frachtkähne) – drei nebeneinander, fünf hintereinander und je einer links und rechts neben dem Motorschiff – sind mit massiven Stahltrossen verbunden und werden geschoben. Der ganze Verband wird damit bis zu 380 Meter lang und 30 Meter breit. Die Schleusen aber sind nur etwa 200 Meter lang. Wenn der Schubverband passieren will, werden die neun vorderen Lastkähne abgekoppelt und separat geschleust. Oben respektive unten angekommen wird der antriebslose Verband mit einer Stahltrosse und einer Motorwinde aus der Schleuse gezogen. Jetzt dürfen die Sportboote durch eine kleine Lücke in der Zufahrtsmole in die Schleuse hinein und werden in die andere Richtung geschleust; so arbeitet die Schleuse nicht leer. Anschließend kommt das Motorschiff mit den restlichen acht Lastkähnen an die Reihe und folgt seinem Vorderteil. Da das Schubschiff die Schrauben nie abstellt, hat das Wasser starke Turbulenzen und etliche der kleineren Boote kommen ins Schleudern.

Wir haben unterwegs einen wirklich guten Supermarkt gefunden. Oft sind die kleinen, privat geführten Geschäfte besser als die gro-

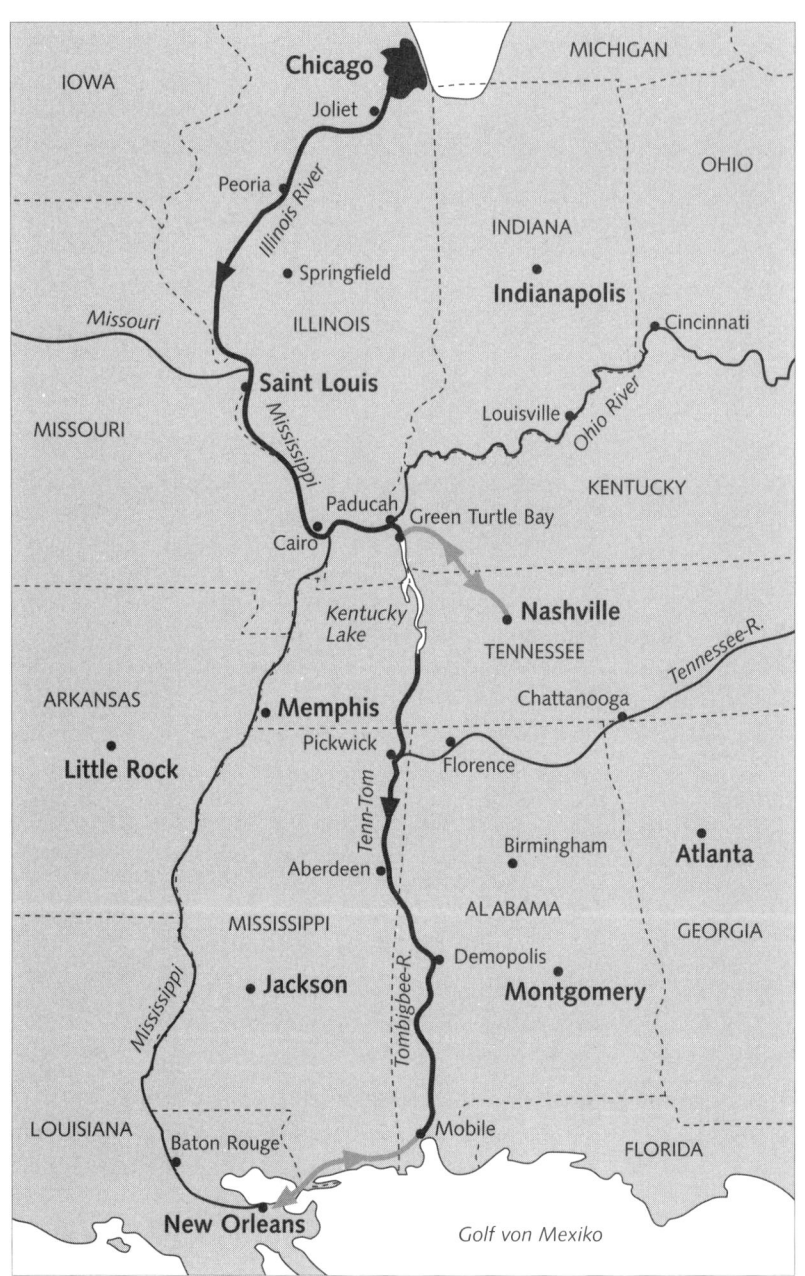

150

ßen Ketten. Unsere Vorräte sind wieder optimal ergänzt, sogar Propangas konnte nachgefüllt werden. Der Weg ist dank der vielen intelligent angeordneten Tonnen leicht zu finden, die Skipper der großen Verbände grüßen freundlich und manche verlassen sogar ihren Steuerstand, treten ins Freie und winken. Dank UKW weiß natürlich längst jeder auf dem Fluss, dass da so ein sonderbares kleines Boot mit einer exotischen Flagge unterwegs ist. Gelegentlich kreuzen wir auch einen reich mit Schnickschnack dekorierten »Mississippi-Dampfer«. Das Leben ist wieder schön.

Die ganze 500 Kilometer lange Strecke von Chicago bis zum Mississippi bietet wenig Abwechslung. Die Ufer sind zwar hübsch bewaldet, doch sehen wir dort kaum eine Ortschaft und nur ganz vereinzelt Häuser. Das mag mit der Wasserqualität zusammenhängen oder aber mit dem Hochwasser, das jedes Frühjahr zu erwarten ist. Alle paar Kilometer kommt dafür eine Anlegestelle für Frachter und ein Lagerplatz mit Kohle-, Sand- oder Kieshalden, mit Bergen aus Schrott, mit Silos und Lagerhallen. Dann wieder fahren wir viele hundert Meter an stationären Verbänden rostender Lastkähne entlang. Bei den Leichtern scheint jeder Tropfen Farbe ein Luxus zu sein, während die Motorschiffe auch optisch in bestem Zustand gehalten werden.

Zum Übernachten findet man hinter verschiedenen Inseln und in Zuflüssen guten Ankergrund und Schutz vor dem Frachtverkehr. Marinas sind selten und die vorhandenen oft winterlich verlassen, ohne Strom und Frischwasser, dafür aber auch gratis.

In Peoria werden wir vom Kapitän eines Raddampfers zur Besichtigung an Bord geladen. Er ist gerade von einer zweitägigen Vergnugungsfahrt zurückgekehrt und hat jetzt frei. Das Ausflugsboot hat keine Kabinen und die Passagiere übernachten im Hotel. Dank dem flachen Boden mit nur vier Fuß Tiefgang und einer langen Gangway vor dem Bug kann es die Gäste fast überall an Land lassen. Ein zwei Etagen hohes, rotes Schaufelrad sorgt für den Antrieb. Die hölzerne Reling in strahlendem Weiß ist elegant verschnörkelt. Die Decken der Salons bestehen aus ornamental geprägtem Blech. Eine Orgel mit Messingpfeifen schmückt das Dach. Sie tönt wie eine überdimensionierte Drehorgel. Sogar die Funkenfänger der Schornsteine sind filigran verspielt. Alles wirkt sehr nostalgisch, aber dahinter verbirgt sich moderne Technik, Baujahr 1988. Die

Steuerung ist hydraulisch und ein großer Diesel nagelt im Motorraum.

Ein zwei Meter hohes Ruderrad beherrscht das Steuerhaus. Auf Navigationsinstrumente wird bewusst verzichtet. Wir finden nicht einmal ein Echolot. Nur ein Radar ist da, das ist eine zwingende Vorschrift. Irgendwie widersprechen Instrumente dem Berufsstolz des Kapitäns. Er geht in fünfter Generation seinem Gewerbe nach und hat, wie er sagt, »den Fluss gelernt« und kennt jedes Hindernis, jede Untiefe. Das ist heute noch genauso, wie es Mark Twain vor über hundert Jahren von den Mississippi-Kapitänen erzählt hat.

Der Kapitän und später ein freundlicher Schleusenwärter geben uns ein paar weitere Informationen über den Frachtverkehr. Ein normaler Schubverband besteht hier aus 15 Leichtern. Jeder davon fasst etwa 1500 Tonnen. Der ganze Schubverband transportiert somit bis zu 22 500 Tonnen. Das entspricht der Fracht von 225 Eisenbahnwagen oder 870 Lastwagen. Die Motorschiffe dahinter bringen eine Leistung von bis zu 15 000 PS, was Geschwindigkeiten zwischen drei und sechs Knoten ermöglicht. Diese Schubverbände gelten als relativ bescheiden. Man trifft sie zwischen Chicago und Mobile auf allen größeren Flüssen. Auf dem unteren Mississippi sind Verbände mit 50 und mehr Leichtern keine Seltenheit. Dass so große Einheiten sich nur schlecht manövrieren lassen, erstaunt wohl kaum. Es kann schon vorkommen, dass sogar ein Profi seine Fuhre in einer engen Flusswindung aufs Ufer setzt.

Alle Schleusen sind modern und in bestem Zustand. Man sieht, hier wird Geld verdient und es geht nicht um die Erhaltung historischer Werte. Aus Rationalisierungsgründen kommt man mit möglichst wenig Schleusen aus, dafür aber weisen die meisten eine Höhe von mehr als zehn Metern auf. Schwimmpoller gehen mit dem Wasserspiegel hinauf und herunter. So muss die Länge der Festmacher beim Schleusen nicht korrigiert werden. Leider dürfen die Schwimmkörper von den Vergnügungsbooten nicht benutzt werden, weil die Leinen sich verklemmen können. Wenn die Crew nicht aufpasst und fest belegt, kann leicht eine Klampe abgerissen werden oder auch gleich das halbe Deck. Dass an Bord eines Sportboots jeder beim Schleusen ein Messer bei sich trägt, um notfalls verklemmte Leinen losschneiden zu können, ist in diesem Lande keine Selbstverständlichkeit.

Hier ist übrigens ein wichtiger Grund, warum ich für geschlagenes (gedrehtes) Tauwerk und nicht für geflochtene Leinen plädiere: Wenn so ein unter starkem Zug stehendes Tau mit dem Messer gekappt werden muss, drehen sich die Kardeele (Seilstränge) auf. Es gibt nach, statt mit einem Peitscheneffekt zurückzuschnellen, und niemand wird verletzt.

Die Wärter an den Schleusen behandeln uns Yachties mit freundlicher Nachsicht und helfen den Anfängern beim Anlegen. Sie tun ihr Möglichstes, uns an den Schleppverbänden vorbeizulotsen, damit die Wartezeiten nicht allzu lang werden. Die Kommunikation auf dem Fluss funktioniert gut. Jeder weiß, wer wann wo ist und wo er wann sein sollte. So wurden wir einmal schon lange vor der Schleuse per UKW aufgefordert, uns zu beeilen, damit wir noch mit zwei andern Sportbooten geschleust werden können. Die Wartezeit nachher würde mindestens vier Stunden betragen. Wir haben dieser Aufforderung selbstverständlich Folge geleistet und der Schleusenwärter erschrak nicht schlecht, da er nicht erwartet hatte, dass wir unser Boot aus vier Knoten Geschwindigkeit heraus genau am richtigen Platz hinstellen können, wenn es sein muss.

Etwa in der dritten Schleuse werden wir begrüßt mit: »So, you are the guys with the funny accent.« – »Ihr seit also die Kerle mit dem komischen Akzent.« Natürlich weiß ich, dass mein Baseldeutsch in jeder meiner Fremdsprachen durchdrückt. Umso verblüffter bin ich, als ich merke, dass er meinen britischen Akzent meint. Marlise stört es mehr, als »guy« angeredet zu werden. Ein »guy«, ein Kerl, ist in unserem Sprachverständnis eindeutig männlichen Geschlechts. Ich kann ihren Gedankengang nur bedingt nachvollziehen. Wenn Not am Mann ist, meistert sie die Probleme wie ein ganzer Kerl. Es muss somit auch weibliche Kerle geben.

Amerikanisch ist eine Fremdsprache, die nur zufällig etwas mit dem Englischen zu tun hat. Das wird uns weiter unten im Süden immer klarer. Unser englisches Englisch wird oft nicht verstanden. Das zeigt sich vor allem am Telefon. Wir können nur noch mit Mühe ein Taxi bestellen.

Auch viele Redewendungen klingen für unsere Ohren sehr speziell. So sagt man in einer Marina auch zu wildfremden Leuten im Vorbeigehen: »How are you doing today?« Dieses »Wie-geht-es-

Ihnen-heute?« muss gesungen werden mit Betonung auf »heute« und bedeutet nicht mehr als ein norddeutsches »Moin«.

Hotels und andere Firmen melden sich am Telefon mit: »Herzlichen Dank, dass Sie XYZ (Firmenname) anrufen, guten Morgen. Was kann ich heute für Sie tun?« Das ist doch eigentlich wirklich sehr nett, vor allem wegen des »heute«. Wenn ich mir allerdings vorstelle, dass eine Telefonistin den langen Vers viele hundert Mal am Tag sagen muss, tut sie mir schon leid.

Eine Toilette ist ein »Rest Room«, aber man kann sich trotzdem nicht hinlegen. Selbst die Papiertaschentücher werden schamvoll umschrieben und man weiß beim Einkauf nicht recht, ob das jetzt Kosmetik-Tüchlein sind oder was sonst.

Die Führer der Schubverbände sind sehr nett. Im Zweifelsfall rufen wir sie auf Kanal 13, wenn wir passieren oder überholen wollen. Die Antwort ist auch dort nicht immer verständlich. So vernehmen wir z.B. »one vessel«. Ein Schiff? Was sagt er? Natürlich sind wir ein Schiff! Oder sieht er von seinem erhöhten Steuerstand aus noch ein anderes? Dann merken wir, dass er meint »one *whistle*«, ein Signalton. Das bedeutet: Steuerbord überholen oder Backbord an Backbord passieren. Alles klar!

Ein Schubverband heißt »tug«, das dazugehörige Motorschiff »tugboat«. Genau übersetzt heiß das Schleppverband und Schlepper. Die Namen haben sich gehalten, obschon seit langem nicht mehr geschleppt, sondern geschoben wird. Eine »whistle« ist eine Pfeife. So etwas gab es nur bei den Dampfmaschinen von anno dazumal. Motorschiffe haben ein Horn, aber auch hier lebt die Tradition. Gehupt wird allerdings nie und wäre im stereo-beschallten Steuerhaus des Schubschiffes auch kaum zu hören. Alles läuft über Funk.

Einmal mehr sieht die Realität anders aus als das, was man uns in der Ausbildung beigebracht hat. Die Sprache der Hobbyskipper ist außerordentlich blumig und ausschweifend freundlich. Böse Menschen bezeichnen sie als »verbale Diarrhöe«. Jedes dritte Wort heißt »roger«, der Rest kommt in gestelzt höflichem Konditionalis und das Gespräch wird nicht mit »thank you, out« beendet sondern: »Thank you very much, capitain, for your information, you are very kind and I really appreciate it very much, over and out.« Nota bene: Das ist die Kurzfassung. Die lange dauert mindestens fünf Minuten und befasst sich unter anderem mit dem Wetter sowie dem Wohlergehen des Gesprächspartners. Wir kommen uns mit unserer knappen Form etwas unfreundlich vor und übernehmen die Floskeln teilweise.

Auch sonst wird viel geschwatzt. Leider meistens auf Kanal 16, der eigentlich für Anrufe und Notfälle reserviert ist. Das kann ziemlich auf die Nerven gehen, denn eigentlich sollte Kanal 16 ja immer abgehört werden. Im Notfall ist es außerordentlich schwierig durchzukommen und es sei schon oft vorgekommen, dass deshalb Hilfe zu spät kam. Die Coastguard bemüht sich mit Aufklärungskampagnen, das private Geplauder etwas zu bremsen, sagt aber, alle Mühen seien für die Katz.

Auch der obere Mississippi ist bereits beinahe einen Kilometer breit. Momentan herrscht Niedrigwasser. Zahlreiche Buhnen und andere Verbauungen bremsen das Wasser. Trotzdem strömt der Fluss mit über drei Knoten Geschwindigkeit. Die Landschaft sieht ähnlich aus wie vorher und wirkt auf uns doch irgendwie anders. Der Mississippi ist seit unserer Kindheit etwas Besonderes. Er ist der Fluss, an dem sich Tom Sawyer in das hübsche Töchterchen des Friedensrichters verliebte. Auf ihm trieb Huckleberry Finn mit seinem schwarzen Freund auf einem Floß hinunter. Wir beschließen, die Geschichten Mark Twains und seine Autobiografie »Leben auf dem Mississippi« bei nächster Gelegenheit wieder einmal nachzulesen.

Es hat kaum Anlegemöglichkeiten und Ankerplätze südlich von St. Louis. Wir reservieren uns deshalb einen Platz in der Hoppies Marina. Diese hat sozusagen ein Monopol auf das Anbinden von Booten und braucht sich keine Mühe zu geben. Man sieht es. Wir liegen an einem langen verwahrlosten Schwimmsteg. Unter einem kleinen Dach stehen Polstermöbel, aus denen der Kapok herausquillt. Das ist das Büro. Überall liegt Gerümpel herum. Die elektrischen Anlagen sind zum Fürchten und der Dieselpreis ebenso. Das Unternehmen wird geleitet von Mutter, Tochter und zwei Hunden. Alle vier sind schmuddelig und so dick, dass sie aus ihrer Normalstellung, sitzen oder liegen, kaum mehr aufstehen können.

Die alte Dame, die das Ganze leitet, hält Hof und ist ein Quell an Informationen. Jedem, der ankommt, wird ausführlich erzählt, wo er auf seiner Reise das nächste Mal anlegen oder Anker werfen kann. Wegen des Niedrigwassers sind die Möglichkeiten bescheiden. Um einigermaßen aus dem Fahrwasser des Berufsverkehrs zu kommen, kann man sich vorsichtig zwischen zwei Buhnen, quer in den Fluss gesetzte Verbauungen, hineinschleichen. Dort wird es allerdings meistens rasch ekelhaft flach. Der nächste akzeptable Ankerplatz findet sich erst unterhalb der Brücke bei Cairo, wo der Ohio River in den Mississippi mündet. Möglicherweise ist es aber auch dort bereits zu flach. Trotzdem nehmen sich die meisten Boote diese weit entfernte Brücke als Ziel für ihre nächste Tagesetappe.

Einen Kilometer oberhalb der Marina finden wir ein Dorf mit vielen kleinen Souvenirläden und zwei Restaurants. Das eine schließt um fünf und das andere um acht Uhr abends. Die wollen fürs Nachtessen offensichtlich keine Gäste – schade.

Am Weg zeugt eine verrostete Eisenbahnbrücke vom historisch-kulturellen Erbe. So heißt es zumindest auf der dabei stehenden Bronzetafel. Daneben liegen ein paar Schrottautos im Wald. Dort allerdings fehlt die bronzene Hinweistafel. Im Übrigen aber lohnt sich der Spaziergang. Auch hier prangt der Wald in allen Farben, aber man merkt den südlichen Einfluss. Die Natur ist noch nicht so weit wie in Killarney einen Monat zuvor.

Der Mississippi führt extrem wenig Wasser und sollte einige Meter höher sein. Die wenigen in der Karte eingezeichneten empfohlenen Ankerplätze befinden sich auf dem Trockenen. Mehr als eine Bootstankstelle kann nicht erreicht werden. Große Flächen gelben Sandes machen sich auf den Innenseiten der Flussbiegungen und zwischen den Buhnen breit. Verzweifelt suchen wir einen geschützten Ankerplatz zum Übernachten. Am Schluss werfen wir unseren Pflugscharanker in sechs Fuß Tiefe am Ende zweier Buhnen, deutlich außerhalb des Fahrwassers. Die Strömung ist auch hier um die drei Knoten stark.

Zur Sicherheit wird ein zusätzlicher Plattenanker ausgelegt und wir geben rund dreimal mehr Kette als normal. In sanfter Rückwärtsfahrt werden die beiden Anker eingegraben. Mit Peilungen zu beiden Ufern kontrollieren wir von Zeit zu Zeit, ob die beiden Haken auch wirklich halten. Man kann nicht vorsichtig genug sein. Die Schleppverbände fahren ja Tag und Nacht und es soll immer wieder zu Kollisionen mit treibenden Yachten gekommen sein. Marlise ist sichtlich nervös und bekommt kein Auge zu, da während der Nacht noch stärkerer Wind aufkommt. Das stellt sich als Glücksfall heraus, denn eines der Motorschiffe verwechselt unser Ankerlicht mit dem

Licht der Tonne vom anderen Ufer und fährt mit Schwung auf uns zu. Erst als Marlise es mit dem Suchscheinwerfer anstrahlt, merkt der Skipper, dass sein Kurs nicht optimal ist. Aufgeregte Rufe, Kurskorrektur, dann herrscht Ruhe für den Rest der Nacht.

Bei Cairo verlassen wir den Mississippi und fahren den Ohio hinauf. Hier wird der Berufsverkehr wesentlich dichter. Vor der zweiten Schleuse warten fünf Schubverbände auf einen Durchlass stromabwärts. Stromaufwärts, also in unserer Richtung, ist es nicht so schlimm und wir werden bereits nach einer Stunde bedient. Auf den letzten Meilen haben wir backbord achtern bei 15 Knoten Fahrt ein lautes, klopfendes Geräusch gehört. Es tönt, als ob nächstens die ganze Wellenanlage auseinander fallen würde. Ich benutze die Wartezeit und tauche unter das Boot. Trotz Tauchbrille sehe ich im Dreckwasser keine zwanzig Zentimeter weit und ertaste die Situation. Wellen und Schrauben sind in Ordnung. Lediglich der kleine Plastikpropeller, der das Sumlog antreibt, ist aus seiner Lagerung gesprungen. Er hängt nur noch an der flexiblen Welle. Unglaublich, dass so ein kleines, leichtes Plastikding so viel Lärm verursachen kann, wenn es an das Boot schlägt. Eine richtige Reparatur liegt nicht drin. Ich drücke das Propellerchen wieder auf seinen Sitz. Vielleicht bleibt es ja dort, wo es hingehört, sonst wollen wir die Sache im sauberen Wasser des Kentucky Lake genauer untersuchen.

Der in den Unterlagen empfohlene Anleger »Big E« oberhalb von Paducah ist beinahe leer. Nur in der hinteren Ecke drängelt sich eine Anzahl Boote. Teilweise liegen sie sogar im Päckchen. Ich werde misstrauisch: Dieses Gedränge bei all dem Platz muss doch einen Grund haben. Wir tasten uns vorsichtig an den leeren Steg heran. Überall stechen spitze, rostige Stangen bis knapp unter die Wasseroberfläche hervor. Zum nächsten Ankerplatz sind es 17 Meilen und es ist zu befürchten, dass dieser wegen des Niedrigwassers nicht zu gebrauchen ist. Wir legen deshalb wenig später in Paducah an einem Berufsschiff an und werden auf einen öffentlichen Anleger hingewiesen. Ein als »Seeräuberschiff« aufgemachter alter Segler ist dort gerade dabei abzulegen, und so finden wir mitten in der Stadt an einem sauberen kleinen Schwimmsteg Platz für unser FORTUNA.

Der Steg wurde von dem US Army Corps of Engineers erst vor kurzem gebaut. Die Flusskarten, nach denen wir fahren, wurden von der gleichen Gruppe herausgegeben. Weshalb sind das Aufgaben der Armee? Wir gehen der Sache nach und stellen fest, dass das Corps verantwortlich ist für sämtliche Verbauungen des Mississippi und der angrenzenden Flüsse. Der Grund ist ein historischer: Anfang des 19. Jahrhunderts war die Militärakademie von West Point die einzige Institution, die Tiefbauingenieure ausbildete. Sie dienten als Offiziere bei den Pioniertruppen. Diese bauten während des Krieges von 1812 entlang des Mississippi Befestigungsanlagen als Schutz gegen die Briten. Nach dem Krieg übernahm die Truppe zivile Arbeiten, und sie ist bis zum heutigen Tag verantwortlich für die Wasserläufe. Zwar besteht jetzt nur noch knapp ein Prozent der Belegschaft aus Armeeoffizieren, der Rest aus Zivilisten. Der Name aber wird beibehalten.

Offensichtlich ist im elektronischen Ladestrom-Regler der Wurm. Die Batterien brauchen wegen des zu hohen Ladestroms (bis 14,2 V) sehr viel destilliertes Wasser. Unser Vorrat von sechs Litern reicht nicht aus, um die großen Einheiten der Batteriebank nachzufüllen.

Per Fahrrad machen wir uns auf die Suche. Man empfiehlt uns einen Supermarkt in zwei Meilen Entfernung. Nach drei Meilen fragen wir noch einmal nach. Es sind immer noch zwei Meilen. Beim nächsten Fragen immer noch zwei Meilen, dann endlich finden wir weit außerhalb der Stadt drei Supermärkte und etliche andere Läden um den größten Parkplatz aller Zeiten. Der Supermarkt »WallMart« ist der größte. So etwas haben wir noch nie gesehen. Jedes Produkt ist jeweils in unzähligen Marken vertreten. Brot hat es sicher um die vierzig Sorten respektive Marken, aber jede einzelne ist gleich schwammig. Über ein Dutzend verschiedene Hersteller bieten abgepackte Frankfurter Würstchen an, die alle gleich aussehen und vermutlich auch gleich schmecken. Ähnlich geht es weiter bei vielen anderen Angeboten: Die Markenauswahl ist riesig, bietet aber in den Produkten kaum echte Alternativen. Man kann davon ausgehen, dass die Marketingleute einer so großen und erfolgreichen Kette ausgekochte Profis sind und jede Menge Marktdaten haben, um ihre Entscheidungen zu fällen. Was kann das für ein Markt sein, der nach so einem Sortiment verlangt? Ich bin zugleich fasziniert und irritiert, denn ich kann es mir einfach nicht erklären.

Das destillierte Wasser (zwei Marken) finden wir beim Mineralwasser und den Süßgetränken. Diese Art der Bereichszuteilung war bei uns in den frühen Sechzigerjahren üblich. Da standen in den Warenhäusern die Glaswaren bei den Glaswaren, das Porzellan beim Porzellan und die Metallwaren bei den Metallwaren. Wer eine Salatschüssel suchte, konnte eine solche in allen drei Abteilungen finden. Nach heutiger Auffassung gehört destilliertes Wasser entweder zu den Dampfbügeleisen oder zum Autozubehör (Batterien), aber sicher nicht zu den Getränken. Na ja – wir werden nicht gescheiter und erledigen unsere Einkäufe. Zum Schiff zurück geht es per Taxi. Die Klappfahrräder passen in den Kofferraum.

Oberhalb unseres Anlegers befindet sich ein großer, steil abfallender Parkplatz, unterbrochen von Stufen, wo sich die Leute hinsetzen und übers Wasser gucken. Das Ganze wird abgeschlossen von einer Mauer, deren Durchfahrten bei Hochwasser mit Schiebern dichtgemacht werden können. Auf der Stadtseite ist diese Mauer durch Gemälde verziert, die in heroisierend-naturalistischer Art Szenen aus der Entwicklungsgeschichte der Stadt zeigen. Die Darstellungen erinnern in ihrem Stil stark an den sozialistischen Realismus, wie er in der DDR gepflegt wurde. Es gibt keinen Grund, darüber zu grinsen, den Leuten gefällt es. Manch einer hält mit dem Auto kurz an und schaut sich die Bilder an. Ich frage mich wirklich, was besser ist: die elitäre Kunst, wie sie z.B. in Deutschland und in der Schweiz auf Kosten des Steuerzahlers auf öffentliche Plätze gestellt wird und die niemand schätzt außer ein paar professionellen Kunstsachverständigen, oder etwas allgemein Verständliches.

Wir fahren noch immer flussaufwärts, und von hier an wird die Strömung ziemlich stark. Segelboote und viele andere Verdränger machen stromaufwärts nur noch einen bis zwei Stundenkilometer über Grund. Wir müssen unser Geschwindigkeitspotential voll ausnutzen, um noch gut vorwärts zu kommen.

Bei der Schleuse 53 am Ohio River herrscht Hochbetrieb. Die Schubverbände kommen auf eine Warteliste und wir hören über Funk, wie einer der großen Kollegen die Nummer 8 erhält. Schleuse 53 hat eine große und eine kleine Kammer. Da die kommerzielle Schifffahrt meist nur die große Kammer braucht, kommen wir nach 45 Minuten Wartezeit bereits an die Reihe. Nach uns ist Feierabend. Wir sind das letzte Boot oder Schiff, das geschleust wird. Was für eine Panne eingetreten ist, haben wir nicht herausgefunden. Die Schleuse steht mit beiden Kammern still. Zuerst ist von drei Tagen die Rede, dann geht es noch länger. Wir hören von anderen Skippern, dass etliche Sportboote vier Tage vor der Schleuse warten mussten. Manchen ist der Kraftstoff ausgegangen und sie mussten abgeschleppt werden, andere haben irgendwo weiter unten an einem rostigen Lastkahn festgemacht.

Wir zweigen ab in den etwas schmaleren, ländlichen Cumberland River. Der Herbstwald zeigt sein leuchtend buntes Laub. Die idyllischen, natürlich wirkenden Ufer erinnern stark an den oberen Teil der Saône im Burgund (Frankreich).

Immer wieder sehen wir kleinere Fischerboote. Sie sind auf der Jagd nach einer uns unbekannten besonderen Art von Muscheln. Deren Schalen haben eine sehr ähnliche Farbe, Struktur und chemische Zusammensetzung wie die Perlen. Sie werden nach Japan exportiert. Man drechselt dort kleine Kügelchen daraus, die als Kern für Zuchtperlen dienen.

Die Green Turtle Bay Marina haben wir seit Chicago immer wieder rühmen gehört. Sie ist unser Ziel nach dem Cumberland-Kanal. Der Empfang in der Marina ist überwältigend. Wir fahren in der Regel ja nur Rumpfgeschwindigkeit, d.h. mit knapp zehn Knoten. All die netten Leute, die wir seit Chicago kennen gelernt haben, sind mit ihren Yachten schneller unterwegs. So begrüßt uns ein kleiner Volksauflauf beim Anlegen am Steg.

Ein bisher unbekannter Kollege sieht, dass wir mit Diesel heizen, und kommt mit seinem Problem. Die Bootsheizungen auf den amerikanischen Yachten sind im Normalfall Klimaanlagen, die »verkehrt herum« als Wärmepumpe arbeiten. Das funktioniert allerdings nur so lange, wie das Wasser einigermaßen warm ist. Zudem werden die verkehrt herum arbeitenden Klimaanlagen überstrapaziert. So geht ihnen rasch einmal das Lebenslicht aus. Er will sich zwei Eberspächer Warmluftheizungen installieren, hat aber nur einen deutschsprachigen Prospekt. Ich übersetze ihm den Text und mache ihn darauf aufmerksam, dass es immer wieder heißt, die Heizung sei nicht für einen Dauerbetrieb geeignet, da die Gebläsemotoren nur auf zwei- bis dreitausend Betriebsstunden ausgelegt sind. Dann redet er von sieben Räumen, die zu heizen sind. Die Sache wird immer mysteriöser.

Am Schluss lädt er mich zu einer Besichtigung seiner Yacht ein.

Das Ding ist riesig: sicher an die zwanzig Meter lang und über zwei Stockwerke hoch. Die große Eignerkabine besitzt ein richtiges Bad mit Wanne, die beiden Gästekabinen verfügen über WC, Waschtisch und separate Dusche. In der Küche steht ein mannshoher, zweitüriger Kühlschrank, der Tiefkühler und der Backofen mit Heißluft und Mikrowelle. Alles ist groß genug für einen mittleren Gewerbebetrieb. Im Wohnzimmer versinkt man fünf Zentimeter tief im weichen Teppich und der Fernseher ist größer als der bei uns zu Hause in der guten Stube. Wenn allerdings die Yacht jemals ein paar Wellen abbekommen sollte, so rutscht mit dem Fernseher die halbe Einrichtung. Es ist kaum anzunehmen, dass dieses seetüchtig wirkende, große Schiff je Salzwasser sehen wird.

Ich schlage dem Mann vor, eine normale kleine Einfamilienhaus-Ölheizung mit Radiatoren zu installieren. Im Maschinenraum hat es trotz zwei riesigen weißen Dieselmotoren noch jede Menge Platz dafür. Ich frage mich allerdings, was das alles soll. Der Besitzer, ein pensionierter Schubverbandskapitän, ist offensichtlich kein reicher Mann. Er hat die in die Jahre gekommene, etwas vergammelte Luxusyacht billig erworben, aber jetzt fehlt ihm das Geld, um sie zu bewegen oder zu renovieren.

Wir haben solche Leute schon in vielen Häfen kennen gelernt. Oft haben sie zu Hause alles verkauft, alle Brücken abgebrochen. Voller Enthusiasmus sind sie losgezogen in die grenzenlose Freiheit. In der Freiheit bläst dann oft ein kalter Wind. Wegen technischer oder finanzieller Probleme bleibt die Fuhre irgendwo stecken. Ohne das gewohnte Beziehungsnetz von Freunden, Nachbarn und Verwandten vereinsamen sie und hungern nach Kontakten. Wer in den Hafen kommt und ein freundliches Wort mit ihnen wechselt, wird mit Beschlag belegt, bis er die Flucht ergreift. Oft ist das Geld knapp geworden; man hat sein Häuschen verkauft und mit dem Erlös eine Yacht erstanden. Jetzt muss man feststellen, dass man sie nur mit großem Verlust wieder los wird. Der Ertrag reicht nicht, um sich wieder ein akzeptables Eigenheim zu kaufen. Wenn es dann noch mit der Gesundheit hapert, wird es besonders schlimm. Man hängt herum, schraubt seine Ansprüche auf ein Minimum herunter und wartet auf ein Wunder, das nie kommt.

Die Green Turtle Bay Marina ist groß und großzügig. Auf jedem Schwimmsteg hat es elektrische Anschlüsse aller Varianten sowie für das Telefon und das Kabelfernsehen. Ein Großteil der Schwimmstege für permanente Mieter befindet sich unter einem Dach. Für Boote bis ca. 15 Tonnen gibt es eine Art Lift, mit dessen Hilfe sie aus dem Wasser gehoben werden können. WC, Duschen, Waschmaschinen und Trockner sind in mehreren kleinen Häuschen über das ganze Areal verteilt. Im Gebäude des Hafenmeisters findet man einen Miniladen mit Softdrinks, Süßigkeiten usw. Der Kaffee ist gratis und jedermann kann sich bedienen.

Wer bei den Zapfsäulen anlegt um zu tanken, wird vom Personal angebunden und bekommt ein Treppchen hingerollt, damit er bequem aussteigen kann. Wer mit seinem Boot am Liegeplatz anlegen will, wirft seine Leinen dem links und rechts wartenden Personal zu und wird von Hand an den Platz gezogen. Dass ein Skipper sein Boot selbst einparken kann, wenn er zwischen den Fingern des Schwimmstegs auf beiden Seiten je einen Meter Platz hat, wird nicht erwartet. Dieser Standard ist in den besseren Gegenden der USA normal. Bei manchen Marinas fehlen vielleicht die Treppchen an der Tankstelle, dafür aber haben sie einen eigenen Swimmingpool, Tennisplätze oder gar einen Golfplatz. Die Green Turtle Bay Marina liegt recht abgelegen, doch ein preisgünstiger Autoservice sorgt für die nötige Beweglichkeit. Fast täglich werden Kunden zum Flughafen in Nashville gebracht oder von dort abgeholt.

Wir profitieren von zwei Leerfahrten und machen einen Abstecher nach Nashville, der »Hauptstadt der amerikanischen Musik«. Amerikanisch bedeutet hier »Country«. Ein Bummel »downtown« führt uns an den berühmten Countrymusic-Bars vorbei. »Tootsie's«, »Wolfy's«, »Gipson«, »Coffee & Guitar Gallery«, »Freedman's« usw. Alles ist eine Nummer kleiner als erwartet. Es hat zwar Gäste, aber doch nicht so viele, dass es unangenehm wird. Die Preise sind erstaunlich günstig. Die Bands spielen an den meisten Orten buchstäblich für ein Trinkgeld (Topfkollekte). Die Lokale sind für sie eine Möglichkeit, sich in der Nähe der Musikstudios zu profilieren. Manch ein heute berühmter Countrysänger hat hier angefangen. Oft ist das Niveau des Dargebotenen erstaunlich hoch, wobei die Grenzen zwischen Country, Rock und Jazz fließend sind. Nationale Ketten wie »Hollywood« und »Hardrock Café« sind ebenfalls präsent, doch hält sich das Publikumsinteresse in Grenzen.

Eine besondere Attraktion ist das Karussell an der Riverfront. Statt der üblichen Pferdchen drehen sich geschnitzte Karikaturen von Countrystars und andere witzige Figuren im Kreis. Ein Fuchs mit erhobenem Pfötchen, den Foxtrott darstellend, hat Marlise besonders gefallen.

Ein weiteres Muss nahe der Green Turtle Bay ist »Patti's« Restaurant. Jeder, mit dem wir ins Gespräch kommen, schwärmt von den berühmten »2¹/₂ inch pork chops« (sechs Zentimeter dicke Schweinskoteletts), die es dort gibt. Vorzüglich mariniert und liebevoll gegrillt sind diese pfundschweren Fleischstücke wirklich ein Gedicht und auch die Kartoffeln in der Beilage etwas Besonderes. Noch besser hat uns allerdings der Salat geschmeckt. »Patti's« Salatsaucen sind berühmt. Es gibt sie in vielen Varianten: mit Senf und Honig, mit Sesamsamen, mit warmem Balsamico usw. Das Brot, eine Art Brioche, wird in einem kleinen Blumentopf gebacken und serviert. Dazu gibt es rosa Erdbeerbutter. Wir haben in Amerika auch schon gut gegessen, aber so gut war die typisch amerikanische Küche noch nie.

Schade, dass es keinen Wein dazu gibt. Der Bezirk ist »trocken«. In der Marina hat das Klubrestaurant bis gestern Alkohol ausgeschenkt, dann aber kam die Razzia der State Police und jetzt ist auch dort Schluss.

»Patti's« besteht aus zwei großen, überschwänglich mit Kunstblumen und Weihnachtsschmuck dekorierten Lokalen. Sie sind eingebettet in ein Märchenland, das über und über mit vielen kleinen Lämpchen beleuchtet ist. In einem Park mit »romantischen« kleinen Häuschen werden Souvenirs, Nippes und Weihnachtsschmuck angeboten. Sogar die Minigolfanlage wirkt neckisch verspielt. Wir lieben diesen Prunk, die Amerikaner lieben ihn noch mehr.

Schildkröten

Das Rezept zu Patti's Kartoffeln kenne ich schon lange.
Es ist sehr einfach zuzubereiten und deshalb ideal an Bord.
Es braucht:

Kartoffeln
Evt. Kümmel
Salz

Die gewaschenen, ungeschälten, halbierten rohen Kartoffeln mit der Schnittfläche nach oben aufs Blech legen. Salz und evt. Kümmel darauf und im vorgeheizten Backofen bei ca. 220 °C backen, bis sich ein appetitlicher, hellbrauner Deckel bildet.

Auf den Tennessee River, der teilweise auch Kentucky Lake heißt, haben wir uns schon lange gefreut. Die Wasserstraße führt durch große Naturreservate. Leider spielt uns das Wetter einen Streich und auch die schönste Gegend verliert an Reiz, wenn sie regnerisch trüb und verhangen ist. Zudem haben wir uns beide eine Erkältung geholt und frieren wie die Schlosshunde.

Die Ufer sind stark gegliedert und bieten eigentlich jede Menge hübscher kleiner Ankerplätze, nur kommt man wegen des Niedrigwassers in den wenigsten Fällen dorthin. Nach zwei Etappen finden wir aber doch einen für uns erreichbaren Platz. Vom Fluss abzweigend geht es durch ein schmales Rinnsal, das wie eine Allee links und rechts von Bäumen gesäumt ist. Dann öffnet sich in einen idyllischer kleiner See. Vögel zwitschern, Grillen zirpen, sonst ist es still. Abgesehen von zwei Fischern in ihrem Ruderboot treffen wir keine Menschenseele. In der Nacht überkommt uns dann doch plötzlich ein mulmiges Gefühl. Wenn wir hier im Süden an so einem Ort überfallen werden, sind wir geliefert.

Am andern Tag weckt uns die Sonne. Nebelfetzen werden übers Wasser getrieben und leuchten magisch wie Feenschleier. Der Herbstwald prangt in sattem Rot und Gelb. Er spiegelt sich im glatten Wasser, das höchstens von ein paar Enten gekräuselt wird. Langsam wird die Luft wärmer und saugt den Nebel auf.

Wir machen uns einen faulen Tag: Matratzen und Decken lüften, weitere Etappen planen, an der Sonne liegen, lesen. Wir sind in einem Dilemma: Einerseits werden wir wieder vom kalten Wetter eingeholt. Vor allem die Nächte und der frühe Morgen sind recht frostig. Andererseits ist die Hurrikan-Saison am Golf noch nicht ganz vorbei. Gerade jetzt verfolgen wir am Radio Berichte über den Hurrikan »Irene«. Er zeichnet sich mit 125 Meilen pro Stunde (= 200 km/h) nicht durch besonders hohe Windgeschwindigkeiten aus, ist aber ausgesprochen nass. Er kommt aus der Karibik, überflutet Florida und dreht nach Charleston S.C.

Der nächste Ankerplatz hinter einer kleinen Insel im Tennessee

River ist leicht erreichbar und wir haben Gesellschaft von anderen Booten, die in der gleichen Richtung unterwegs sind. Praktisch jedes amerikanische Boot ab dreißig Fuß verfügt über eine Klimaanlage, mit der man auch heizen kann. Das braucht natürlich viel Strom. Ein kleiner Trawler sucht verzweifelt einen großen Kollegen mit starkem Generator, um sich an dessen Stromnetz anzuhängen. Sorry, wir können nicht dienen. Wir haben keinen Generator, nur große Batterien, und heizen im Übrigen mit Diesel.

Sobald wir schneller fahren, haben wir wieder das klopfende Geräusch backbord achtern. Meine provisorische Reparatur hat nichts gebracht. Trotz meiner Erkältung tauche ich unter das Boot und demontiere das Propellerchen des Anstoßes, bevor es das Gelcoat beschädigt.

Nach einer Schleuse kommen wir in den 470 Meilen langen Tenn-Tom Waterway, die Verbindung zwischen dem Tennessee River und dem Tombigbee, der in den Golf von Mexiko führt. Der erste Abschnitt ist ein Kanal von 234 Meilen mit zehn Schleusen. Er wurde erst 1985 fertig gestellt und die Anlagen sind entsprechend modern. Alle Schleusen sind mit einer größeren Anzahl Schwimmpoller ausgestattet, die hier auch von den Sportbooten benutzt werden dürfen. Das Zu- und Abwasser wird durch ein großdimensioniertes Kanalsystem geleitet und strömt von unten her, verteilt über die ganze Fläche des Schleusenbodens. Trotz Hubhöhen von bis zu dreißig Metern sinkt oder steigt das Wasser ruhig und erstaunlich schnell. Es entstehen kaum Wartezeiten für die Schubverbände und Vergnügungsboote.

Entlang des Kanals gibt es nur wenig Möglichkeiten, sich zu verproviantieren. Der Aqua Yacht Harbor stellt einen Kleinbus zur Verfügung, mit dem wir in einem größeren Supermarkt unsere Vorräte auffüllen. Wir befinden uns wiederum in einer »trockenen« Gegend und müssen 15 Meilen bis nach Savannah fahren, um Wein zu bekommen. Den gibt es auch dort nur in besonderen Alkoholläden.

Eigentlich wollen wir »Peter Vella's Merlot«. Das ist ein einfacher, trockener Landwein für alle Tage. Das Geschäft führt allerdings nur einen »Burgunder« der gleichen Marke. »Burgunder« ist etwas sehr ungenau. Zudem haben wir die letzte gekaufte Flasche in frischer Erinnerung. Der recht teure »klassisch amerikanische Rotwein« war künstlich aromatisiert und mit Saccharin gesüßt. Auf dem Etikett fanden wir die Empfehlung, den Saft mit Ginger Ale oder Limonade zu mischen. Da wir uns einen größeren Vorrat an Wein zulegen wollen, möchten wir den empfohlenen Burgunder zuerst versuchen. Der Verkäufer hat nichts dagegen, nur hat ihm die Polizei beim letzten Besuch das Weinglas weggenommen. Wir degustieren deshalb im Hinterzimmer aus einer Kaffeetasse. Die besseren Kellermeister degustieren ja schließlich auch nicht aus dem Glas, sondern aus einer »tasse de vin«.

Zurück in der Marina erleben wir einen kleinen Aufstand. Verschiedene Skipper beanstanden beim Hafenmeister das Fehlen des TV-Anschlusses! Auf vielen Booten wird nach dem Anlegen als Erstes der Fernseher angestellt. Die Crew hockt dann auch bei schönstem Wetter auf dem dick gepolsterten Sofa und guckt in die Glotze. Es ist fast wie zu Hause und man fragt sich, warum sie überhaupt unterwegs sind, wo es doch zu Hause vor dem Fernseher am schönsten ist.

Am anderen Morgen frühstücken wir im Restaurant der Marina. Das steht erhöht am Ende einer Pier. Man sitzt im Freien, genießt die Sonne und hat einen prima Rundblick. Fast alle Hotels und besseren Marinas offerieren den ganzen Tag gratis Kaffee à discrétion. Meistens gibt es auch ein bescheidenes Frühstück. »Complimentary« heißt es, was man als »nette Geste« übersetzen kann. Oft sind es »bagels«, das sind Brötchen mit Loch, bei denen der Begriff »Dauerbackwaren« eine neue Bedeutung erhält. Die Dinger sind oft so zäh und liegen so schwer im Magen, dass man den ganzen Tag etwas davon hat. Manchmal gibt es auch Toast mit Butter und Marmelade oder ein Süßgebäck. Das wahre amerikanische Frühstück aber wird gekocht. Es besteht aus mindestens zwei Eiern. Man kann wählen zwischen Rührei, Spiegeleier mit flüssigem Dotter, halbflüssig, gewendet oder durchgebraten. Dazu gibt es knusprig gebratenen Speck oder Würstchen, kleine Bratkartoffeln, Grütze oder weiße Bohnen, Kaffee, Marmelade, Butter und Toast. Wer Lust hat, kann auch noch heiße Waffeln mit Zuckersirup übergießen. Ein Spielverderber, wer da an Cholesterin und Kalorien denkt.

Wohl aus Kostengründen wurde beim Bau des Tenn-Tom-Kanals am Rand nicht der ganze Wald abgeholzt. Über lange Strecken sieht man tote Baumstämme im Wasser stehen und halb vermoderte

Strünke, aus denen bereits neue Pflanzen sprießen. Das Unange-
nehme an der Geschichte ist, dass wir viel im Wasser treibendes, halb
abgesunkenes Holz antreffen, das man besser nicht in die Schrauben
bekommt. Zudem hat es auch immer mehr kleine schwimmende
Inseln. Die bereits bekannten Wasserhyazinthen sind wieder da.

Im Übrigen ist das Steuern nicht allzu anspruchsvoll, wenn man
die Grundregeln kennt: In einer Flussbiegung ist das Wasser an der
Außenseite der Kurve am tiefsten. Je größer in zwei Zonen der
Unterschied der Fließgeschwindigkeit, desto eher bildet sich eine
Sandbank. Wenn die Wasseroberfläche kräuselt, ist oft etwas darunter, aber es kann auch eine Miniwindbö sein. Bei einer kleinen, stehenden Welle ist sicher etwas darunter. Am Ast, der aus dem Wasser guckt, hängt gelegentlich ein ganzer Stamm, der darauf wartet,
über die Antriebsschrauben herzufallen. Viel mehr braucht man
nicht zu wissen.

In Demopolis werden wiederum Lebensmittel eingekauft. Außerdem benötigen wir dringend Motoröl, Luft-, Diesel- und Ölfilter und
was es sonst noch braucht für einen großen Service. In der Marina
können wir nur an einer Boje festmachen. Abends herrscht Hochbetrieb. Die Yachten haben sich telefonisch angemeldet und ihren
Platz reserviert. Trotz guter Sichtverhältnisse fahren viele mit dre-
hender Radarantenne und voller Festbeleuchtung. Manch einer will
tanken und schafft es nicht, näher als drei Meter an die Tankstelle
heranzukommen. Dies gilt vor allem für die großen Boote. Offensichtlich werden viele der Motoryachten mit sechzig und mehr Fuß
und einem Preisschild von über einer Million Dollar von Anfängern
gekauft und gefahren. Das Marinapersonal hat sich offensichtlich an
die Situation gewöhnt und zieht auch große Dampfer mit Leinen
Hand über Hand an den Steg. Marlise ist absolut fasziniert. Stundenlang hockt sie auf dem Vorschiff, schaut dem Treiben grinsend zu
und kommentiert. Gott sei Dank versteht niemand unseren Schweizer Dialekt. Übrigens: Dieselben Skipper, die abends bei strahlendem
Sonnenschein mit laufendem Radar eintreffen, fahren am anderen
Morgen bei dichtem Nebel mit Sichtweiten unter fünfzig Metern
ohne Radar und Positionslichter wieder los.

Meile um Meile zeigt sich das gleiche Bild. Wunderschön bunter
Herbstwald und ein Fluss, der in der Farbe langsam vom Grünlichen

ins Gelbe übergeht. Irgendwo muss die Zivilisation stattfinden, aber man sieht kaum etwas davon. Brauchbare Marinas hat es bis Mobile keine mehr und man muss sich fürs Übernachten einen Creek, ein Nebenflüsschen mit genügend Wassertiefe, aussuchen, in dem man ankern kann, ohne Gefahr zu laufen, von einem Schubverband überfahren zu werden. Im ersten dieser Creeks mache ich mich an den großen Motorenservice. Marlise kocht.

Risotto mit Gemüse
Schnell, einfach, schmackhaft, für 4 Personen

¹/₂ kg Kurzkornreis (Risotto)
3 Zwiebeln
Safran
50–100 g getrocknete Steinpilze
200 geriebener Parmesan
mindestens ¹/₂ Flasche Weißwein
Wasser
3 Bouillonwürfel
2 kleinere Auberginen
250 g Camembert

Zwiebeln und Reis dünsten, mit reichlich Weißwein ablöschen. Eingeweichte Steinpilze beigeben. Reis immer mit heißer Bouillon bedeckt auf kleinem Feuer mindestens eine Dreiviertelstunde kochen. Immer wieder Wasser nachgießen und umrühren. Am Schluss nochmals etwas Wein beigeben. Anrichten mit Parmesan. Vorgekochte Aubergine längs halbieren, mit Salz oder Aromat würzen, mit Camembert belegen und im Backofen mit starker Oberhitze überbacken. Der Käse sollte nicht nur laufen, sondern eine leichte Kruste bilden.

Schon seit langem führe ich alle Servicearbeiten an den Motoren selbst durch. Das spart ein paar Franken im Jahr. Noch wichtiger, ich weiß, dass es ordentlich gemacht ist. Meine Erfahrung hat mir gezeigt, dass beinahe jede zweite Reparatur, die irgendwo unterwegs von einem »Profi« durchgeführt wurde, grobe Mängel aufweist.

168

Mangelhafte oder keine Ausbildung, schlechtes Werkzeug, falsches Material und schlampige Arbeit sind in dieser Branche leider nur allzu oft die Regel.

In jungen Jahren habe ich mit Hingabe englische Motorräder gefahren. Die waren oft kaputt, daran musste, bis zur Totalrevision von Motoren, so oft geschraubt werden, dass das beinahe einer Mechanikerlehre entsprach. Ich habe also eine Ahnung von der Materie. Entscheidend ist ohnehin nicht das Wissen, sondern die Motivation. Ich kann beliebig viel Zeit einsetzen, da ich sie ja nicht bezahlen muss. Jede Einstellung, jede Reparatur wird nicht nur so gut wie unbedingt nötig, sondern so perfekt wie möglich ausgeführt. Das lohnt sich. Man hört, man spürt den Unterschied selbst bei groben Bootsmotoren.

Ventile einstellen kann man z.B. so, dass die korrekte Lehre noch in den Spalt geht, die nächstgrößere aber nicht mehr. Das gibt ein gutes Resultat. Ein Perfektionist dreht beim Einstellen am Ventilstößel, bis sich ein leicht erhöhter Widerstand zeigt. Wann welches Ventil einzustellen ist, kann recht einfach herausgefunden werden. Man dreht die Kurbelwelle (stirnseitig am Motor) mit Nuss und Rätsche, bis an einem Zylinder der Kippwechsel der Ventile zu sehen ist, und dann noch eine volle Umdrehung weiter. Jetzt können beide Ventile eingestellt werden. Das wiederholt man für jeden Zylinder. Ich kenne diese Methode allerdings nur vom Hörensagen. Wesentlich einfacher geht es mit einem Werkstatthandbuch. Manche Motorenhersteller verkaufen dieses allerdings nicht an Laien und es braucht den Umweg über einen gefälligen Mechaniker.

Man sollte auch, wo immer möglich, versuchen, eine Verschmutzung zu vermeiden, anstatt sie hinterher aufzuputzen. Manche Mechaniker stülpen z.B. eine Plastiktüte über den auszuwechselnden Öl- oder Dieselfilter – eine gute Methode. Ich selbst schneide lieber eine Einweg-Kunststoffflasche seitlich auf. So erhalte ich ein Auffangbecken mit seitlichem Ausguss und kann nicht nur das Öl oder den Kraftstoff leicht auffangen, sondern auch problemlos zum Altöl respektive zurück in den Dieseltank schütten.

Einspritzdüsen zu kontrollieren und falls nötig auszuwechseln ist keine große Sache. Die Einspritzpumpe selbst sollte man allerdings immer einem Spezialisten überlassen. Aber wie findet man diesen Mann in einem fremden Land, wo man die Sprache nicht beherrscht?

Ein Mechaniker, der viel unterwegs ist, hat mir den Tipp gegeben: »Bau das Ding aus und steig damit in den nächsten Bus. Irgendwann kommt die Endstation, und dort hat es mit Sicherheit eine Werkstatt mit einem kompetenten Einspritzpumpenspezialisten.«

Gelegentlich sieht man einen Biber oder Otter. Da die Tiere nicht die Freundlichkeit besitzen, uns ihre charakteristischen Schwänze zu zeigen, können wir mit unseren beschränkten Zoologiekenntnissen nie mit Sicherheit sagen, ob es das eine oder andere ist. Stelzvögel, weiße Silberreiher und große Blaureiher (»egrets« und »great blue herons«) stehen im seichten Wasser, am Ufer und mehr noch auf abgestorbenen Baumstämmen und lauern auf Beute: Insekten, Fische oder Frösche. Sie sind den Verkehr der Sportboote gewohnt und ergreifen erst die Flucht, wenn man nahe an sie heranfährt. Graugänse und Blesshühner treffen wir in größeren Schwärmen an. Oft fliegen sie erst davon, wenn man schon beinahe an ihnen vorbei ist. Ich vermute, dass das Schiff von der Seite gesehen bedrohlicher wirkt als von vorn, weil es so viel größer aussieht.

Alligatoren sollen hier weit den Fluss hinaufkommen. Bisher haben wir noch keine ausgemacht. Im trüben Wasser wären sie allerdings auch nicht zu sehen, wenn es welche hat. Ein Kollege vom Schweizer Cruising Club wurde vor einem Jahr von einem Krokodil getötet, als er im trüben Wasser tauchte, um den Halt des Ankers zu kontrollieren. Das gibt uns zu denken. Ab jetzt ankern wir nur noch mit einer zusätzlichen Leine, mit welcher der Anker so gedreht werden kann, dass er unter allen Umständen hochkommt.

Ein besonderes Erlebnis ist eine Begegnung mit großen grauen Vögeln. Ungefähr zwei Dutzend sitzen am Ufer und lassen sich, die Flügel etwas abgestellt, von der Sonne den Bauch bescheinen. Einige weitere hocken auf den Bäumen in der Nachbarschaft. Sie sehen aus wie die beinahe ausgestorbenen Weißkopfadler (»bald eagles«), das Wappentier der USA. Nur die Farben stimmen nicht. Im Gegensatz zum Wappentier sind ihre Köpfe nicht weiß, sondern gleich grau wie das restliche Gefieder. Später lese ich, dass die Jungtiere der Weißkopfadler noch keinen weißen Kopf besitzen. Der Farbwechsel kommt erst mit der ersten Mauser. Die Adler sind Zugvögel. Sie brüten in Kanada und ziehen im Herbst gen Süden. Deshalb haben wir sie hier im Schwarm angetroffen. Das Jahr hindurch lebt der König der Lüfte ja einsam oder als Paar. Die Tatsache, dass es so viele sind und alles Jungtiere, lässt vermuten, dass die Adler aus einer Zucht, einem Neuansiedlungsprogramm stammen.

Im Übrigen sieht man immer noch Herbstwald, Herbstwald und noch einmal Herbstwald. Ich glaube, wenn ich noch einen weiteren farbigen Baum sehe, fange ich an zu schreien. Aber das geht nicht, schließlich muss ich ja die Moral hochhalten und Marlise findet die Natur immer noch und immer wieder wunderschön. Endlich sieht man etwas Industrie und am Horizont die Kräne des Hafens von Mobile. Gott sei Dank, die 250 Meilen Natur pur sind hinter uns. Ich atme auf und stelle fest, dass auch Marlise die Nase schon lange voll hatte, nur durfte sie es mir gegenüber nicht zugeben.

Wir fahren diese Strecke zum größten Teil mit gemütlichen neun bis zehn Knoten und sind jetzt insgesamt über 700 Fahrstunden unterwegs. Zum Vergleich: Ich habe in einem Fachheft gelesen, dass eine Motoryacht in Europa durchschnittlich knapp 50 Stunden pro Jahr unterwegs ist, in den USA sind es sogar nur 26 Stunden. Das ist durchaus einleuchtend, denn die meisten Amerikaner brauchen ihr Boot vor allem zum Fischen. Eine andere Untersuchung zeigt, dass ein großer Teil der Yachten, die in den Marinas des Mittelmeers liegen, das ganze Jahr über nie bewegt werden. Wir bewegen unsere FORTUNA normalerweise 200 bis 300 Stunden pro Jahr, so wirken die jetzt gefahrenen Strecken doch schon recht lang.

Furrer's Law on Yachting Nr. 8:

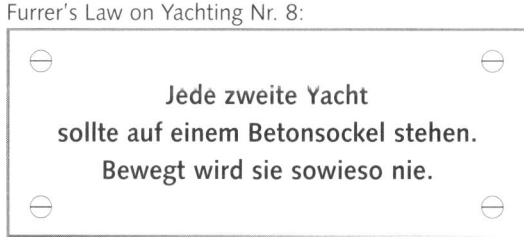

**Jede zweite Yacht
sollte auf einem Betonsockel stehen.
Bewegt wird sie sowieso nie.**

Die Typologie des Motorbootbesitzers würde jedem Soziologen genügend Stoff bieten für eine breit angelegte Doktorarbeit. Zum einen gibt es Leute, die finden vor allem im Besitz Erfüllung. Sie pflegen ihr Boot aufs Gründlichste, perfektionieren die Technik, bauen alles Mögliche (und Unmögliche) an Zubehör ein, ohne viel zu fahren. Eine Untergruppe bilden die Bewunderer, die im bequemen

Stuhl vom Steg aus die optischen Reize ihrer Yacht bewundern. Eine andere sind die Putzer. Auf Malta hatten wir einmal einen Nachbarn, der täglich kam, um sein Boot abzuspritzen, und nach getaner Arbeit sofort wieder verschwand.

Andere benutzen ihr Boot als schwimmende Gartenlaube und genießen an Deck bei einem Bierchen die freie Natur der Marina oder der immer gleichen, nächstgelegenen Bucht. Hier gibt es als Untergruppe die Geselligen, die zu diesem Unterfangen ihre Freunde einladen. Die Engländer reden bei diesen Booten von einem »Gin-Palast«.

Für wieder andere ist die Yacht ein Prestigeobjekt und Mittel zum Zweck. Sie brauchen sie, um Geschäftsfreunde zu beeindrucken oder um kleine Mädchen zu vernaschen.

Dann gibt es endlich auch noch die fahrenden Skipper. Mit schnellen, übermotorisierten Booten werden Machtgefühle ausgelebt, mit beschaulicherem Fahrstil das Naturerlebnis gesucht. Der eine sucht die Herausforderung auf hoher See, der andere sieht sich eher als Tourist, der auch in der Ferne nicht auf den gewohnten Komfort von zu Hause verzichten will.

Eine Klasse für sich sind die Meilenfresser. Wir haben von einem Kollegen gehört, der hat mit seiner Motoryacht den ganzen Big Loop – auch in seiner kürzesten Variante etwa 5000 Seemeilen – in weniger als einem Monat absolviert. Dass er dabei viel gesehen hat, möchte ich allerdings bezweifeln.

Das Sportboot-Hobby umfasst viele Varianten und es ist müßig, diese vergleichend werten zu wollen. Andere Menschen spielen mit einer Modelleisenbahn, fahren Ski, sammeln Briefmarken, besuchen Fußballspiele, bekehren andere zum wahren Glauben oder sonst etwas. In jedem Fall ist das Hobby das Salz des Lebens. Sagte nicht schon Oscar Wilde: »Man umgebe mich mit Luxus. Auf das Notwendige kann ich verzichten.«

Der Golf von Mobile ist das Revier der Pelikane. Die großen Vögel sind beinahe so zahlreich wie an anderen Orten die Möwen und wirken ausgesprochen komisch, wenn sie mit angezogenem Kopf wie schwerfällige Wasserflugzeuge dahersegeln. Wir fahren durch den engen, ausgebaggerten Kanal zum Dog River in der Hoffnung, dort in einer der Marinas Platz zu finden. Zahlreiche Krabbenfischer bewegen sich mit ihren Schleppnetzen im gleichen Kanal. Offensichtlich sind das die besten Jagdgründe. Für uns bleibt nur wenig Platz, da wir nie genau wissen, wie breit die Netze sind. Die Boote haben Ausleger. Pelikane setzen sich darauf und warten auf lohnende Beute.

Der Golf von Mobile ist leider auch ein Revier der »no-see-uns« (offiziell: »biting midgets«, »beißende Zwerge«, aber jeder sagt »no-see-uns«). Die knapp einen Millimeter langen, beinahe unsichtbaren schwarzen Mücken treten in riesigen Schwärmen auf und stechen vor allem in der Dämmerung. Sie kriechen auch unter die Bekleidung. Man kann sich kaum gegen sie schützen. Zuerst erwischt es vor allem Marlise. Sie hat Stiche zwischen den Zehen, in den Ohren, auf dem Haarboden, an Armen und Beinen, überall. Jeder Stich verursacht eine relativ starke Schwellung, die ekelhaft juckt. Marlise kratzt sich blutig und ist übersät mit kleinen Verletzungen, die Wochen brauchen, um abzuheilen. Dann fallen die Viecher über mich her. Ich zähle am linken Bein 86 Stiche. Allerdings kann ich mir das Kratzen verkneifen, und nach vier Tagen ist alles wieder in Ordnung.

Ein Fliegengitter ist zu grobmaschig und bildet kein Hindernis. Mückenvertreibungsmittel zum Einstreichen wirken allenfalls appetitanregend. Als nächste Waffe versuchen wir Duftkerzen – erfolglos. Dann graben wir in den Tiefen des Bootes eine dieser elektrischen Mückenlampen aus, welche die Tiere mit ihrem Licht anlocken und anschließend grillen soll. Die bringt ebenfalls nichts. Ich glaube sogar, wir haben die Biester kichern gehört. Es bleibt nichts anderes übrig, als uns ab 16 Uhr nachmittags ins Schiff zurückzuziehen und alle Löcher zu schließen. Eine Einheimische gibt uns endlich einen brauchbaren Rat. »Skin so soft«, eine Baby-Lotion, zur Hälfte mit Wasser verdünnt, wird mit einem Zerstäuber auf Haut, Kleider, Bettwäsche, Vorhänge etc. gesprayt. Das Produkt duftet so süß, dass es sogar den »no-see-uns« zu blöd wird.

In der Dog River Marina, knapp außerhalb von Mobile, wollen wir ein paar Tage bleiben. Einerseits hat uns die lange Fahrt ziemlich ermüdet, und andererseits wollen wir unsere FORTUNA hier für ein paar Tage verlassen, um mit dem Greyhound-Bus nach New Orleans zu reisen.

Spät abends macht Marlise eine neue Bekanntschaft. Als sie die Mülltonne öffnet, um den Abfall zu entsorgen, faucht sie ein graues Tier an. Sie sieht ein spitzes Gesicht, runde Öhrlein, feine Vorderpfoten mit langen, schlanken Fingern. Der lange buschige Schwanz ist hell- und dunkelgrau gestreift. Das Tier ist etwa so groß wie ein Dackel. Erschreckt macht Marlise zwei Schritte zurück und starrt auf das Ungeheuer. Das Tier starrt zurück, sucht nach Gefahren, klettert vorsichtig aus der Mülltonne und zieht Leine. Es dürfte sich um einen »racoon«, einen Waschbären, gehandelt haben. Die Einheimischen reden allerdings von »loomy«. Er ist ein typischer Zivilisationsfolger und überall anzutreffen.

Recht verbreitet ist auch das Opossum, die Beutelratte, zudem sollen im Dog River drei Alligatoren schwimmen. Wir haben aber keinen gesehen.

Nutria, Biberratten, leben an vielen sumpfigen Ufern. Diese Nager sind als Pelzlieferanten sehr beliebt. Eine Zeit lang herrschte ein richtiger Goldrausch. Jedermann versuchte die Tiere zu züchten. Manche entwischten, vermehrten sich rasch und verdrängten die einheimische Fauna. Das Gleiche ist übrigens auch in England in einem Schilfgebiet nahe bei Cambridge passiert. Die Viecher scheinen in Bezug aufs Klima nicht besonders wählerisch zu sein.

Gespräche mit den andern Skippern und dem Hafenmeister sind immer wieder interessant. Der Hafenmeister besitzt ein kleines Kapitänspatent und fuhr über zwanzig Jahre zur See. Mit einem 150 Fuß großen Boot hat er die Bohrtürme besucht und deren Personal sowie Material und Vorräte transportiert. Seinerzeit hatte ein Schiffsführer keine Möglichkeiten, eine Fahrt zu verweigern, sonst musste er mit einer fristlosen Entlassung rechnen. So war er oft bei schlimmstem Wetter mit pausenlosem Dienst über 24 Stunden unterwegs. Einmal habe er wegen dichten Nebels mehr als einen Monat lang kein einziges Mal Land gesehen. Heute haben die Skipper wenigstens auf dem Papier etwas mehr Rechte.

Interessant ist auch folgende Geschichte: Vor ein paar Monaten musste eine große, über zwei Millionen Dollar teure Hatteras, wohl eine der weltweit renommiertesten Yachten, abgeschleppt werden. Das Boot dümpelte lange Zeit in der Mobile Bay. Die Coastguard wollte nicht abschleppen, da dieses Recht nur den professionellen Abschleppdiensten zusteht, solange keine Mayday-Situation (unmittelbare Gefährdung von Leben) besteht.

Wegen eines Kurzschlusses war das ganze elektrische System zusammengebrochen. Dadurch versagten beide Generatoren und die Elektronik, welche die Einspritzpumpen der Dieselmotoren steuert. Alte Dieselmotoren mit mechanischer Einspritzsteuerung wären weitergelaufen. Alte elektrische Systeme, ohne zentrales Management, hätten ihren Dienst nur partiell aufgegeben. Das gibt zu denken. Ich träume doch schon seit längerer Zeit von einem neuen Schiff mit elektronisch gesteuerten Motoren. Dass man sich neben der saubereren Verbrennung (auch in den niedrigen Tourenzahlen) und dem bescheideneren Verbrauch auch ein erhöhtes Risiko einhandelt, hatte ich bis dahin nicht realisiert. Vielleicht könnte man mit zwei getrennten Stromkreisen statt zentralem Management arbeiten, sodass im Notfall immer noch eine Reserve vorhanden ist.

Auch sonst sind die erfahreneren Skipper nicht gerade glücklich über den aktuellen Trend im Bootsbau, der uns als Fortschritt verkauft wird. Die amerikanischen Motoryachten werden immer breiter und höher. Der Wohnraum soll so wirken wie die gute Stube zu Hause. Schließlich haben die Gattinnen beim Kauf ein wichtiges Wort mitzureden, und diese wollen an Bord alles so haben wie daheim. Der Kraftstoff ist bis zu fünfmal billiger als in Europa. So kann man es sich leisten, ungünstige Bootsformen mit überdimensionierten Motoren zu versehen. Die Boote kommen dann damit schon irgendwie in Fahrt, hinterlassen aber enorm viel Schwell, der alle Flussufer kaputtmacht. Ankern liegt ja meistens nicht drin, da die Skipper nie gelernt haben, wie man so etwas macht. So fahren sie relativ lange Strecken von Marina zu Marina. Das bedeutet, sie fahren schnell, und das bedeutet noch mehr Wellen.

Der Außenbordmotor für das Beiboot wurde uns irgendwo in Kanada gestohlen. Seit Chicago habe ich überall vergeblich nach einem Ersatz gesucht. Ich will keine japanische Marke, sondern einen amerikanischen Johnson/Evinrude mit 4 PS. Dieses Gerät ist so weit verbreitet, dass man überall Service und Ersatzteile findet. Das Problem: Kein Amerikaner will einen so kleinen Motor, deshalb ist das Modell nirgends vorrätig. Ich bin jetzt wieder einmal mit dem Gratisauto einer Marina unterwegs und werde bei einem großen Johnson-Händler endlich fündig. Der Motor, das nächstjährige Modell, ist noch original verpackt. Wir lassen das Ding in einem Testtank laufen und werden handelseinig.

Marlise und ich sind überrascht davon, dass man in den Staaten so viele gläubige Menschen antrifft. Wenn es in den Marinas aufs Wochenende zugeht, werden wir immer wieder gefragt, wo und wann der nächste Gottesdienst stattfindet. Gelegentlich werden wir auch von Einheimischen bereits nach einem kurzen Geplauder zu einem gemeinsamen Kirchgang eingeladen. Eigentlich wäre das recht interessant, aber wir haben Hemmungen. Touristen haben in einem fremden Gottesdienst nichts verloren.

Teilweise nimmt die Religiosität für uns schwer verständliche Formen an. In einem Supermarkt in Mobile kommen wir mit einer schwarzen Dame ins Gespräch. Sie erklärt uns, dass sie jetzt zu Christus gefunden habe. Und seitdem sie mit dem Erlöser im Reinen ist, trinke sie keine Cocktails mehr, sondern nur noch Rotwein. Rotwein sei schließlich das Blut Christi. Sie schaut uns treuherzig an und meint es offensichtlich ernst. Ihr Einkaufswagen ist voller Flaschen.

Nach dreieinhalb Stunden mit dem Greyhound-Bus kommen wir in New Orleans an. Die Stadt hat einen starken französischen Einfluss, oder genauer: zwei Einflüsse. Einerseits den Cajun von weißen, französisch sprechenden Siedlern, die teilweise aus Kanada und teilweise direkt aus Frankreich kamen, andererseits den Creol von französisch sprechenden Schwarzen aus der Karibik. Das zeigt sich nicht nur in der Küche und in den Straßennamen, sondern auch in der Mentalität der Leute.

Die Wiege des Jazz stand in New Orleans, im French Quarter. Weltberühmt ist die Bourbon Street, die auch heute noch das Zentrum von Jazz, Jazzliebhabern und anderen Touristen bildet. Ein Großteil des Nachtlebens findet auf der Straße statt. Leute flanieren, stehen in Gruppen, und jeder hat seinen Becher voll Bier, Cocktail oder Soda in der Hand. Praktisch aus jeder der dicht aneinander stehenden Bars tönt Jazzmusik und vermischt sich mit den Klängen der Nachbarn. Natürlich ist nicht jede Band Spitze, und Gott sei Dank ist auch nicht alles Dixieland. Wir finden auch »Rhythm and Blues«, Boogie und Anklänge an Rock. Die Preise sind vernünftig, wir ziehen von Lokal zu Lokal.

Als besonderes Heiligtum gilt die Preservation Hall. Das ist eine kleine, uralte, schmutzige Bude an der St. Peter Street. Es hat Bän-

ke für ungefähr dreißig Zuhörer, Kissen am Boden für weitere fünfzehn und etwa fünfzig Stehplätze. Weitere zwanzig Leute stehen und
sitzen im Eingang. Lange bevor das Lokal öffnet, bilden die Besucher eine Schlange um den halben Block herum. Die Preservation
Hall Jazz Band besteht aus älteren Herren. Sie ist eine klassische
Formation: Trompete, Posaune, Saxophon/Klarinette, Banjo, Klavier,
Bass und Schlagzeug. Gespielt wird in einem Stil wie vor hundert
Jahren, und zwar ausschließlich Jazz-Standardmelodien. Die Soli
kommen in immer gleich bleibender Reihenfolge, jeder der Spieler
kommt zum Zug. Eine Verstärkeranlage ist nicht vorhanden, sodass
die leiseren Instrumente etwas Mühe haben. Die Zuschauer sind
andächtig. Das Spiel ist nicht nur technisch sauber, sondern man
spürt aus jeder Note die Freude und Begeisterung der alten Herren,
die auch nach langjähriger Routine offensichtlich immer noch da ist.
Die Zuhörer kommen und gehen. Marlise und ich bleiben auf unseren Kissen am Boden sitzen, bis die Kehrseite weh tut, und dann noch
ein bisschen länger.

Natürlich besteht das French Quarter, oder Vieux Carré, nicht nur
aus Jazz und Touristenrummel. Wer ein paar Schritte weiter geht,
findet eine charmante Wohngegend mit Häusern aus dem 19. Jahrhundert. Viele haben breite, gusseiserne Balkone mit verschnörkel-
ten Geländern, die den Gehsteig überschatten, und hübsche, gepflegte Hinterhöfe voll wucherndem, subtropischem Grün.

Als wir vor einem der Höfe stehen bleiben, um ein Auge voll zu
nehmen, werden wir von einem grauhaarigen, livrierten schwarzen
Herrn freundlich zu einer Besichtigung eingeladen. Wir sind im
Soniat House gelandet, einem der schönsten kleinen Luxushotels von
ganz Amerika. Das Gebäude wurde 1829 von einem reichen Planta-
genbesitzer erstellt und kombiniert kreolischen Stil mit klassisch
griechischen Elementen. Luftige Terrassen und lauschige Winkel
laden zum Verweilen ein. Die Innenräume sind hell, freundlich und
wurden aufs Sorgfältigste restauriert. Moderner Komfort ist selbstverständlich vorhanden, aber so integriert, dass die alte Struktur
erhalten bleibt. Jedes Zimmer ist individuell und mit viel Geschmack
eingerichtet. Man findet echte antike Möbel, teilweise aus Europa,
handgeknüpfte Teppiche, geschmackvolle Bilder und passende Textilien. Unser freundlicher Führer zeigt uns Suiten mit mehreren
Räumen, die um die 700 Dollar pro Nacht kosten. Aber auch die ein-

facheren Zimmer für wesentlich unter 200 Dollar sind großzügig und aufs Geschmackvollste eingerichtet. Wenn ich mir da überlege, in was für einer schäbigen Flohbude wir abgestiegen sind, die auch 100 Dollar kostet…

New Orleans ist stolz auf seine Creol- und seine Cajun-Küche. Besonders beliebt ist Cumbo, eine Fischsuppe mit Meeresfrüchten, vielen Zwiebeln und scharfen Gewürzen. Sie ist so dick, dass der Löffel darin stecken bleibt. Die wichtigsten Gewürze sind Tabasco, Gewürzmischungen aus schwarzem, weißem und rotem Pfeffer, Zwiebeln und Knoblauch. Man findet in den Läden eine außerordentlich große Zahl von Fläschchen mit scharfen Säften. Ich habe eine Reihe durchprobiert und festgestellt, es ist immer wieder eine Art Tabasco. Die Unterschiede sind klein.

In einer Kochschule im Riverwalk, einem langgestreckten Einkaufscenter an einem Flussarm des Mississippi, können wir einen Einzelkochkurs besuchen. Das Menü besteht aus Shrimp-Beignets, Bourbon Chicken und Praline-Sauce. Die Beignets bestehen aus einer Art Bierteig ohne Bier mit ein paar Crevetten drin. Das Gewürz – Ingwer, getrocknete Pfefferschoten und Knoblauch – ist recht interessant, doch das Resultat, gemessen am Aufwand, eher enttäuschend. Das Bourbon Chicken, eine Variante zum Coq-au-vin, lohnt sich vor allem wegen des Gemüseanteils, weshalb ich das Rezept hier weitergebe.

Bourbon Chicken

8–10 Stück gehäutetes Huhn ohne Knochen
(z. B. Hühnerbrüstchen)
2 Tassen gehackte Zwiebeln
1 Bündel gehackte Frühlingszwiebeln
2 Löffel gehackte Petersilie
4 Löffel Butter
1 Kaffeelöffel Knoblauchpulver
$^1/_2$ Kaffeelöffel schwarzer Pfeffer
1 $^1/_2$ Tassen Wasser
1 kleines Gemüsebouquet
1 Löffel Zucker
1 dl Bourbon Whiskey

1–2 Kaffeelöffel Speisestärke
Evt. abgeriebene Zitrone
Evt. Zuckercouleur

Hühnerbrüstchen ohne Haut mit Knoblauchpulver und Pfeffer wür-
zen und auf dem Blech im Backofen bei 180°C 40-45 Minuten bra-
ten. Zur Seite stellen.
Zwiebeln in Butter 5 Minuten dünsten. Alle Zutaten außer Whiskey
und Stärke zugeben und 15 Minuten auf kleinem Feuer köcheln
lassen. Whiskey zugeben und weitere 5 Minuten kochen. Sauce mit
Stärke eindicken. Salz nach Geschmack. Wird zu Teigwaren oder
Reis serviert.
Bemerkung: Dadurch, dass das Huhn durchgebraten und nicht nur
kurz angebraten und dann mitgekocht wird, wird es ein bisschen fade.
Eine interessante Variante: Rum statt Bourbon Whiskey.

Vor drei Tagen wurde das erste große Kasino der Stadt eröffnet. Es
verfügt über 2900 Spielautomaten, dazu kommen 120 Black Jack-,
Bakkarat- und Roulette-Tische. Abgesehen vom Dixieland-Jazz im
Foyer erinnert nichts an New Orleans. Gold, Glitzer, tausend kleine
Lichter und der Geräuschteppich der Spielautomaten sind gleich wie
überall. Anscheinend ist es ein ungeschriebenes Gesetz, dass alle
Kasinos in den USA gleich aussehen. Aus politischen Gründen fehlen hier die normalerweise dazugehörenden Restaurants, Night
Shows und das Hotel. Man wollte den bestehenden Hotels der Tou-
ristenstadt keine Konkurrenz machen. Die Presse zweifelt am Erfolg
des Unternehmens, das immerhin 750 000 Dollar pro Tag einbrin-
gen muss um zu überleben. Vor kurzem ist der Versuch eines ähnlichen, etwas kleineren Unternehmens jedenfalls gescheitert.
   Die traditionellen Schiffskasinos gibt es im Übrigen nach wie vor.
Allein in dieser Stadt gehen vier davon ihrem Gewerbe nach, und
im ganzen Süden hat es Dutzende. Sie werden vor allem von den Einheimischen besucht. Je nach Gemeinde müssen sie bis zu zwölf Meilen von der Küste entfernt und damit in internationalen Gewässern
sein, bevor der Spielbetrieb eröffnet werden darf. Andernorts bleiben sie fest an der Pier vertäut.
   Mit einer Tageskarte für Straßenbahn und Bus machen wir eine
Rundreise durch die Außenquartiere. Marlise feiert mit Begeisterung

ihr Wiedersehen mit den alten, herrschaftlichen Villen des Südens mit ihren Säulenportalen. Neben den weißen Fassaden finden wir auch recht viele Gebäude in Sichtbackstein. Das ist neu. Die Einfamilienhäuser sind in parkähnliche Gärten eingebettet, und alte Eichen bilden schattige Alleen.

Es muss aber auch Slumviertel geben. Eine ältere Dame, die im Bus ihr Fahrziel in einer dieser Gegenden angibt, wird vom Chauffeur freundlich aufgeklärt, dass das keine gute Idee sei. In einem längeren Gespräch versucht er herauszufinden, was sie will, und findet mit ihr eine weniger gefährliche Lösung. So viel Hilfsbereitschaft möchte ich einmal bei einem Schweizer Busfahrer erleben.

Das Schlagwort von den mulikulturellen USA ist nur bedingt richtig. Das zeigt sich auch in New Orleans deutlich. Die verschiedenen Kulturen sind zwar vorhanden, doch es ist bestenfalls ein Nebeneinander, kein Miteinander. Auch in New Orleans sind ganze Viertel entweder weiß oder schwarz. Schwarze Viertel sind in der Regel arm, unsauber, mit hoher Kriminalität.

Der Unterschied zwischen Arm und Reich ist in den USA fast so groß wie in einem Drittweltland. An dieser Armut kommt man auch als Tourist nicht vorbei. Wer mit dem Greyhound, dem Transportmittel des kleinen Mannes, reist, isst in der Greyhound-Cafeteria von schmutzigen Tischen Junk-Food aus dem Plastikgeschirr. In den Bussen kann es schon vorkommen, dass zwischen den Sitzen alte Kotze klebt. Ich habe gelernt, genau hinzugucken, bevor ich irgendwo hingreife.

Die Rückreise mit dem Greyhound nach Mobile führt an viel Wald und kilometerlangen Sandstränden entlang. Wir kommen in Touristenorte. Alles wirkt gepflegt. Das gilt nicht nur für die Hotels und öffentlichen Anlagen, sondern vor allem auch für die Privathäuser, oft wunderschöne, alte Villen inmitten mächtiger Eichen. Das Wetter ist sehr angenehm, aber im Sommer möchte ich nicht hier sein. Die ganze Gegend leidet dann unter einen »99er Klima«, das heißt 99° Fahrenheit (37°C) und 99% relative Luftfeuchtigkeit. Das wäre mir zu feucht und zu heiß. Trotzdem sollen immer mehr Europäer ihre Sommerferien hier verbringen.

Besonders sympathisch wirkt das 50 000-Seelen-Städtchen Biloxi. Trotz seinen riesigen Kasinos hat man das Gefühl, ein Stück der Côte d'Azur vor sich zu haben. Oder ist es doch nicht ganz so positiv?

Biloxis Ruf ist miserabel. Die Stadt soll der Ferienort der Ostküstenmafia gewesen sein und der Sitz der regionalen Verbrechersyndikate. Entlang des Highway 90 zog sich der Strip, eine Mischung von Bars, Strip- und Nepplokalen, Billighotels und Fastfood-Restaurants, wo sich Prostitution, illegales Glücksspiel und Rauschgifthandel breit machten. Während Jahrzehnten und bis in die jüngste Zeit guckten korrupte Beamte, Polizei und Politiker weg und ließen sich schmieren. Die Entwicklung fand ihren Höhepunkt in der Ermordung eines Richters und seiner politisch engagierten Frau, die aufräumen wollten. Heute ist das Glücksspiel legalisiert, die Stadt hat dadurch mehr Geld in der Kasse, aber sonst soll sich wenig geändert haben. Der Strand ist ein Symbol dafür: Er wirkt für den vorbeifahrenden Betrachter schön und friedlich, aber er ist künstlich, aufgeschütteter Sand auf felsiger Unterlage, und in der Nacht soll es vor lichtscheuem Gesindel nur so wimmeln.

Zurück in der Dog River Marina werden wir aufs Herzlichste empfangen. Die zweite Chefin der Capitanerie, ein 75-jährige, liebe Oma, die uns bei unserer Abreise in einer braunen Tüte ein paar der ersten Mandarinen als Wegzehrung mitgegeben hatte, schenkt uns zum Abschied einen Sack voll frisch ausgekernter Pecan-Nüsse (amerikanische Walnuss) der neuen Ernte.

Wir wollen nur einen kleinen Hüpfer über die Mobile Bay machen, denn dort soll es besonders schön sein. Bei unserer Ankunft im Dog River mussten wir uns zwischen einem Pfosten und einer Motoryacht durchmogeln, um in einem engen Kanal zum noch freien Anlegeplatz zu kommen. Jetzt beim Ablegen steht eine doppelt so große Yacht hinter uns. Der Weg ist beinahe ganz blockiert. Zudem hat es Wind und etwas Tidenströmung und wir müssen rückwärts fahren. In mir regt sich der Ehrgeiz und ich sehe mir die Sache genau an: Wenn ich den Holepunkt für die letzte Leine richtig setze und nur eine Spur mit den Motoren nachhelfe, sollten Wind und Strömung uns am Ort um 170 Grad drehen und mit Präzision aus der Klemme helfen. Ich liebe diese langsamen Altherrenmanöver, die wie von selbst ablaufen. Voraussetzung ist allerdings, dass man sein Boot gut kennt, denn jedes verhält sich anders. Wir legen ein Traummanöver hin. Verflixt, warum schaut niemand zu! Wenn es nicht so prächtig läuft, haben wir immer Dutzende von Zuschauern…

Fairhope mit seinen 9000 Einwohnern ist wohl in den USA das einzige Städtchen dieser Größe, das einen eigenen Blumengärtner beschäftigt. Wie die öffentlichen Anlagen beweisen, leistet der Mann erstklassige Arbeit. Ursprünglich wurde Fairhope von einer marxistischen Gruppe gegründet, die ein Leben ohne Privateigentum führen wollte. Heute zieht es immer mehr gut betuchte Senioren an, die dort ihren Lebensabend verbringen wollen. Wir sehen aber auch junges Volk, und in der Saison dürften recht viele Touristen anzutreffen sein.

Es gibt 32 Restaurants und mindestens so viele Antiquitätenläden. Die Antiquitäten werden offensichtlich aus Europa importiert, und einer der Läden weist auf einer Tafel im Schaufenster darauf hin, dass gerade eine neue Ladung aus England angekommen sei. Dann gibt es noch viele andere Boutiquen, die mit ihrer Ware das Heim schmücken wollen. Schulen, Post, Friseur und andere Läden sind in einem Dorfkern konzentriert. Am frühen Morgen herrscht reger Betrieb. Die Wohnhäuser, meist ansehnliche Villen, stehen im Schatten großer Eichen und Pinien. Es ist wohl die Sommerhitze, die auf sonnige Gärten verzichten lässt. Der Ort liegt mitten im schwarzen Alabama, aber wir haben keinen einzigen Afroamerikaner (Ich habe es gelernt!) angetroffen.

Das City Dock befindet sich am äußeren Ende einer längeren Pier knapp unterhalb des Zentrums des Ortes. Der Hurrikan, der vor einem Jahr vorbeizog, hat seine Spuren hinterlassen. Elektrischer Strom fehlt auch heute noch. Wir sind die einzigen Passanten.

Wie ich erneut feststellen muss, verliert unser Backbordmotor immer mehr Kühlwasser. Vor einem Jahr mussten wir in Mariehamn auf den Aaland-Inseln für teures Geld den Zylinderkopf neu abdichten lassen. Dann kam die Panne in Chicago. Einmal mehr krieche ich durch den Motorenraum und versuche herauszufinden, wo es rinnt. Es ist das gleiche Kupferröhrchen wie in Chicago, nur diesmal am andern Ende. Ein Versuch, den Schaden selbst zu beheben, scheitert, denn es fehlt mir die Dichtungsmasse, die ich für die Reparatur brauche. Wir bewegen deshalb unser Boot in eine knapp zwei Meilen entfernte Marina, damit wir gleich am anderen Morgen (Montag) auf einen Mechaniker hoffen können. Die Marina ist knallvoll. Obwohl der Preis fürs Übernachten beinahe dreimal höher ist, bietet sie abgesehen von Strom nicht mehr und ist viel schlechter gelegen als das City Dock. Aber schließlich sind wir ja nicht zu unserem Vergnügen hier.

Die Reparatur verläuft zufriedenstellend. Der Mechaniker ist freundlich und kompetent, das fehlerhafte Kupferrohr wird demontiert und der Kühlerflüssigkeitsablaufhahn direkt am Zylinderblock montiert. Man kommt jetzt etwas schlechter dran, wenn man den Frostschutz ablassen will, aber sonst ist diese Lösung genauso gut wie die alte. Leider muss ich dann aber feststellen, das es auch sonst noch undichte Stellen hat. Um genau zu sein, ist es fast leichter festzustellen, wo es keine undichten Stellen hat.

Unterdessen fährt Marlise mit dem Courtesy Car der Marina in die Stadt, um Ersatz für eine defekte Fahrradspeiche zu suchen. Der Nitroverdünner ist alle, denn Marlise hat ihn gebraucht, um die unappetitlich gewordenen Fender zu reinigen. Zudem braucht sie dringend etwas Wirksames gegen Insekten. Das Vehikel, ein uralter Ford Kleinlaster, kann man sich klapperiger gar nicht vorstellen. Das Steuer hat eine Viertelumdrehung Spiel, die Bremsen greifen kaum, Sicherheitsgurte und Anzeigen sind defekt. Wenn der Automat den Gang wechselt, gibt es jedes Mal ein mittleres Erdbeben. Gibt es in diesem Land keine Fahrzeugkontrollen, die so ein Vehikel von der Straße nehmen? Es gibt keine.

Florida

Delfine, Pelikane und Krabbenkörbe: Wieder im ICW – Neue Freun-
de – Zirkusgeschichte – »No wakes«: Keinen Schwell, bitte! – Thanks-
giving Day – Schönes, gepflegtes Paradies – Thomas A. Edison – Flo-
rida binnen: Die Okeechobee Waterways – Alligatoren und Raketen –
»Harley« und »Irene« – Navigation nach Sicht

Dreißig Kilometer südlich treffen wir auf einen alten Bekannten:
den kleinen, gelben Kleber auf den Seezeichen. Der ICW (Intracoastal Waterway) hat uns wieder, er zieht sich auch am Golf von Mexiko entlang. Unser Weg führt durch eine Kette von Seen. Die Ufer
leuchten weiß vom Quarzsand. Immer mehr Palmen mischen sich
unter den Pinienwald.

Wer im Mittelmeer reist, erlebt eine Begegnung mit Delfinen als
Höhepunkt. Hier ist es Alltag. Kaum vergeht eine Stunde, ohne dass
die Tiere aus dem glasklar sauberen Wasser auftauchen. Wir fragen
uns, wie ein Delfin überhaupt genügend Platz findet, das Wasser ist
oft keine zwei Fuß tief und auch in den ausgebaggerten Fahrrinnen
sind oft nur acht Fuß anzutreffen. Meistens begegnen wir ganzen
Schulen von Delfinen. Sie springen paarweise oder zu dritt. Sie kommen so nah ans Boot, dass man sie nicht nur atmen hört, sondern auch
sieht, wie eine kleine Wasserfontäne aus dem Atemloch geblasen
wird. Oft kommen sie uns fast zu nahe. Wir befürchten, sie mit unseren Schrauben zu verletzen. Da Delfine zu den intelligentesten Tieren gehören und Verkehr gewohnt sind, müssen wir aber annehmen,
dass sie wissen, was sie tun.

Interessant sind auch die Wasservögel. Neben vielen Pelikanen
sieht man jetzt auch wieder Möwen sowie Angringas. Die Tonnen
sind beliebte Raststätten, kaum eine bleibt unbesetzt. Pelikane
hocken in der Regel auf den grünen, die sind oben flach und bieten

den großen Vögeln mehr Platz. Für die Angringas, schlanke, knapp entengroße Vögel mit spitzem Schnabel, bleiben die roten, spitzen Tonnen. Dort stehen sie nach der Jagd nach Fischen mit offenen Flügeln und trocknen ihre Federn. Wie man uns erzählt, besitzen diese Vögel keine Fettdrüsen, um ihr Gefieder wasserabstoßend zu machen. Deshalb werden sie nass und müssen sich trocknen lassen. Nach jedem Tankerunfall erscheinen in den Medien Bilder von Angringas mit gespreizten Flügeln als Opfer der Ölpest, dabei hat diese Stellung nichts mit verklebten Federn zu tun und ist absolut normal.

Die Temperaturen sind tagsüber sommerlich warm, fast zu warm, und sinken nachts auf angenehme 15°C. Das Wetter verwöhnt uns mit Sonnenschein. Die Lichtverhältnisse lassen aber nicht vergessen, dass wir bereits Mitte November haben. Da wir uns nahe an der Grenze der Zeitzone befinden, wird es zwar früh hell, doch bereits um 17 Uhr ist es finster.

Wir machen deshalb früh Feierabend und finden einen hübschen Ankerplatz in einem einsamen Creek. Eine kleinere Gruppe Delfine umschwimmt unser Boot und Marlise versucht sie bei ihren Sprüngen zu fotografieren. Leider ist die Distanz- und Belichtungsautomatik moderner Kameras so langsam, dass man immer zu spät kommt, um den idealen Moment zu erwischen. Der Filmverbrauch in den letzten Tagen ist enorm. Allein auf der Jagd nach einem guten Pelikanbild hat sie über fünfzig Aufnahmen verschossen.

Am nächsten Tag wird die Kette von Seen von einem Kanal abgelöst. Das Wasser ist nicht mehr klar, sondern moorig schwarz. Kein einziger Delfin, kein einziger Wasservogel ist anzutreffen. Da wir immer noch Fischer sehen, ist nicht anzunehmen, dass die Tiere aus Futtermangel wegbleiben. Vielleicht liegt es an der Wasserqualität, denn Moorwasser ist ja recht sauer.

Für unseren Neunzig-Meilen-Hüpfer über die offene See brauchen wir Diesel. An der Tankstelle lernen wir Rudolf und Denise aus New Jersey kennen, die mit ihrer HEIDI-MARIE ebenfalls seit dem Frühling unterwegs sind und den »Big Loop« machen. Beim Happy Landing Drink an Bord unserer FORTUNA besprechen wir die Route für die nächsten Tage und beschließen, ein Stück zusammen zu fahren. Marlise und ich sind darüber nicht unglücklich, denn der Backbordmotor verliert trotz der letzten Reparatur nach wie vor mehrere Liter

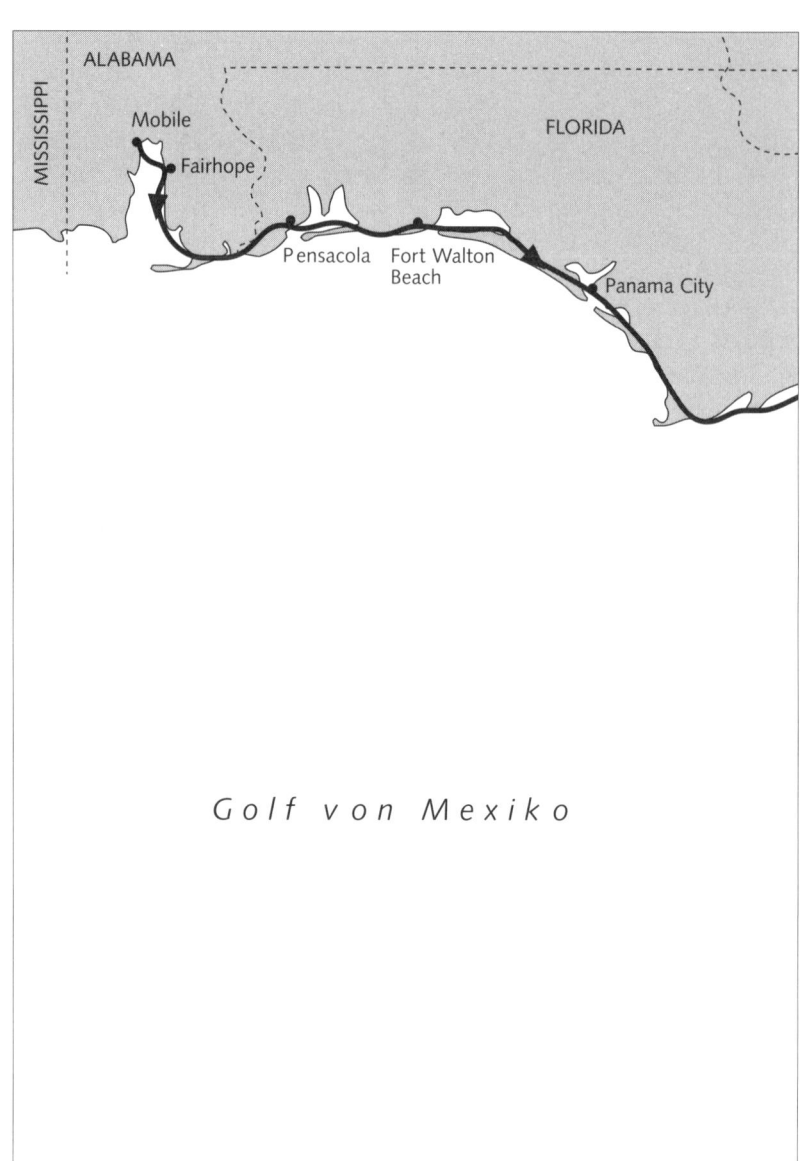

Golf von Mexiko

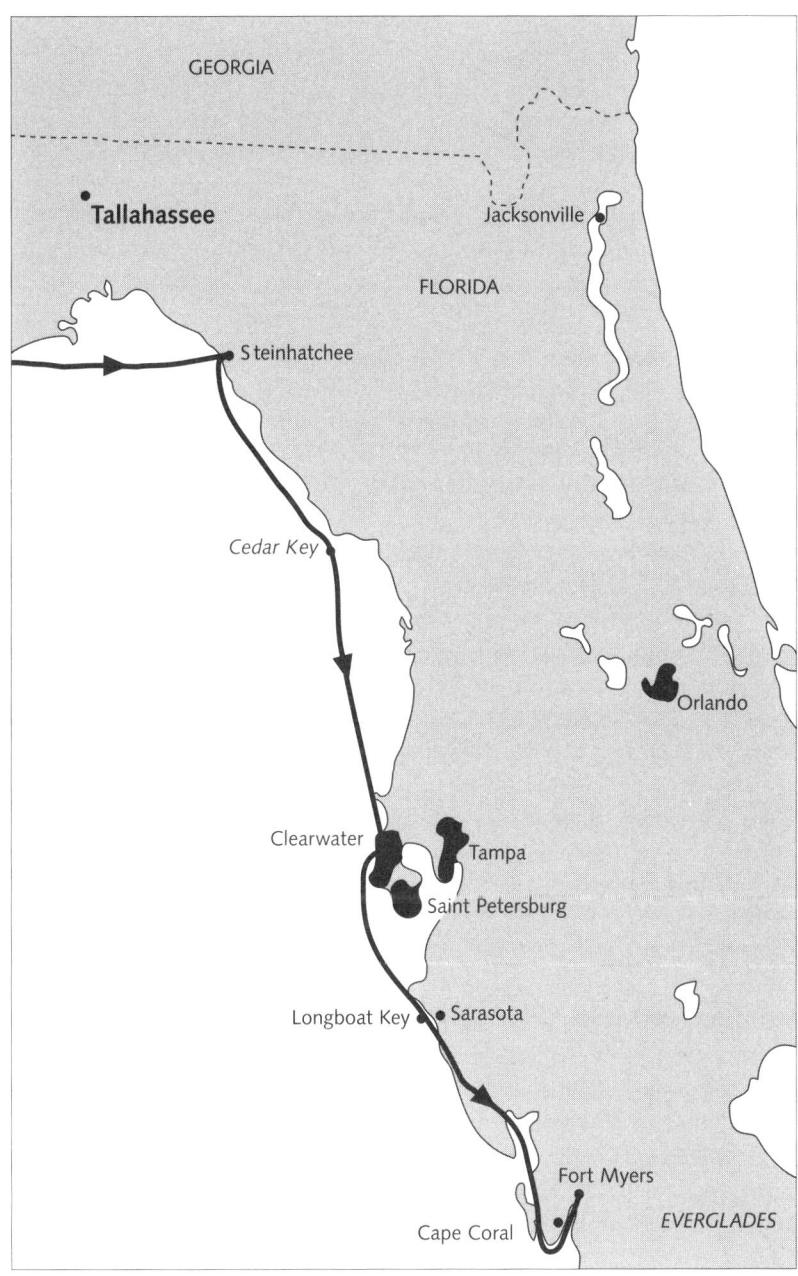

Kühlwasser pro Tag. Ein Boot mit kompetentem Skipper in der Nähe zu wissen ist beruhigend.

Wir fahren die nächsten drei Tage zusammen und nehmen gemeinsam unsere Nachtessen ein. Einmal kochen wir, einmal sie, und einmal geht's auswärts. Es sind interessante, weltoffene Leute, die ein Stück von Europa gesehen haben. Er hat sein Tiefbaugeschäft den Söhnen übergeben. Sie, wesentlich jünger, befasst sich zwischendurch immer noch mit juristischen Fragen. Wir reden über Boote, Vor- und Nachteile verschiedener Skigebiete, wirtschaftliche Aspekte und Probleme, die mit erwachsenen Kindern auftauchen können. Es sind »unsere Sorte Leute«, das heißt, Menschen mit ähnlichen Ansichten und Lebensumständen.

Bei etwa fünf Beaufort Wind und seitlicher Welle rollt unser Boot ungemütlich. Wir kürzen deshalb die Überfahrt ab und suchen ein ruhiges Plätzchen in der Inselgruppe von Cedar Key. Die Zufahrt ist eng und flach. Mitten zwischen zwei Lateralzeichen liegt ein Segelboot, das den Weg versperrt. Ist es vor Anker? – Nein, es ist aufgelaufen. Unser Kollege vor uns quetscht sich daran vorbei und meldet eine Untiefe, Grundberührung. Obwohl wir eine Spur mehr Tiefgang haben, wage ich den Versuch, durchzukommen. Der Meeresboden besteht aus weichem Schlick. Es kann also nicht viel passieren. Außerdem erwarten wir die Flut. Ein Tidenhub von zwei Fuß würde uns in jedem Fall wieder flott machen. Wir gewinnen etwas Schwung, setzen mit dem Kiel auf, rutschen, dann fassen die Schrauben im Dreck und ich schiebe unsere FORTUNA mit Nachdruck durch die Schlammbank ins tiefere Wasser dahinter.

Mit Cedar Key haben wir einen Glücksgriff getan. Es ist ein altmodischer, hübscher Mini-Ferienort inmitten eines Naturschutzgebiets. Der Name kommt von den Zedern, die hier früher wuchsen. Das Holz diente zur Herstellung von Bleistiften, eine wichtige Geldquelle für die Einheimischen. Der Pelikan hat als Warenzeichen Eingang ins Schreibwarengeschäft gefunden. Ob er wohl ursprünglich aus Cedar Key stammt?

Beim Anlegen warte ich, bis der Kollege festgemacht hat, und merke nicht, dass uns die Strömung auf das Ende der Pier zutreibt. Es wird knapp. Ohne seine rasche Hilfe hätten wir wohl die Reling verbogen. Eine Menge Leute schaut zu. Dem Hochmut vom Dog-River-Manöver folgt der Fall von Cedar Key.

Das Public Dock gehört zu den einfacheren Anlegern mit einer bescheidenen Infrastruktur, aber es ist sehr preisgünstig. Trotzdem sieht man kaum Boote, dafür aber jede Menge Angler am Wochenende und noch mehr Pelikane. Die großen, plumpen Vögel sind sehr zutraulich und lassen die Menschen nahe an sich heran. Ein ideales Sujet für Fotos, von dem wir und die anderen Touristen natürlich regen Gebrauch machen.

Die Pelikane warten darauf, dass jemand einen Fisch herauszieht, der zu klein ist oder dem Fischer sonst irgendwie nicht passt. Längst haben sie herausgefunden, dass es einfacher ist, sich füttern zu lassen als selbst auf die Jagd zu gehen. Einer ist allzu gierig. Er schnappt sich den Fisch, den ein Fischer an Land zieht, bevor dieser ihn von der Angel hat, und hängt jetzt selbst daran. Der Vogel flattert, wehrt sich. Ein Hieb mit den Flügeln kann recht schmerzhaft sein. Die Aufregung unter den Anglern ist groß. Es braucht die gemeinsame Anstrengung mehrerer Leute, um den Vogel aus seiner misslichen Lage zu befreien. Am Ende bleibt nichts anderes übrig, als die Angelschnur durchzuschneiden.

Viele Angler kratzen zuerst einmal mit einem Stock unter Wasser an den Pfosten des Stegs, bevor sie die Angel auswerfen. Ich wundere mich eine ganze Weile, was da geschieht. Dann taucht eine Erinnerung aus meiner Kindheit auf – Fischen an einem Schweizer See. Wohl wissend, dass »anfüttern« verboten war, guckten wir verstohlen links und rechts, bevor wir eine Hand voll Fliegenmaden oder gekochte Hörnli (kleine Teigwaren) ins Wasser warfen. Die Fische wurden durch das reichliche Nahrungsangebot angelockt, und wir hängten unsere Angel mitten hinein. Hier passiert genau das Gleiche. Die Pfosten sind dicht mit Muscheln bewachsen. Wenn man diese zertrümmert, wird es für die Fische interessant.

Am Montag kommen nur wenige Angler. Die Pelikane hocken auf dem Flachdach eines nahen Hafenrestaurants und auf den Pfosten des Anlegers und beobachten. Plötzlich stürzt sich einer wie ein Stein ins Wasser und taucht wieder auf. In seinem Kehlsack befindet sich offensichtlich ein Fisch. Der Vogel schluckt und fliegt zurück auf seinen Ausguck. Die Jagd scheint sehr erfolgreich zu sein . Wir konnten keinen einzigen Misserfolg beobachten.

Der Weg entlang der Küste ist dicht besetzt mit Krabbenkörben. Sie sind mit Leinen und verschiedenfarbigen Schwimmern versehen. Von Zeit zu Zeit kommt in rascher Fahrt ein Fischerboot. Steuer- und backbord steht jeweils ein Mann. Ohne zu stoppen werden die Körbe an ihren Schwimmern herausgezogen, kontrolliert und wieder zurückgeworfen.

Wir fahren gegen die Sonne, das Wasser glänzt und die Schwimmer sind kaum zu sehen. Die Leinen bestehen aus billigem, monofilem Polypropylen und schwimmen auf dem Wasser. Außerdem setzen die Fischer ihre Körbe kreuz und quer (und gegen die Vorschrift) direkt in die Fahrrinnen. Zweimal muss ich tauchen, um aufgewickelte Leinen aus dem Propeller zu schneiden. Das ist bei den fünf Fuß hohen Wellen nicht ungefährlich. Das Boot kommt ohne Fahrt arg ins Rollen. Da heißt es aufpassen, dass einem die Schiffsschrauben mit ihren scharfen Kanten nicht den Schädel spalten.

Diese Krabbenkörbe sind wirklich eine Pest, da sind sich alle einig. Für die Großschifffahrt scheint das Problem sogar noch schlimmer zu sein. Ein Kapitän erzählt, dass auch bei ihm nur allzu oft jemand ins Wasser muss, um die Schrauben freizuschneiden. Er geht allerdings erst, wenn sich ein halbes Dutzend oder mehr Körbe angesammelt haben. Im Bootshandel ist ein speziell gebogenes Messer zu kaufen, welches das Losschneiden etwas leichter macht. Zwischen den Krabbenfischern herrscht Krieg. Jeder hat das Gefühl, dass es zu viele andere gibt. Manche leeren der Konkurrenz nachts die Fallen, zerstören sie oder klauen den Fang.

Spät am Nachmittag erreichen wir Clearwater und sind enttäuscht. Der Ort wurde uns von allen Seiten gepriesen. Was wir dann zu sehen bekommen, sind riesige Hotelkästen, große Apartmenthäuser und ein paar protzige Villen, verstreut in einer sterilen Umgebung. Weder die Gebäude des Scientology Headquarters noch die Villa der Tochter von Elvis Presley können uns begeistern.

Ab hier werden wir immer wieder Tafeln mit Geschwindigkeitsbeschränkungen antreffen, die zum Schutze der Seekühe eingerichtet worden sind. Die schweren, plumpen Tiere haben es nicht gelernt, den Motorbooten auszuweichen. Viele werden von den Schrauben verstümmelt.

Wegen der einbrechenden Dunkelheit wollen wir nicht weiter, aber die Marina, die wir schließlich gefunden haben, ist eine Katastrophe. Der Steg hat weder Elektrizität noch Wasser, dafür riecht es nach Fäkalien. Dann kommt es noch schlimmer. Nachts werden wir von einem aus- und einlaufenden Kasinoschiff wach gehalten und früh morgens erhalten wir eine Dreckdusche, weil gleich nebenan das Unterwasserschiff einer großen Yacht mit dem Hochdruckreiniger abgespritzt wird. Für all das wollen die Freunde 40 Dollar, den Preis für ein einfaches Hotelzimmer!

Etwas Positives hat Clearwater allerdings: Nach vielen Wochen Funkstille – das letzte Mal hatten wir in Toronto Kontakt – funktioniert unser Handy wieder. Wir bauen die Verbindung zum Internet auf und finden nur erfreuliche Nachrichten. Den Söhnen und dem Rest der Familie geht es gut. Die Börse sieht wieder etwas besser aus. Urs und Renée Wunderli, zwei bisher unbekannte CCS-Kameraden, laden uns ein, ein paar Tage an ihrem Privatsteg auf Longboat Key zu verbringen.

Interessant ist, über welche Umwege der Kontakt zustande gekommen ist. Wie versprochen hatte ich im August dem Cruising Club für sein Bulletin einen Artikel über den Beginn unserer Reise gegeben. Dieser wurde zuerst auf Deutsch, dann noch auf Französisch veröffentlicht. Wunderlis sandten daraufhin ihre Einladung per E-Mail an das Zentralsekretariat des Klubs. Der Generalsekretär war abwesend, so ging sie vom Sekretariat an seinen Stellvertreter. Der leitete sie dann mit Kommentar an unsere E-Mail-Adresse weiter. Da wir lange Zeit keine Netzverbindung bekamen und somit E-Mails nicht abrufen konnten, wurde die Nachricht von einem unserer Söhne in Bern entgegengenommen und von ihm über »hotmail« (die von jedem Computer aus abgerufen werden kann) an uns weitergeschickt. 42 Seemeilen vor Longboat Key lesen wir durch diese Kette glücklicher Umstände zum ersten Mal von Urs und Renée. Wir rufen an und werden nochmals aufs Herzlichste eingeladen.

Longboat Key ist eine langgestreckte Insel vor Sarasota und besteht auf der Meerseite aus einem einzigen durchgehenden, wunderschönen weißsandigen Badestrand. Sie ist vom Festland nicht nur durch den ICW, sondern auch durch eine Art Lagune abgetrennt. Die unbewohnten Sister Islands mit ihrem dichten Mangrovenbestand liegen dazwischen. Sie wurden von der Gemeinde Longboat Key aufgekauft und bilden ein kleines Naturreservat. Den Binnenstrand schmücken gepflegte Einfamilien- und Ferienhäuser inmitten üppig wuchernder, subtropischer Grünanlagen.

Dank der genauen Instruktionen von Urs finden wir an Untiefen und einer Brücke vorbei den gesuchten Privatsteg. Anlegen ist nicht ganz einfach, denn neben dem Wind hat es eine ordentliche Tidenströmung. Außerdem hängen an den Pfosten etliche Hinweisschilder wie »Bitte langsam fahren« oder »Anlegen verboten, Privatbesitz«, die förmlich darauf warten, von uns durch ein ungeschicktes Manöver demontiert zu werden.

Ellen, die ältere, verwitwete Nachbarin der Wunderlis, weist uns auf »unseren« Liegeplatz ein und offeriert uns einen Happy Landing Drink in ihrem Haus. Später, beim Nachtessen in einem gemütlichen Gartenrestaurant, stoßen auch Wunderlis dazu. Urs ist ein begeisterter Wassersportler und hat früher, als er noch in der Schweiz lebte, in einer CCS-Kommission wichtige Arbeit geleistet. Er verfügte dank seiner Arbeit für ein führendes schweizerisches Medienunternehmen über zahlreiche internationale Kontakte, die auch dem Klub zugute kamen. Rasch werden gemeinsame Seglerfreunde und Bekannte ausgemacht.

Urs ist trotz seiner selbstgewählten Frühpensionierung ein absoluter Dynamo. Als Berater für seinen ehemaligen Arbeitgeber tätigt er nach wie vor wichtige Geschäfte. Dann importiert er aus Frankreich mit viel Erfolg sportliche Ruderboote aus Kunststoff. Wie wir uns am andern Morgen überzeugen können, verkauft er seine Boote nicht nur, sondern rudert sie mit Begeisterung selbst. Gelegentlich rudert er sogar bis ins Büro. Auch Renée, seine hübsche, zierliche Frau ist eine Persönlichkeit. Die Idee mit den Booten stammt von ihr und sie arbeitet im Geschäft mit. Die Kinder sind ausgeflogen.

Die Gastfreundschaft ist überwältigend. Urs und Renée stellen uns nicht nur Steg, Strom und Wasser zur Verfügung, sondern laden uns auch gleich zu sich nach Hause zum Nachtessen ein. Falls wir am Thanksgiving Day noch in der Gegend sind, sind wir zusammen mit andern Gästen ebenfalls eingeladen. Selbstverständlich dürfen wir Swimmingpool, Tennisplatz und Waschmaschine benutzen, und uns steht ein komfortabler, großer Jeep zur Verfügung. Auch Ellen, die Nachbarin, ist sehr nett. Sie kommt immer wieder auf einen Schwatz vorbei und verwöhnt uns mit Grapefruits aus eigenem Garten. Um nicht total schäbig dazustehen, laden wir ein zu einem Nachtessen an Bord. Die Möglichkeiten sind bescheiden, aber immerhin, es hat so gut geschmeckt, dass von den großen Portionen nichts übrig blieb.

Curry

Der Curry wird in der Bratpfanne zubereitet.
Das ist einfacher fürs Anbraten, zudem kann man die
Sauce bei der kurzen Kochzeit besser reduzieren. Für 4 Personen

$^1/_2$ kg Langkornreis, parboiled
1 l Wasser
0,8 kg Truthahn, Kalb oder Schwein in Würfel geschnitten (1,5–2 cm)
1 große Zwiebel
200 g Kokosmilch oder Blanc Battu oder Quark oder Sahne
1 gehäufter Kaffeelöffel (mehr oder weniger, nach Geschmack)
gelbe Currypaste (oder zur Not Pulver)
0,5 kg gehackte Tomaten (Dose)
4 Bananen oder Ananas (zur Not Dose)
200 g Mandeln, geschält

*Den Reis in heißes Wasser schütten, salzen und kochen. Wenn der
Reis das Wasser beinahe vollständig aufgesogen hat, die Temperatur ganz zurückregeln, Deckel darauf und auf kleinster Hitze zwanzig Minuten ziehen lassen.*
*Curry: Fleisch anbraten und zur Seite stellen. Zwiebeln hacken, mit
Currypaste und etwas Öl scharf anbraten. Wenn die Zwiebel glasig
ist, gehackte Tomaten beigeben und 10 Min. auf milder Flamme
kochen. Fleisch dazu und wärmen. Kokosmilchpulver mit heißem
Wasser anrühren, bis es dickflüssig wird. Vor dem Servieren Kokosmilch (oder Ersatz) darunter rühren. Nicht mehr kochen, sonst kann
die Sauce gerinnen.*
*Bananen bzw. Ananas in mundgerechte Stücke schneiden. Sie küh-
len den Mund, wem der Curry etwas zu scharf ist. Ich serviere die
Früchte roh oder, bei kaltem Wetter und wenn genügend Platz auf
dem Herd ist, gebraten.*
*Mandeln hellbraun rösten (vorher). Sie bringen etwas Knackiges in
den Curry.*

Alles separat servieren.

Ficus Benjamini, Dieffenbachia, Gummibaum, Yucca und andere Pflanzen, die wir zu Hause als bescheidene Zimmerpflanzen kennen, wachsen hier als Busch oder gar als Baum im Freien. Oleander, Hibiskus, Azaleen und Bougainvillea blühen um die Wette. Auch Palmen gibt es in den unterschiedlichsten Varianten. Wir erkennen Kokospalmen, Fächerpalmen – dann versagen unsere botanischen Kenntnisse. Auch Essbares findet sich in den Gärten. So sind jetzt Bananen, Grapefruits, Mandarinen, Feigen und Avocados reif.

Die Gartenwege und die Zufahrtstraße sind mit weißen Muscheln bestreut. Darüber huschen blitzschnell kleine Echsen. Eine fünfzig Zentimeter lange Schlange sitzt züngelnd im Ablauf des Swimmingpools und greift alles an, was in die Nähe kommt. So idyllisch ist es allerdings nur am »Lands End«, wo unsere neuen Freunde wohnen. Auf dem Rest der Insel herrscht luxuriöse Weite und gepflegte Langeweile.

»Unser« Privatsteg ist bei den Fischern sehr beliebt. Früher banden sie ihre Boote an, blockierten damit die Anlage und kamen sogar an Land. Als Verbotstafeln nichts brachten, griff Urs zum Wasserschlauch und spritzte die Leute ab. Jetzt ankern sie knapp vor und zwischen den Stegen. Gelegentlich kommen auch Profifischer vorbei. Meist ist es nur ein Mann, der in seinem flachbodigen Kahn steht. Ein kleiner Elektroantrieb am Bug sorgt für Schleichfahrt. Die Fische werden richtiggehend gejagt. Der Mann wirft im Zielwurf sein Netz so aus, dass es sich dreht. Dank der Fliehkraft und kleiner Gewichte am Saum öffnet es sich, fällt flach aufs Wasser, sinkt über die Fische und wird zugezogen. Oft fängt er so nur ein oder zwei Fische auf einmal, aber ein glücklicher Wurf kann auch den halben Fischkasten füllen.

Sarasotas wichtigste Attraktion ist das Ringling-Museum. Mit dem von Urs zur Verfügung gestellten Jeep fahren wir in die Stadt und sehen uns die Sache an. Der 1936 verstorbene John Ringling ist eines der sieben Geschwister der bekannten Zirkusfamilie von Ringling Bros. and Barnum & Bailey. Ihnen gehörte der mit über zweitausend Mitarbeitern größte Zirkus der Welt. Das lange Zelt mit seinen drei Arenen, in denen mehrere Artisten gleichzeitig ihr Können zeigten, ist in den Sechzigerjahren abgebrannt. Heute spielt der Zirkus nur noch in festen Gebäuden, Fußballstadien und Ähnlichem.

John Ringling ist nicht nur mit dem Zirkus reich geworden, sondern vor allem durch Spekulation mit Eisenbahnen und Ölfeldern. In der Zwanzigerjahren kaufte er im durch den Ersten Weltkrieg verarmten Europa große Mengen Kunst zusammen.

Das Ringling-Museum befindet sich in einem prächtigen Park. Es besteht aus mehreren Teilen; als Erstes besuchen wir das Zirkusmuseum. Wir sehen eine Sammlung alter Plakate. Im nächsten Raum stehen prächtig restaurierte Prunkwagen, die seinerzeit beim Einzug in eine Stadt in der Parade mitfuhren. Arbeitswagen mit nachgestellten Szenen zeigen den Alltag, kleine und große Modelle den Zirkus in Aktion.

Das Kunstmuseum stellt eine sonderbare Mischung von großer und nicht ganz so großer Kunst aus. Bedeutend sind die barocken Gemälde von Rubens, Velázquez und Franz Hals. Bei anderen ist die Herkunft zweifelhaft. Manches grenzt an Kitsch. Man sieht, dass die Gemälde mit viel Geld und wenig Kunstverstand in kurzer Zeit zusammengerafft worden sind. Eine kleine aber feine Ausstellung neueren Datums befasst sich mit Fotografie.

Direkt an der Sarasota Bay liegt die Ringling-Winterresidenz. Der Bau steht in einem Park voller Statuen direkt am Wasser. Er erinnert von der Funktion und Größe her am ehesten an ein Luxusrestaurant. Das Ehepaar Ringling hat Italien über alles geliebt, deshalb finden wir eine Mischung von spanisch-maurischen, venezianischen und anderen mediterranen Stilrichtungen. Die riesige Terrasse mit ihrem Carrara-Marmor-Fußboden und die angrenzenden Säle bieten Platz für große Einladungen. Allein bei der Einweihung anno 1926 sollen es über dreihundert Personen gewesen sein.

Als witziges Detail gefällt uns der Bootssteg, gepflegt und aus feinstem Marmor – Venedig lässt grüßen. So vornehm möchten wir auch einmal anlegen.

Die Villa wird jetzt gerade umgebaut, so können wir das Innere nicht besichtigen. Schade, wir haben gehört, dass die Innenarchitektur in ihrer Art recht interessant ist.

Der gastliche Steg am Longboat Key hat einen kleinen Nachteil. Es hat zwar viele Tafeln mit »No wakes«, keinen Schwell, aber kein Mensch kümmert sich darum. Die Wellen der vorbeifahrenden Motorboote bringen unsere FORTUNA immer wieder zum Schaukeln. Da wir unser Boot mit vielen Leinen und genügend Abstand zwischen vier Pfosten festbinden können, ist das Problem für uns nicht allzu groß. Zur Not kann man ja die Mahlzeiten auch auf dem Steg einnehmen, wo Tisch und Bänke geradezu dazu einladen. Trotzdem möchte ich den Anlass benutzen, um auf das verbreitete Problem einzugehen.

Motorboote sind bei den Seglern allgemein verschrien, übermäßig Wellen zu machen. Immer häufiger muss ich leider feststellen, dass viele dieser Vorwürfe zu Recht bestehen. Wir haben in den USA, dem Land der Motorboote, genügend Gelegenheit, die Ursachen zu ergründen.

Reden wir nicht von den Chaoten, die ohne Rücksicht auf Verluste zeigen, wie groß und stark sie mit ihrem Boot sind. Sie sind unbelehrbar und Gott sei Dank nur eine verschwindende Minderheit. Viel größer ist die Gruppe der Störenfriede, die es zwar gut meinen, aber falsch machen. Viele realisieren nicht, dass sie in dem Moment, da sie aus der Gleitfahrt in Verdrängerfahrt übergehen, die größten Wellen machen, die mit ihrem Boot überhaupt möglich sind. Auch sobald ein Boot in Verdrängerfahrt seine Nase hebt, werden die Wellen besonders hoch. Leichte Gleitboote sind gar nicht so problematisch, solange sie sich in Gleitfahrt befinden.

Wichtig ist auch der Abstand zwischen zwei Booten. Die spitzen Wellen werden mit wachsender Entfernung rasch rund und bringen den Kollegen viel weniger zum Schaukeln. Eine kleine Welle im Abstand von drei Metern ist viel unangenehmer als eine größere im Abstand von fünfzig Metern.

Da die Welle mit dem Boot läuft, muss frühzeitig mit der Geschwindigkeit heruntergegangen werden, sonst bringt die Übung nichts. Angebundene oder vor Anker liegende Boote, die parallel zum Fahrenden stehen, sind am empfindlichsten. Beim Anlegen oder Ankern sollte nach Möglichkeit versucht werden, den Bug in die Richtung zu drehen, aus der die meisten Wellen zu erwarten sind. Stampfen ist immer angenehmer als Rollen.

In Fahrt sollte man versuchen, grobe Wellen eines anderen Bootes möglichst stumpfwinklig zu durchkreuzen. Wenn der andere entgegenkommt, hat man weniger Probleme. Man sieht was kommt, kann besser reagieren und die benötigte Kurskorrektur ist nicht allzu groß. Wird man jedoch überholt, kommen die Wellen aus einem anderen Winkel und man muss beinahe um 90° drehen, um sie optimal anzuschneiden.

Ein Boot in Verdrängerfahrt, das in einer engen Passage von einem schnelleren Boot eingeholt wird, tut gut daran, sein Tempo stark zurückzunehmen und so gut wie möglich seitlich auszuweichen. Viele schnelle Motorboote werden dann ihre Geschwindigkeit ebenfalls reduzieren. Wenn es den Anschein hat, dass der Skipper rücksichtslos mit großem Schwell und kleinstem Abstand vorbeifahren will, bleibt nur noch die Möglichkeit, das eigene Boot bis knapp unter die Gleitschwelle zu beschleunigen. Dadurch erzeugt man so viel Wellen, dass dem Kollegen voraussichtlich die Lust am Überholen vergeht. Zudem kommt man mit angehobenem Bug besser mit den Wellen des anderen zurecht. Ich hätte nie erwartet, zu solchen Mitteln greifen zu müssen, aber im ICW lernt man diese Gemeinheiten.

Am vierten Donnerstag im November ist Thanksgiving Day. Für viele Amerikaner ist dieses Fest wichtiger als Weihnachten. Es werden zwar keine Geschenke verteilt, dafür bringt jeder etwas mit zum großen Essen. Ellen komponiert einen ganz speziellen Dip, Renées Töchter backen einen gedeckten Apfelkuchen, eine Torte mit Schokolade und überbackenem Eiweißschaum sowie eine mit einer Kürbisfüllung. Andere Gäste bringen auflaufähnliche Beilagen. Wir backen ein paar Butterzöpfe, ein typisches Schweizer Sonntagsfrühstücksgebäck. Der Gastgeber kocht eine Kürbissuppe, brät den Truthahn, sorgt für Wein und für den Rest.

Die Vorbereitungen für das gastliche Mahl nehmen den ganzen Tag in Anspruch. Schon am Morgen steht Urs auf dem Steg und befreit mit einem Löffel den Kürbis von seinen Kernen. Das Fleisch bleibt drin, der Kürbis wird mit Fleischbrühe gefüllt und als Suppe serviert. Der Truthahn, traditionell über zwanzig Pfund schwer, kommt bereits um zehn Uhr in den Backofen und schmort, gelegentlich übergossen, den ganzen Tag vor sich hin.

Mein Versprechen, Butterzöpfe zu backen, war einigermaßen leichtfertig. Uns ist inzwischen nämlich das Schweizer Weißmehl ausgegangen, und gegenüber dem amerikanischen sind wir sehr misstrauisch. Oft ist es bereits mit Backpulver vermischt, gebleicht, vitaminisiert und die Liste der Zusätze ist so lang, dass man sich fragt, ob es daneben in der Tüte für Mehl überhaupt noch Platz hat. In der Delikatessenabteilung eines Supermarktes treffe ich einen Bäcker, der mir weiterhilft. Ich mache auch eine Bemerkung über das schwammige Brot, das uns so gar nicht schmeckt. Er mag es auch nicht, aber die Kunden verlangen es halt so. Einmal in der Woche, leider erst morgen, backt es ordentliches, »deutsches« Brot, aber das findet kaum Abnehmer. Zum Selbstbacken empfiehlt er mir für Brot eine Mischung aus einem Drittel Weiß- und zwei Dritteln Grahammehl und für den Zopf das billigste Weißmehl, das erhältlich ist. Dort ist fast nur Mehl drin…

Der Zopf ist ein Hefegebäck. Das Datum auf den kleinen Tüten Trockenhefe, die wir in einer Ecke des Bootes finden, ist schon seit vielen Jahren abgelaufen. Aus diesem Grund muss zuerst einmal probegebacken werden. Ellen stellt uns ihren großen Ofen zur Verfügung und der Test verläuft erfolgreich. Wir produzieren für das Fest mit viel Liebe und noch mehr Butter vier ein Kilo schwere Butterzöpfe. Das ist viel zu viel, wie wir später herausfinden, denn von all den guten Sachen, die da zusammenkommen, wird nicht einmal die Hälfte gegessen. Die Zöpfe wandern in die Tiefkühler von Renée und Ellen, die das Gebäck durchaus zu schätzen wissen.

Neben weiteren Familienmitgliedern lernen wir einen Architekten und seine schwedische Ehefrau kennen. Wir erfahren von ihm, dass der Hausbau in den Hurrikan-Gebieten strengen Vorschriften unterliegt. Nach dem Bau werden in einer Endkontrolle die Statik, die Verankerung des Daches, die Elektroinstallationen und manches andere strengstens überprüft. Die Bauqualität, wie wir sie auf Fripp Island angetroffen haben, entspreche nicht der Norm (sagt er). Das Problem liege vermutlich bei den Behörden, welche es mit der Kontrolle nicht in allen Bundesstaaten und Gemeinden gleich genau nehmen. Andererseits ist in seinen Augen unbestritten, dass das Qualitätsdenken, das man in Europa antrifft, total übertrieben ist. Dadurch werden die Eigenheime nur sinnlos verteuert. Nach ein paar Jahren werde sowieso abgerissen und neu gebaut. Aha, so kann man das also auch sehen.

Noch ein paar ruhige Tage. Wir erholen uns prächtig, lesen viel, besuchen mit unserem Beiboot eine Sandbank, die bei Ebbe trockenfällt, machen Ausflüge in die kleinen Kanäle auf Longboat Key oder sehen uns auf gemütlichen Spaziergängen die schönen Häuser und Gärten an. Urs und Renée fahren uns mit ihrem Wagen nach Sarasota auf den Markt. Ein anderes Mal geht es zum Apéro auf Casey Key. Diese Insel sieht ähnlich aus wie »Lands End«, wo Wunderlis wohnen, vielleicht sogar noch eine Spur gepflegter. Unsere Gastgeber geraten ins Schwärmen. Das sei wirklich das Nonplusultra, und sie erzählen, welche prominenten Leute – viele Europäer – sich da was gekauft haben.

Nach Sonnenuntergang gehen wir mexikanisch essen. Bei Marlise kommen Jugenderinnerungen auf. Sie hat in jungen Jahren als Sachbearbeiterin in New York gearbeitet und ist zum Abschluss dieser Zeit mit dem Auto durch Amerika bis nach Mexiko gefahren.

Am Abend darauf sind wir zum Abschied noch einmal zusammen mit anderen Gästen bei Wunderlis zum Spaghetti-Essen eingeladen. Am Montag, nach zwölf wunderschönen Tagen auf Longboat Key, fahren wir endlich weiter. Ellen, Renée und Urs haben sich am Morgen in der Früh am Steg eingefunden, helfen beim Ablegen und winken. Hier haben wir in kurzer Zeit echte neue Freunde gefunden. Vor allem die etwas ältere Ellen hat Mühe, sich von Marlise zu trennen. Renée und Urs nehmen unsere Einladung in unsere Ferienwohnung in den Savoyer Alpen an und werden vermutlich bereits nächste Saison zusammen mit uns auf den Skiern stehen.

Das Wasser glänzt. Überall hat es Delfine. Sie springen im Paar und begleiten teilweise unser Boot. Der Ablauf ist fast immer der gleiche. Zuerst sehen wir eine Gruppe von Tieren auf Distanz. Gleich danach springen sie so knapp vor dem Bug unseres Bootes, dass wir befürchten müssen, sie zu überfahren. Dann sehen wir sie an Steuerbord auf Höhe des Achterdecks. Sie springen, blasen geräuschvoll kleine Wasserfontänen und drehen sich von Zeit zu Zeit auf die Seite, sodass der weiße Bauch zu sehen ist. Wir vermuten, in der seitlichen Schwimmlage können sie uns beobachten. Die Tatsache, dass sie immer am gleichen Ort mitschwimmen, ist erstaunlich. Vielleicht hat das etwas mit unserem Echolot zu tun, dessen Geber sich dort in der Nähe befindet. Delfine verständigen sich ja unter Wasser durch Geräusche. Ob sie das Echolot hören? Sehr interessant kann die Konversation mit dem Gerät jedenfalls nicht sein. Nach zehn bis fünfzehn Minuten sind die Delfine jeweils wieder verschwunden.

Der ICW ist breit und voller Inseln. Schöne, gepflegte Häuser stehen in schönen, gepflegten Gärten. Davor schwimmen schöne, gepflegte Boote. Dahinter stehen schöne, gepflegte Autos. Die schönen, gepflegten Menschen sind kaum zu sehen. Wir genießen unsere Reise wieder aufs Neue, können all die Eindrücke aufnehmen und realisieren erst jetzt, dass wir vor unserer Unterbrechung doch recht abgeschlafft waren.

Wir befinden uns in der Heimat der Manatees (Seekühe), weit entfernte Verwandte der Elefanten, die hier im flachen Wasser leben. Die vom Aussterben bedrohten, schwerfälligen Tiere werden immer wieder von Schnellbooten angefahren und verstümmelt. Viele Strecken unterliegen deshalb einer Geschwindigkeitsbeschränkung: »No wake, idle speed, Manatees.« Erstaunlicherweise halten sich die meisten Boote daran. Wir machen das selbstverständlich ebenfalls und kommen nur langsam voran.

Nach sechzig Meilen erreichen wir eine kleine Bucht mit dem treffenden Namen »Security Harbor«, die uns von einem der Nachbarn auf Longboat Key empfohlen wurde. Die Einfahrt wird recht kitzlig. Wir haben weniger als einen Fuß Wasser unter dem Kiel und die Fahrrinne windet sich um viele Ecken. Wir fahren ein richtiges Ballett um die Lateralzeichen herum. Die Anordnung der Seezeichen verwirrt. Nur dank der Tatsache, dass sie nummeriert sind, können wir uns den Weg zusammenreimen. Mitten im Fahrwasser steht eine Fischerhütte auf Pfosten. Die Tidenströmung läuft seitlich unten durch und die Passage wird zur Zitterpartie. Aber dann wird es tiefer. Wir sind angekommen. Es hat sich gelohnt. Die Bucht ist so stark geschlossen, dass man das Gefühl hat, in einem kleinen See zu ankern. Ringsum sind wir von einem dichten, subtropischen Wald umgeben. Nur zwei verlassene Stege und ein großes, weißes Wohnhaus mit privatem Leuchtturm sind zu sehen. Wollen wir da wirklich wieder weg?

Der elektronische Wetterfrosch aus dem kleinem Spezialradio warnt mit seiner Computerstimme vor einem Kälteeinbruch. Die Temperatur in der Nacht soll gegen den Gefrierpunkt gehen und der zu erwartende Nordwind von 25 Knoten die Kälte noch wesentlich kälter erscheinen lassen. Dann kommen Empfehlungen: Man solle sich warm anziehen, Handschuhe nicht vergessen, die Pflanzen schützen und Radio hören, um weitere Warnungen nicht zu verpassen. Das ist typisch amerikanisch. Dauernd wird man vor irgendwelchen Risiken gewarnt – diesmal sogar zu Recht.

Am andern Tag frischt der Wind auf und das flache Wasser baut rasch eine ordentliche Welle mit Schaumstreifen und fliegendem Wasser auf. Wir schaffen gerade noch die Einfahrt des Caloosahatchee Rivers und erreichen Fort Myers, bevor der Wind richtig loslegt. Die Municipal Marina bietet ordentlichen Schutz. Trotzdem findet man am andern Morgen einen dicken Schaumteppich zwischen den Booten.

Fort Myers ist ein hübsches Städtchen mit großen Gebäuden und sauberen Parkanlagen. In der kleinen Innenstadt hat das obligate Restaurierungsprogramm bereits gute Fortschritte gemacht. Ohne Edison wäre das alles allerdings nur braver Durchschnitt.

Thomas Alva Edison, mit 38 Jahren bereits ein berühmter, reicher Mann und frisch verwitwet, kam wegen seiner angeschlagenen Gesundheit nach Fort Myers. Das subtropische Klima ist ihm offensichtlich gut bekommen, denn er lebte dort zusammen mit seiner zweiten Frau bis ins hohe Alter von 84 Jahren.

Wer das Edison-Museum besuchen will, wird zuerst einmal durch die schönen Park- und Wohnanlagen des Anwesens geführt. Edison sammelte Bäume und Pflanzen aus aller Welt und siedelte sie auf seinem Grund und Boden an. So entstand ein tropischer botanischer Garten mit mehr als tausend verschiedenen Pflanzen. Besonders interessant ist ein Banyan-Baum, ein »wandernder Baum«, dessen Luftwurzeln immer wieder neue Stämme bilden. So kann aus nur einem einzigen Baum mit vielen Stämmen ein ganzer Wald entstehen; die Stämme sind in etwa vier Metern Höhe durch massive, waagerechte Ausleger verbunden. Viele der Pflanzen im Park sind uns zwar bekannt, aber wir haben sie noch nie in solcher Pracht, Dichte und Größe gesehen.

Im Übrigen wird heute, am 1. Dezember, bereits kräftig für Weihnachten dekoriert. Die Damen des örtlichen Frauenvereins sind dabei, den tropischen Park in einen Weihnachtswintermärchenwald zu verwandeln. Ganze Wiesen werden mit Schneewatte abgedeckt und Sträucher mit schimmernder Gaze dekoriert oder mit künstlichem Schnee besprüht. Dazwischen stehen glitzernde Märchen- und Weihnachtsfiguren aus Schaumstoff, Cellophan und Flitter. Die

Weihnachtsbäume sind so voll behangen, dass man vom Baum nichts mehr sieht. Unzählige kleine Lämpchen leuchten in allen Farben. Der Gesamteindruck ist überwältigend und Kitsch gehört, ganz besonders in Amerika, schließlich zu Weihnachten. Die Amerikaner, die mit uns auf der Führung sind, saugen die süße Pracht mit Begeisterung in sich hinein.

Das Wohnhaus von Edison wirkt schlicht und wohnlich. Das ist keiner der protzigen Paläste, wie sie beim Geldadel dieser Zeit in Mode waren. Die Räume behalten menschliche Dimensionen und die Möblierung entspricht einem gehobenen, aber nicht überrissenen bürgerlichen Standard der Jahrhundertwende. Gleich neben Edison hat sich übrigens auch sein Freund Henry Ford ein Haus im gleichen Stil bauen lassen. Auch er hatte es nicht nötig zu protzen.

Neben der Gesundheit gab es einen weiteren Grund, nach Fort Myers zu ziehen. Edison wollte eine Goldrutenart züchten, die den Gummibaum als Lieferanten von Rohkautschuk ersetzen sollte. Obwohl die Züchtung gelang und die Ausbeute an Gummi den Erwartungen entsprach, war das Projekt aus wirtschaftlichen Gründen ein Misserfolg. Das Labor, in dem die Versuche stattfanden, kann besichtigt werden. Es erinnert mich an meine Zeit im Internat. Dort waren die Geräte auch nicht die neuesten.

Im eigentlichen Museum werden die wichtigsten Erfindungen gezeigt. Edison besaß über eintausend Patente. Filmapparate, Phonographen, Akkumulatoren und die Glühbirne waren wohl die wichtigsten. Wer Edison ausschließlich als Erfinder sieht, wird ihm allerdings nicht gerecht. Als Marketingmann und als Industrieller war er mindestens so bedeutend. Davon zeugen die vielen Fabriken, in denen Elektrogeräte, Kindermöbel und alles Mögliche hergestellt wurde. Beeindruckend sind jedoch auch seine Misserfolge. Um zusätzliche Absatzkanäle für seinen Portlandzement zu erschließen, kam er auf die Idee, ganze Einfamilienhäuser inklusiv Cheminée, Verzierungen und sogar teilweise den Innenausbau aus einem Stück in Beton zu gießen. Die Nachfrage blieb aus. Ob heute, drei Generationen später, die Zeit wohl reif wäre für diese Idee?

Wir werden gewarnt: Die Keys, der südlichste Zipfel Floridas, sind total zugepflastert mit großen Blocks voller Ferienwohnungen. Auf dem Wasser drängeln sich die Boote. In einem Hafenhandbuch steht,

es gäbe im Süden keine Ankerplätze mehr, da alle geeigneten Buchten mit Steganlagen zugebaut seien. Wir beschließen auf die Keys, Miami und Fort Lauderdale zu verzichten und wählen die Okeechobee Waterways, die den südlichen Zipfel Floridas abschneiden.

Im Fluss und Kanal soll es von Schildkröten, Seekühen und Alligatoren nur so wimmeln. Die Seekühe sollen sogar die Schleusen mitbenutzen, und immer wieder treffen wir auf Geschwindigkeitsbeschränkungen zum Schutz der Manatees. Andere Tafeln warnen davor, die Alligatoren zu füttern, da die lieben Tiere es sich zum Brauch gemacht haben, die fütternde Hand auch gleich mitzunehmen. Gesehen haben wir allerdings weder die eine noch die andere Gattung. Das mag am Wasser liegen. Dieses ist braunschwarz und undurchsichtig. Jedes schwimmende Blatt wird deshalb misstrauisch beäugt. Wer weiß, vielleicht hängt ein abgesoffener Baum darunter, der uns gefährlich werden kann.

Die Pelikane haben allerdings keine Mühe mit der Sicht. Gedrungen, mit eingezogenem Hals fliegen sie übers Wasser, lassen sich klatschend hineinfallen und haben praktisch jedes Mal etwas im Kehlsack unter dem Schnabel, für das sich das Schlucken lohnt. Dass die braunen Pelikane fliegend und die weißen schwimmend jagen sollen, erstaunt uns. Wir haben die Vögel lange genug beobachtet und keinen Unterschied festgestellt. Aber dann löst sich das Rätsel, und unser nautischer Reiseführer hat doch Recht. Was wir als weiße Pelikane ausgemacht haben, sind tatsächlich braune mit weißem Gefieder. Die richtigen weißen sind viel größer. Eine Jumboausführung und weißer als das weißeste Weiß der Waschmittelreklame. Dass diese Riesenvögel ihre fetten Hintern nicht zum Flug aus dem Wasser hieven wollen, erscheint durchaus plausibel.

Wir haben auf unseren Reisen sicher schon über zweitausend Schleusen durchquert und erwarten nichts Neues mehr, doch der menschliche Erfindergeist hat es einmal mehr geschafft. Auf dem Okeechobee haben die Schleusentore die Form eines Kreissegments und drehen um eine vertikale Achse. So können sie auch bei Wasserdruck geöffnet werden, und der Niveauausgleich erfolgt durch einen Spalt zwischen zwei Torflügeln. Das System verursacht starke Turbulenzen, ist langsam und vermutlich nur für bescheidene Hubhöhen geeignet. Dafür aber kann es kaum durch treibende Wasserpflanzen verstopft werden, und davon hat es hier reichlich.

Florida nimmt es ernst mit der Kontrolle der Wassersportler, die mit einem »Sailing permit« unterwegs sind. Theoretisch müssen wir uns ja in jedem Hafen telefonisch beim Zoll melden. Das ist sehr lästig, denn oft ist die Verbindung nur schwierig herzustellen und dann wird man von Pontius zu Pilatus geschickt. Die Beamten sind in den meisten Fällen auch gar nicht interessiert. Bei geschickter Gesprächsführung erhält man die Bestätigung, dass ein Anruf pro Staat genügt. Natürlich machen wir als Beweis einen Logbucheintrag mit »4 W« (wer, was, wann, wo). Nur Florida ist anders. Der Schleusenwärter macht Kontrolle, wer wann mit was in welcher Richtung seine Schleuse durchfährt. Er erzählt: Erst vor ein paar Tagen habe man dank dieser Kontrolle einen Yachtie dingfest machen können. Genervt hatte der Skipper mit seinem Revolver auf einen Wasserskifahrer geschossen. So ein Verhalten gilt selbst in den USA als gar nicht nett.

Der Okeechobee-See ist flächenmäßig nach dem Lake Michigan der größte See, der ausschließlich zu den USA gehört. Er ist aber nirgends tiefer als fünf Meter. In den Dreißigerjahren wurde das ganze Wasser von einem Hurrikan weggeblasen und hat große Schäden angerichtet. Seitdem sorgt der Hooverdamm mit seinen Hurrikan-Toren für Schutz.

Hinter der letzten Schleuse treffen wir auf einen großen toten Casuarina-Wald. Casuarina ist eine rasch wachsende Baumart, die in dieser Gegend nichts verloren hat. Sie überwucherte die ganze Uferregion, bis sie vom US Corps of Engineers mit Herbizid vernichtet wurde. Ein großer Wald aus grauweißen, kahlen Baumleichen steht jetzt dort. Das tote Holz wurde nicht weggeräumt, stürzt nach und nach um und schwimmt im Kanal, der zehn Meilen weit parallel zum Seeufer verläuft. Teilweise wurde das Holz auch zu großen, unordentlichen Haufen zusammengescharrt. Es fault vor sich hin und belastet das biologische Gleichgewicht des Wassers.

Draußen im See schwimmen überall lose Pflanzen, aber es ist weniger Holz als eher große Wasserlilien-Büschel. Da zu befürchten ist, dass uns das Grünzeug die Kühlwassereinlässe verstopft, kontrollieren wir ständig die Temperaturanzeigen der Motoren. Der ausgebaggerte Kanal verläuft quer durch den seichten See und ist manchmal recht schmal. Trotzdem geben wir Gas. Der Okeechobee ist berühmt für seine heimtückischen, plötzlich auftretenden Stürme.

Die Wetterprognose ist durchwachsen. In so einem Revier will ich lieber nichts riskieren.

Nach einer Nacht am Anker zieht es uns in die Marina von Indiantown. Zwei zur Verfügung gestellte Fahrräder, auf denen man sitzt wie auf einem Harley-Motorrad von 1930, bringen uns zur zwei Meilen entfernten Plaza, dem Einkaufszentrum des kleinen Ortes. Hier im Hinterland sind die Leute deutlich ärmer. Zum ersten Mal auf unserer Reise sehen wir viele eingewanderte Südamerikaner mit indianischem oder spanischem Einschlag. Schwarze und Weiße sind rar. Der Supermarkt verkauft neben seinem Basissortiment viele südamerikanische Spezialitäten. Alles ist zusätzlich auf Spanisch angeschrieben.

Gleich neben dem Supermarkt befindet sich ein kleines italienisches Restaurant. Das Lokal ist einfach, aber sauber und läuft gut. Alles isst Pizza. Wer keine Pizza isst, kauft Pizza in der Schachtel zum Mitnehmen. Auf der Speisekarte finden wir italienische Spezialitäten wie Piccata, Saltimbocca alla romana, alles auf billig mit Hühnerfleisch und als gepflegte Variante mit Kalbfleisch. Wenn dieses Zeug nur halbwegs gut gekocht ist, ist es einer Pizza jederzeit vorzuziehen. Da haben wir allerdings unsere Zweifel, denn dafür sind die Preise einfach zu niedrig. Wir bestellen und sind überrascht. Es ist nicht nur ordentlich, sondern sogar vorzüglich.

Das Fleischgericht, eine Roulade, besteht aus einem dünnen Kalbsschnitzel mit einer Scheibe Schinken und einer Füllung aus Ricotta und Kräutern. In der vorzüglichen Sauce schwimmen blättrig geschnittene Steinpilze. Dazu gibt es Spaghetti an einer Tomatensauce, einen gemischten Salat und einen ordentlichen Chianti. Auf unseren speziellen Wunsch zaubert der Chef als Nachspeise eine »Zabaione al Marsala«, eine Creme aus lauwarmem Eischaum, aromatisiert mit dem berühmten Dessertwein. Die Serviererin erzählt, dass der Koch jedem Angestellten ein Löffelchen voll zum Probieren gegeben hat. Wir loben das Essen und die Wirtin kommt an den Tisch. Sie strahlt, dass endlich wieder einmal jemand die Kochkunst ihres Mannes zu schätzen weiß. Man würde ja so gerne für jedermann so gut kochen, aber den Leuten hier fehlt einfach das Verständnis. Wenn du, lieber Leser, also jemals ins Hinterland Floridas nach Indiantown kommst, geh zu »Da Stefano«, auf der Plaza, gleich hinter der Shell-Tankstelle. Es lohnt sich.

Die Marina von Indiantown wäre eigentlich ideal zum Überwintern. Sie macht einen guten Eindruck, ist ganzjährig bewacht, weit vom Salzwasser entfernt und verfügt über stabile Trockenplätze. Auch die Preise sind hier, abseits vom Touristenrummel, erstaunlich günstig. Ein Ausflug in die Karibik und auf die Bahamas wäre doch ebenfalls recht schön und auch in Florida würde es sich lohnen, noch etwas genauer hinzugucken.

Aber wir haben immer noch Probleme mit den Motoren. Der auf Backbord leckt aus allen Nähten, und sein schlechtes Startverhalten deutet auf eine mangelhafte Kompression hin. Man muss damit rechnen, dass er nächstens den Geist ganz aufgibt. Auch beim anderen Motor fühle ich mich irgendwie unsicher, ohne dass dort handfeste Anzeichen vorliegen.

Einen alten Volvo-Diesel in den USA revidieren zu lassen, birgt möglicherweise größere Risiken als anderswo. Dieselmotoren sind hier auch bei größeren Booten verhältnismäßig rar. Wir vermuten: Selbst dann, wenn an der Werkstatt ein Volvo-Schild hängt, handelt es sich in der Regel um keine echten Volvo-, sondern bestenfalls um Dieselspezialisten. Die Mechaniker sind oft ehemalige Lastwagenfahrer, die mehr durch ihr Selbstvertrauen als durch ihre Fachkenntnisse glänzen.

Aufgrund der gemachten Erfahrungen haben wir nicht den Mut, uns mit US-revidierten Motoren aufs Meer hinauszuwagen. Unser Weg führt uns deshalb zurück nach Charleston.

Der ICW führt über eine längere Strecke durch den breiten, flachen Indian River. Es riecht etwas weniger nach Geld als an der Westküste. Die Strände sind dichter bebaut und man findet vermehrt auch Wohnblocks und Reihenhäuser. Es ist auch nicht mehr ganz so hübsch. Das mag daran liegen, dass es bisher wirklich außerordentlich schön war und dass wir dadurch anspruchsvoller geworden sind. Es kann aber auch sein, dass wir auf unserer Reise langsam genug, fast zu viel gesehen haben. Eine weitere Palme bringt uns nicht mehr in Ekstase.

Der größte Teil des Bootsverkehrs kommt uns entgegen. Das sind die letzten Zugvögel aus den nördlichen Regionen, die auf der Flucht vor der winterlichen Kälte in den Süden Floridas oder zu den Bahamas ziehen. Auch hier sind Motorboote und Motoryachten in der Überzahl. Höchstens ein Drittel sind Segler. Wenn man als solche nur diejenigen zählt, die ihre Tücher gesetzt haben, sind es wahrscheinlich keine zwei Prozent. Dies gilt auch dort, wo sich vom Wind und Revier her das Segeln schon lohnen würde. Das ist aber irgendwo verständlich, denn die Strecken sind lang, langweilig, und auch ein Segler ist unter Motor in der Regel schneller.

Die Marinas sind überlaufen. Ohne Reservierung ist kaum ein Platz zu finden. Die Ankerplätze liegen in umbauten Buchten, sind oft lärmig und in unmittelbarer Nähe von Marinas.

Auch der Ankerplatz in Melbourne hat es Marlise nicht besonders angetan. Der Grund ist Schlick und das Wasser nur vier Fuß tief. Oft hat es auch weit hinten in den verstecktesten Winkeln noch Tiden. Wir riskieren, bei Niedrigwasser im Dreck festzusitzen. Außerdem schwimmen im trüben Wasser mehrere Alligatoren. Gelegentlich sieht man gleich neben dem Boot Köpfe und Rückenpartien großer Exemplare. Dann wieder ist es nur ein Schatten im Wasser, der vorbeihuscht. Marlise hat in den Everglades beobachtet, wie schnell diese sonst so trägen Tiere plötzlich nach vorn springen können. Irgendwie ist es ihr unheimlich, obwohl sie vom Verstand her weiß, dass sie an Bord des Schiffes sicher ist.

Als ich sie beim Nachtessen harmlos frage: »Haben Alligatoren eigentlich drei oder vier Zehen an den Vorderfüßen? Ich sehe da etwas in der offenen Kabinentür«, trifft sie fast der Schlag. Einen Moment lang herrscht Sprachlosigkeit, ich fange an zu grinsen und sie redet sehr deutlich mit mir.

Nachts gehen die Viecher mit dem Boot auf Tuchfühlung. Dreimal hören wir einen ordentlichen Knall, der uns aufweckt, und wir nehmen an, dass ein Alligatorschwanz gegen den Rumpf des Bootes geschlagen hat. Wir haben schon ruhigere Nächte erlebt und verlassen den Ort beim Morgengrauen.

Übrigens: Ein Alligator hat fünf Zehen pro Fuß.

Alle Marinas von Titusville sind ausgebucht. Das mag teilweise mit dem Hurrikan »Irene« zu tun haben, der an der Ostküste vor zwei Monaten verschiedene Betriebe lahm gelegt hat. Wir müssen deshalb im offenen Wasser Anker werfen. Marlise hat Bedenken wegen der Sicherheit, wir wollen ja das Boot für ein paar Tage verlassen, um uns »Disney World« in Orlando und das Kennedy Space Center anzusehen. Um ihr das Gefühl von Sicherheit zu vermitteln, grabe ich den Anker mit so viel Schwung ein, dass es knirscht und kracht. Dazu montiere ich weitere Sicherheitsvorrichtungen. Wie das geht, wird weiter hinten geschildert.

Am andern Morgen gehen wir an Land. Es wird gerudert, da wir Angst haben, dass uns der neu erstandene Außenborder wieder geklaut wird. Angestrengt halten wir Ausschau nach einem der Manatees, die im Bootshafen hausen sollen. Sie sollen sehr zutraulich sein. Es genüge, den Wasserhahn aufzudrehen. Die Tiere würden vom Strahl aus dem Schlauch angelockt und mit dem Wasser spielen und es trinken. Pech gehabt, keins lässt sich blicken.

Mit einem privat organisierten Taxibetrieb geht es ins Kennedy Space Center. Ein Bus fährt uns dort von Station zu Station. Wir sehen ältere und neuere Raketen, ein komplettes Space Shuttle, Startrampen und das originale Kontrollzentrum, das die Mondlandungen überwachte. Ausstellungen und Filme geben einen Überblick über die Geschichte und mögliche Zukunft der Raumfahrt. Die Amerikaner sind zu Recht stolz auf die enormen Leistungen. Im Gegensatz zu manchen europäischen Intellektuellen scheut sich in diesem Land niemand, Patriotismus zu zeigen. Wir sind erstaunt über die Größe der ganzen Anlagen. Es genügt nicht, über die verschiedenen Projekte zu lesen, einen richtigen Eindruck bekommt man erst durch den Besuch.

Im Moment ist unser Bedarf an Ausstellungen gedeckt. Der Plan, nach Disney World zu gehen, wird verschoben.

Der Weg führt mehr und mehr durch die Reviere der Manatees. Wir haben immer noch keinen zu Gesicht bekommen, dafür wiederum jede Menge Delfine. Vom großen weißen Pelikan, der sich bis jetzt ziemlich rar gemacht hat, sehen wir jetzt ganze Schwärme. Die Vögel arbeiten zusammen und veranstalten richtige Treibjagden auf die Fische. Mit den Flügeln aufs Wasser schlagend, kreisen sie ihre Beute ein, und am Schluss muss so ein Pelikan nur noch den Schnabel aufmachen.

Der Strand, der Daytona Beach, ist berühmt für seine Länge und seinen feinen Sand. Früher wurden auf den feuchten Flächen Autorennen durchgeführt. Was wir allerdings nicht gewusst haben: Auch heute noch fährt jeder mit seinem Auto direkt in den Sand und parkt mitten im Badebereich. Der Strand ist zwar bewacht, doch hockt der Mann ziemlich einsam auf seinem Aussichtstürmchen, er ist mehr Parkplatzwächter als Strandwächter. Es hat viele Möwen, aber kaum Leute.

Im Übrigen ist Daytona die Hauptstadt der Harley-Davidson-Motorräder. Einmal im Jahr findet hier das ganz große Motorradfest statt: Harleys und noch einmal Harleys. Die Männer zeigen Bart, Schwabbelbauch und Tätowierungen, die Frauen lassen gelegentlich den Busen blitzen. Das Ganze wird mit reichlich Bier begossen. Eine Generation, die den Kampfruf »live wild, die young« hatte, kommt in die Jahre. Die alte Harley ist aber noch lange nicht tot. Auch jetzt findet man viele Läden, die dieses schwere Motorrad verkaufen. Als alter Motorradfan muss ich es natürlich etwas genauer wissen. Hübsch, aber nicht neu sind die klassischen Maschinen mit ihren unzähligen Ausführungsvarianten und auffälligen Dekors. Einmal mehr stehen wir vor amerikanischem Geschichtsbewusstsein, »historical heritage«, nur dieses Mal in Chrom.

Zwei andere US-Räder sind für mich wesentlich interessanter. Die alte Marke »Indian« ist vor zwei Monaten nach über 45 Jahren wieder auferstanden. Der neue »Indian Chief« sieht aus wie eine überschwere Harley mit ähnlichem, aber noch größerem Motor und tief gezogenen Schutzblechen. Nostalgie pur, die sicher ihre Liebhaber finden wird.

Harley selbst hat mit der »Buell« ein Designermodell ins Sortiment genommen, das wirklich Freude macht. Um den 1200 ccm/V2-Zylinder-Motor mit elektronischer Einspritzung und 100 PS gruppiert sich ein moderner Rahmen mit handlich kurzem Radstand. Auch die bequeme Sitzposition, das gefällige, schlichte Design und der vernünftige Preis überzeugen. Man könnte mich damit durchaus verführen.

Noch zahlreicher sind allerdings die Zubehörgeschäfte. Sie verkaufen Klamotten, Schnickschnack, einfach alles, auf das sich irgendwie »Harley Davidson« aufdrucken lässt. Männer in den »besten« Jahren im Harley-Outfit prägen über Strecken das Bild. Der Rest von Daytona ist ein großer, weitläufiger Badeort der billigeren Art.

Auf den nächsten fünfzig Meilen bis St. Augustine bietet der ICW nichts Besonderes. Die Schäden, die der Hurrikan »Irene« zwei

Monate zuvor angerichtet hat, sind deutlich zu sehen. Segelmasten ragen aus dem Wasser. Die abgesoffenen Yachten sind immer noch nicht gehoben und werden langsam zum Totalschaden. Ganze Marinas stehen leer, die Schwimmstege sind verbogen, die Brücken liegen im Wasser und die dazugehörenden Gebäude sind stark beschädigt. Erstaunlicherweise hat es nur wenige hundert Meter entfernt einen Wald ohne Sturmschäden und intakte Bootsstege.

Auch die City Marina von St. Augustine ist mehr als zur Hälfte zerstört, allerdings sind dort die Reparaturen und Aufräumarbeiten in vollem Gange. Vor der Marina finden wir ein großes Feld mit etwa dreißig ankernden Yachten. Wir suchen uns ein passendes Loch und schmeißen ebenfalls den Haken. Der ICW hat hier Tidenströmung, das Wasser läuft abwechselnd nach Süden und nach Norden. Idealerweise setzt man zwei Anker, für jede Strömungs- bzw. Zugrichtung einen. Manche unserer Nachbarn haben das auch so gemacht, andere allerdings hängen nur an einem einzigen Haken und benötigen damit einen viel größeren Schwoikreis. Gleichgültig, ob wir einen oder zwei Anker setzen, immer kommen wir jemandem in die Quere. Wir können es somit nur verkehrt machen. Wir entschließen uns für nur einen Anker, dafür aber mit relativ kurzer Kette, und machen es prompt verkehrt. Nach drei oder vier Tidenwechseln kommt der schwere Pflugscharanker ins Rutschen und wir geraten in die Nähe unseres Nachbarn, einem verlassenen kleinen Segler. Glücklicherweise ist Marlise an Bord und bemerkt rechtzeitig, was los ist.

St. Augustine ist ein hübsches kleines Städtchen mit Vergangenheit. Im 16. Jahrhundert von den Spaniern gegründet, später von den Franzosen erobert, dann von Sir Francis Drake geplündert und niedergebrannt, verfügt es über verschiedene historische Gebäude. Vor hundert Jahren entwickelte sich daraus ein beliebter, aber trotzdem klein gebliebener Ferienort. Neben den gepflegten Häusern und öffentlichen Gebäuden gefällt uns vor allem ein kleiner, aber hübscher Park. Die ganze Stadt prangt seit Thanksgiving im Weihnachtsschmuck. Mitten im Park steht ein großer, dekorierter Weihnachtsbaum mit einem Berg von Weihnachtspaketen darunter. Nachts erstrahlen Park, Brücke und die ganze Unterstadt im Glanz vieler Lichterketten.

Mein persönlicher Höhepunkt in St. Augustine ist allerdings ein kleines Lebensmittelgeschäft. Ich hätte nie geglaubt, dass nach längerer Abstinenz ein ordentliches Stück Hartkäse oder reifer Brie solche Glücksgefühle auslösen können. Auch die Früchte machen Freude. Die Florida-Grapefruits, große, schwere Früchte mit festem rosa Fleisch, sind reif geworden. Die Ananas duften schon von weitem. Avocados sind so groß wie Melonen und kosten nur 49 Cents. Schon eine halbe Frucht mit etwas Salatsauce bildet eine ganze (schwer verdauliche) Mahlzeit.

Mehr zufällig betreten wir ein Reisebüro, um uns zu erkundigen, wie wir am günstigsten wieder nach Europa kommen. Dabei müssen wir feststellen, dass fast alles ausgebucht ist. Nur am 23. Dezember ist dieses Jahr noch ein Flug nach London zu bekommen. Nach Rücksprache mit unserem Agenten, der für den Rücktransport der FORTUNA besorgt ist, buchen wir.

Navigieren ist einfach, wenn man nur eine einzige Tonne oder Landmarke hat, auf die man zusteuern muss. Ist der Orientierungspunkt noch unsichtbar, steuert man einfach nach Kompass, bis man das Ding sieht. Komplizierter wird es, wenn mehr Tonnen, Türme oder was auch immer in der Gegend herumstehen als in der Karte verzeichnet sind und man zuerst herausfinden muss, welche da die richtigen sind.

All das ist immer noch einfach. Problematisch wird das Ganze erst durch die Kommunikation. Marlise mit ihrer 150-prozentigen Sehschärfe (Der Optiker sagt das so, ich weiß nicht genau, was es heißt!) übernimmt die Navigation, ich hocke am Steuer.

Das Gespräch:

»Auf die rote Boje, nimm's recht eng, links wird's flach.«

»Welche? Ich sehe vier.«

Deutet: »Die da.«

»He?«

»Die mit der Baumgruppe und dem weißen Haus dahinter.«

»Okay.«

Pause.

»Wo fährst du hin?«

»Baumgruppe mit Haus.«

»Du bist falsch!«

Dann stellen wir fest, dass es drei Baumgruppen mit weißem Haus hat, aber jeder von uns hat nur seine Gruppe gesehen.

Eine Zeit lang haben wir es militärisch versucht: »Boje auf 11 Uhr!« Aber das ist viel zu ungenau. Da kann man genauso gut mit dem Finger deuten.

Erst der Einsatz von zwei Seegläsern mit eingebautem Peilkompass hat uns die nötige Sicherheit gebracht. Wenn Marlise sagt: »Nordquadrant auf 307«, dann ist das Ziel auch dort und ich finde es problemlos mit meinem Feldstecher.

Die Landschaft ändert sich radikal. Während den nächsten Tage sehen wir vor allem Marschlandschaft und Schilf. Das platte Land besteht aus wenig stabilem Sand und Schlick. Es wird von unzähligen Wasserläufen durchzogen, die ein weites Netz bilden und oft irgendwo wieder zusammenkommen. Die Namen »Creek« oder »River« weisen zwar auf Bäche hin, doch sind es meisten nur Gräben, wo das Brackwasser von den Gezeiten hin und her geschoben wird.

Ab Bundesstaat Georgia werden die Seezeichen rar. Wir fahren über zehn Meilen einen falschen Wasserlauf entlang, bis wir endlich merken, dass es nicht mehr der ICW sein kann. Ein paar Fischer geben Auskunft. Wir können weiterfahren ohne umzukehren und finden eine halbe Stunde später wieder die vertrauten Lateralzeichen mit dem gelben ICW-Kleber.

Unser Weg führt uns mit unzähligen Windungen durch ein kaum bewohntes Gebiet. Alle paar Meilen müssen wir im scharfen Winkel bis aufs Meer hinaus. Der entgegenkommende Bootsverkehr besteht jetzt fast ausschließlich aus Segelbooten. Ein großer Teil führt die kanadische Flagge. Das ist wohl der letzte Schub der »Snowbirds«, der Zugvögel, die den Winter im sonnig warmen Süden verbringen wollen.

Wir finden zahlreiche hübsche und sichere Ankerplätze, wo wir übernachten. Es wird bereits vor 17 Uhr dunkel, und der Nordwind hat für eine ordentliche Abkühlung gesorgt. Da schmecken deftigere Gerichte besonders gut.

Rüebli-Eintopf
Für 4 Personen. Noch einfacher geht es nicht!

0,5 kg geräucherter Speck oder Rauchwürste
2 große Zwiebeln

0,75 kg Rüebli (Karotten)
0,75 kg Kartoffeln
3 Bouillonwürfel
1/2 l Wasser
Stärkemehl

Zwiebeln dünsten, Rüebli und Kartoffeln kurz mitdünsten. Mit der Bouillon ablöschen und kochen, bis alles gar ist. Im Dampfkochtopf braucht es etwas weniger Wasser. Am Schluss mit angerührter Stärke andicken. Speck sollte vorgekocht werden, Würste brauchen lediglich in dem Eintopfgericht gewärmt zu werden.

Rückkehr

Stürmisches Finale – Rücktransport – Frachtkosten: Ein Lehrstück – Bilanz

Der letzte Ankerplatz vor Charleston: Da die Strömung recht stark ist und mit der Tide die Richtung wechselt, haben wir zwei entgegengesetzte Anker ausgebracht, deren Kette und Leine beide über den Ankerbeschlag am Bug laufen, sodass sich das Schiff immer in Richtung der Strömung drehen kann. So bietet es dem Wasser möglichst wenig Widerstand. Unter Motor eingegraben, halten beide Anker bombenfest. Mehr aus Gewohnheit als Notwendigkeit peilen wir einen auffällig hervorragenden Baum und einen Pfosten, die einigermaßen rechtwinklig zueinander stehen. Spätere Kontrollpeilungen zeigen, dass wir uns nicht vom Fleck bewegen.

Nach dem Einnachten überrascht uns ein Sturm. Die Wetterprognose hat uns zwar starke Winde vorhergesagt, aber so viel haben wir nie erwartet. Die Nacht ist pechschwarz. Heftige Regengüsse prasseln waagrecht an Schiff und Scheiben. Obwohl der Wind auf dem Wasser kaum Anlauf hat, peitscht er steile Wellen hoch, die mit viel Lärm an den Bug unserer FORTUNA klatschen. Von Zeit zu Zeit hebt sich das flache Heck aus dem Wasser und setzt mit lautem Knall wieder auf. Die Ankerkette wird immer wieder aus der festgestellten Kettennuss gerissen und rauscht rasselnd ein paar Glieder weiter aus.

Es wird Zeit, unsere Ankereinrichtung zu verstärken. Dafür habe ich zwei Vorrichtungen gebastelt:

Die eine besteht aus einer alten Vorschot aus meinen Seglerzeiten. In der Mitte ist ein großer Schäkel eingeknotet, der sich an der Ankerkette festschrauben lässt. An beiden Enden bilden Palsteks Schlaufen, die an Steuer- und Backbord auf die vorderen Klampen gehängt werden. Links und rechts vom Schäkel hat es massive Ruckdämpfer aus Gummi. Das Geschirr ist so lang, dass es angehängt gut über den Bug geht. Vorteile: Das Boot liegt stabiler und ruhiger, die Ankerwinsch ist entlastet und der Anker gräbt sich unter dem ausgeglichenen Zug besser in den Grund ein.

Die andere Vorrichtung besteht aus einem Zehn-Kilo-Bleigewicht mit eingegossenem Ring. Es sind alte Blei-Druckplatten, die ich mit der Lötlampe geschmolzen und in eine leere Teebüchse gegossen habe. Das Gewicht wird an einer Leine mit Schlaufe an der Ankerkette entlang auf gut die Hälfte der Kette herabgelassen, damit diese möglichst waagrecht am Anker zieht.

Ich montiere die beiden Vorrichtungen und bin nach wenigen Sekunden so nass, dass das Wasser unten aus der Hose herausläuft. Aber die Übung hat sich gelohnt, jetzt fühlen wir uns sicher. Ungemütlich ist es trotzdem. Der Lärm und die Bewegungen des Bootes sorgen für einen unruhigen Schlaf.

Zurück in Charleston liegen wir beim »Maritime Center«. Die Marina ist nicht die schönste, dafür aber direkt am Stadtzentrum und Hafen. Gleich nebenan reißt ein großer Kran die Pfählung einer alten Steganlage aus dem Wasser. Gelegentlich werden wir von den Wellen eines vorbeifahrenden Frachters durchgeschaukelt. Das Wetter ist kalt, nass, trübe und wird bis zu unserer Abreise so bleiben. Die Eberspächer-Warmluftheizung läuft im Dauerbetrieb.

Das Boot muss nicht nur für die Reise über den großen Teich, sondern auch auf die Winterkälte in Europa vorbereitet werden. Beim neuen Boiler gibt es kleinere Probleme, da die Armaturen nicht mit der Gebrauchsanweisung übereinstimmen. Das Wasser will einfach nicht abfließen und muss dazu überredet werden. Der Rest ist Routine: Brauchwassersystem entleeren, WCs und alle Pumpen mit einem Schluck Frostschutz versehen, Frostschutz in die Kühlwassersysteme der beiden Motoren, bei allen acht Batterien den Säurestand kontrollieren und nachfüllen. Den großen Motorenservice mache ich zum ersten Mal in meinem Leben nicht selbst, sondern überlasse ihn den Mechanikern der Broom-Werft.

Renée und Urs Wunderli kommen auf ihrem Weg von New York nach Hause bei uns vorbei und wir gehen gemeinsam essen. Sie wollen uns die originale Südstaatenküche vorführen. Es gibt paniertes Huhn und grüne Tomaten, beides schwimmend gebacken, und ein

216

interessantes Gemüse, von dem niemand weiß, wie es heißt. Das dazu gereichte Maisbrot schmeckt vorzüglich. Anschließend geht es in einen ausgesprochen vornehmen Nachtklub mit einem ausgesprochen müden Jazz-Trio.

An einem Abend laden wir Baird mit seiner Frau in ein gepflegtes italienisches Restaurant ein. Er ist Lademeister bei Maersk, hat uns bei unserer Ankunft viel geholfen und auf unseren Transportbock aufgepasst. Wir wollen uns damit bei ihm bedanken.

Ein anderes Mal geht es zu »Sticky Fingers«, wo auf Hickoryholz geräucherte und an einer pikanten Sosse angerichtete Schweinsrippchen, sogenannte »Rack of Ribs«, serviert werden, die man am besten aus der Hand isst. Dazu gibt es weiße Böhnchen und Krautsalat. Beides schmeckt, beides bläht.

Dann wieder erlaben wir uns an gebackenen Zwiebelringen und »Buffalo Wings« (scharf gewürzte Hühnerflügel) und degustieren dabei mit kleinen Gläsern sämtliche Biersorten, die im Offenausschank zu haben sind.

Charleston hat so viele interessante Restaurants, dass man sie gar nicht alle besuchen kann.

Am 22. Dezember kommt das Boot aus dem Wasser. Wir verbringen unsere letzte Nacht im Hotel. Ich will Marlise zum Abschluss etwas bieten und wir gehen ins gepflegte »King Charles«, aber jetzt, außerhalb der Saison, kostet das Zimmer nur 69 Dollar, ein Drittel des normalen Preises.

Wir werden den Heiligabend in England mit der Familie meiner Schwester verbringen und ich freue mich darauf, meine englisch-dänisch-schweizerische Verwandtschaft zu sehen.

Der Rücktransport muss organisiert werden. Ich kontaktiere Maersk, wo alle sehr nett, aber ausweichend sind. Keiner kommt auf die Idee mir mitzuteilen, dass ich hier, anders als in Deutschland, einen Agenten brauche. Urs Wunderli vermittelt mir seinen Agenten. Der will mir zwar weiterhelfen, sagt aber auch nicht, dass er das nur gefälligkeitshalber tut. Seine Firma akzeptiert nur Geschäftskunden. Wir lernen ein halbes Dutzend Leute aus der Branche kennen, die uns alle helfen wollen. Jeder telefoniert durch die Gegend, jeder sagt etwas anderes, Die Verwirrung ist komplett, aber am Schluss klappt es dann doch noch irgendwie.

Wir reservieren bei Maersk, denn die fährt nach Felixstove. Das ist der nächste Hafen von Brundall, wo die Broom-Bootswerft ansässig ist. Die 42 Seemeilen über See und die 18 Semeilen in den Broads sollten wir auch im Winter problemlos schaffen. Dann finden wir heraus, dass Anfang Januar niemand von den Leuten, die wir sprechen wollen, dort anwesend sein wird. Die sind alle auf der Bootsschau in London. Damit spielt es keine Rolle, in welchem Hafen unser Boot ankommt. Wir steigen deshalb kurzfristig auf die Wallenius-Wilhemsen-Linie um und lassen das Boot per Tieflader zur Werft bringen. So sparen wir um die 5000 Dollar.

Ich erlebe einmal mehr, dass E-Mail und Telefon nur wenig bringen, wenn man etwas erreichen will. Man muss vorbeigehen, den Leuten in die Augen sehen, zeigen, dass man auf Hilfe angewiesen ist, dann klappt es. Bei der von Urs Wunderli vermittelten Agentur ist der uns empfohlene Geschäftsleiter zwar auf Reisen, aber wir treffen dort einen jüngeren Sachbearbeiter, der auch ein Motorboot hat.

Hurra, ein Kollege! Dieser reißt sich ein Bein aus für uns, jagt dem günstigsten Preis nach und landet am Schluss mit mir bei der Konkurrenz, die zufällig in demselben Bürogebäude haust. Nebenbei erfahre ich, dass das Ganze ein reiner Freundschaftsdienst ist. Seine Firma arbeitet eigentlich nur für Geschäftskunden. Er erledigt für uns alles bis auf die Papiere.

Diese werden von einer anderen Firma ausgestellt, deren ganze Belegschaft aus einer tüchtigen Mutter von zwei Kindern besteht. Ihr Büro befindet sich im Wohnzimmer ihres Eigenheims, der PC ist in der Wohnwand integriert (»Nein Kinder, ihr könnt jetzt nicht fernsehen, Mami hat Kundschaft.«), und zum Drucker muss sie auf die Knie. Im Übrigen ist sie aber eine echte Powerfrau, und sie erledigt den nicht ganz einfachen Vorgang ruck zuck.

Nach Feierabend kommt unser Freund von der Agentur auf einen Schwatz und einen Drink. Als besonderes Dankeschön überreiche ich ihm unsere alte Schweizer Flagge mit dem CCS-Klubsignet in der inneren oberen Ecke, die uns auf dieser Reise begleitet hat. Ich habe immer Mühe, mich für einen großen Gefallen mit einem Trinkgeld erkenntlich zu zeigen. Damit macht man aus einem Freundschaftsdienst eine Dienstleistung. Da lade ich lieber zum Nachtessen ein oder schenke etwas.

Doch nun noch ein paar Details zur ganzen Buchungsgeschichte:

Eine leitende Angestellte von Maersk hat vor ein paar Monaten in einer E-Mail bemerkt, der Rücktransport sollte eigentlich billiger sein als der Hinweg. Ich staune deshalb nicht schlecht, wie die Offerte Charleston - Felixstove auf stolze 14 300 Dollar lautet. Der Hinweg war 4000 Dollar billiger. Ich reklamiere und erhalte jede Menge Erklärungen: USA – Europa sei immer teurer. Frachten nach England kosten mehr als eine Station weiter nach Deutschland. Die früher erhaltenen Informationen seien lediglich die unverbindlich Meinung einer Angestellten gewesen. Immerhin will man mir auf 13 800 Dollar entgegenkommen. Im Übrigen hat Maersk als Qualitätsschifffahrtslinie (Das ist sie ohne Zweifel!) feste Preise.

Ich bekomme von zwei Seiten den Tipp, bei der deutschen Filiale dieser Firma einen Preis einzuholen, mache das und lege dabei die Karten voll auf den Tisch. Die vom Hauptsitz in Kopenhagen genehmigte Offerte lautet auf 11 500 Dollar. Das gilt fürs gleiche Schiff, die gleiche Route, die gleiche Fracht und das gleiche Datum. Feste Preise – alles klar!

Werner, ein Schweizer Freund aus dem Frachtgeschäft, bestätigt: In dieser Branche gilt selbst eine schriftliche Offerte nur bedingt, das Einzige, was zählt, ist ein Vertrag. Wenn er Anekdoten aus seinem Beruf erzählt, heißt es dauernd: »Dann sagte sein Lawyer …« – »… und mein Lawyer meinte…« Das ist für jemanden wie mich, der ein ganzes Berufsleben lang auch große Geschäfte nur aufgrund mündlicher Abmachung getätigt hat, schwer zu verstehen.

Die Wallenius Wilhelmsen Lines machen eine Offerte für Charleston - Southampton für 8272 Dollar. Das heißt, sie sind über 6000 Dollar billiger, und auch das ist eine gute Firma. Der Unterschied: Die Wallenius hat sich nicht auf Containertransport spezialisiert, sondern auf RoRo (Roll on – Roll off). Die Schiffe sehen beinahe aus wie Fähren. Sie haben im Heck eine große Klappe. Was fahren kann, fährt hinein, was es nicht kann, kommt auf ein massives Rollgestell und wird von einem Spezialfahrzeug hineingeschoben. Unsere FORTUNA reist somit im Laderaum und ist vor der Witterung geschützt. Diese Methode kommt für große Stückgüter mit einer Höhe bis zu 16 Fuß in Frage, was höher ist, geht nicht mehr durch die Klappe der Schiffe. RoRo wäre sicher auch auf dem Hinweg besser und billiger gewesen, im Nachhinein ist man immer klüger.

Furrer's Law on Yachting Nr. 11:

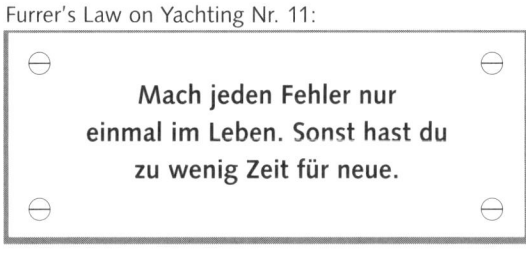

Mach jeden Fehler nur
einmal im Leben. Sonst hast du
zu wenig Zeit für neue.

Furrer's Law on Yachting Nr. 12:

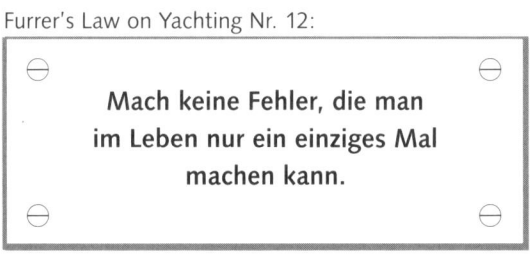

Mach keine Fehler, die man
im Leben nur ein einziges Mal
machen kann.

Die Frachtkosten errechnen sich nach Kubikmetern. Dabei gilt das Kistenmaß: Länge über alles mal Breite über alles mal Höhe über alles. Da heißt es die Aufbauten abbauen, so weit das mit vernünftigem Aufwand zu machen ist. Vor allem muss darauf geachtet werden, dass der Transportbock nicht breiter wird als die maximale Breite des Bootes. Wenn die Zimmerleute ihren großzügigen Tag haben, kann das die Frachtkosten rasch einmal um 2000 Dollar und mehr in die Höhe treiben.

Zu den reinen Transportkosten kommen Krangebühren, die in jedem Fall recht hoch sind, Hafengebühren irgendwelcher Art, der Transportbock, Kosten für die Ausfertigung der Papiere, Steuern und Versicherung. Das ist anders als bei der Post. Die Gesamtkosten sind beinahe doppelt so hoch wie die effektiven Frachtkosten. Auch hier sind wir erst im Nachhinein klüger geworden.

Eine Stunde Portalkran kostet im Containerhafen von Charleston 1700 Dollar. Für ein »Water Pick Up«, wie es für eine Yacht, die auf eigenem Kiel ankommt, erforderlich ist, werden mindestens zwei Stunden (= 3400 Dollar) berechnet, bei Containern dagegen nur die effektive Zeit. Da in Southampton, England, mit ähnlichen Gebühren zu rechnen ist, dürfte es billiger sein, eine einfache Kranung auf einen Lastwagen zu machen und dann mit diesem zweihundert Kilometer weit nach Brundall in die Broom-Werft zu fahren. Zudem ersparen wir uns die Reise mit dem eigenen Boot durch die Januarstürme des Ärmelkanals.

In allen Hafen-, Sportboot-, Boots- und Reiseführern liest man: Wer den »Big Loop« gemacht hat, verkauft sein Boot, lässt sich scheiden oder beides. Scheiden lassen ist für uns kein Thema: Unsere Beziehung ist herzlich und stabil. Wenn der eine Partner Zahnweh hat, schwillt dem anderen auch die Backe. Das Boot zu verkaufen ist schon eher eines.

Eine Zukunft ohne Boot können und wollen wir uns nicht vorstellen. Nur: welches Boot?

Wir mögen unsere alte FORTUNA. Sie ist bequem, sicher, praktisch und dank guter Pflege recht zuverlässig. Mit vernünftigem Aufwand kann das fünfzehn Jahre alte Mädchen wieder auf Hochform gebracht werden. Die Elektronik entspricht allerdings auch dann noch nicht dem neuesten Stand der Technik, und an verschiedenem anderen zeigt sich das Alter. Man kann nicht alles ersetzen, sonst gibt es einen Neubau.

Eine neue Motoryacht, etwas schneller, etwas seetüchtiger, nicht unbedingt größer, aber mit moderner Elektronik wäre schon schön. Allerdings kenne ich keine neue, die sich für unsere Zwecke eignet, bei Broom nicht ganz und woanders schon gar nicht. Die modernen Boote sind zu hoch, zu tief, haben zu wenig Stauraum oder sonst etwas. Es macht wenig Sinn, hübsche Vorteile mit entscheidenden Nachteilen zu erkaufen und dafür ein kleines Vermögen auszugeben. Vielleicht gelingt es mir, Mr. Broom, den Inhaber und Geschäftsleiter der gleichnamigen Werft, davon zu überzeugen, dass der Markt förmlich auf ein Boot wartet, das sich für lange Reisen in den unterschiedlichsten Revieren eignet. Es gibt ja immer mehr Leute, die früh in den Ruhestand gehen und sich so etwas leisten können und wollen. Als ehemaliger Marketingberater kann ich die Marktnische förmlich riechen.

Resultat unentschieden. Falls wir in Zukunft in Frankreich bleiben und die Gourmetlokale abklappern wollen, dient unser altes Boot noch lange. Falls wir jedoch noch einmal ein größeres Projekt in Angriff nehmen sollten, sind wir vielleicht mit einer neuen Yacht besser dran. Aber wirklich nur vielleicht. Was wir noch nicht wissen: Zu Hause liegt eine persönliche Einladung des Yachtklubs von St. Petersburg, dessen Präsidenten ich vor ein paar Jahren auf einem Törn kennen gelernt habe. Es ist zu hoffen, dass ausländische Yachten schon in naher Zukunft sicher und zu vernünftigen Kosten bis nach Moskau, ja, durch Wolga und Don bis ins Schwarze Meer fahren können.

Die Reise hat uns sehr viel gegeben. Sie ist ein Schwerpunkt in unserem Leben. Sicher würden wir sie nicht noch einmal machen. So ein großes Stück macht man nicht zweimal. Wir können aber aus vollem Herzen jedem, der Freude am Bootfahren hat, den »Big Loop« empfehlen.

Desiderius Sardi, ein Mann mit wallendem weißen Bart und Heilandsandalen, Gärtnermeister und mein Onkel zweiten Grades, beschloss anlässlich seines neunzigsten Geburtstags, seine Enkel und Urenkel in Australien zu besuchen. Schließlich wird man ja nicht jünger. Alle waren wohlauf, und so erwanderte er anschließend, nur mit einem Rucksack und dem Nötigsten, per pedes während Monaten eine Ecke Australiens. Zurückgekommen schaute er mir in die Augen und sagte: »Weißt du, bei all dieser Weite: Er ist eine kleine Sache, der Mensch, eine wirklich kleine Sache.«

Dem ist nichts hinzuzufügen.

Anhang

Varianten des »Big Loop«

Von den Keys bis wenige Meilen vor New York kann die ganze Ostküste auf dem Intracoastal Waterway befahren werden. Zahlreiche
Verbindungen ermöglichen es immer wieder, von Binnen auf See zu
wechseln oder umgekehrt. Auf Höhe New York gibt es zwei Möglichkeiten: entweder weiter über See um Maine und New Brunswick
herum, um den St.-Lorenz-Fluss von seiner Mündung her in Angriff
zu nehmen, oder man fährt den Hudson hoch.

Bei Troy kann man dann links in den Erie-Kanal einbiegen und
bei Syracuse entscheiden, ob man weiter durch den Oswego-Kanal
Richtung Trent-Severn-Kanal fahren will oder auf dem Erie-Kanal
bis Buffalo fährt. Dort geht es entweder durch den Welland-Kanal
in den Ontario-See oder durch den Erie-See über Detroit in den
Huron-See.

Die andere Variante ab Troy führt durch den Champlain-Kanal,
den Champlain-See und den Richelieu-Kanal bis nach Sorel am St.-
Lorenz-Strom, wo wir auf die Route der Leute stoßen, die um New
Brunswick herumgefahren sind. Stromaufwärts auf der Höhe von
Montreal kann man auf dem St.-Lorenz-Strom bleiben oder den
Ottawa-Strom nach Ottawa hinauffahren und von dort durch den
Rideau-Kanal nach Kingston am Ontario-See, wo wir mit den Boo-
ten, die direkt den St.-Lorenz-Strom heraufgekommen sind, zusam-
mentreffen.

Hier könnte man durch den Erie-See in den Huron-See, doch die
meisten fahren durch den Trent-Severn-Kanal, der sie in die Georgian Bay nordöstlich des Huron-Sees führt. Dort gibt es zahlreiche
Möglichkeiten, durchs freie Wasser oder am nördlichen Ufer entlang,
zwischen den Felsen hindurch, bis man im Nordkanal und dann in
der nördlichen Ecke des Huron-Sees landet.

Entlang dem westlichen Ufer, oder, bevorzugt, dem östlichen Ufer
des Michigan-Sees kommt man nach Chicago, wo sämtliche Routen-
varianten wieder zusammentreffen.

In Chicago fährt man durch den Sanitary & Ship Canal mitten durch die Stadt oder, wenn das Boot zu hoch ist, durch den südlichen Calumet-Sag-Kanal. Beide kommen zusammen und führen in den Mississippi, auf dem man bis New Orleans weiterlaufen kann. Die meisten zweigen allerdings bei Cairo ab, den Ohio River hoch und dann entweder durch den Tennessee- oder den Cumberland-Fluss, die beide zu den Kentucky Lakes führen. Von dort geht es weiter durch den Tennessee River und die Tenn-Tom-Wasserstraße nach Mobile.

Der Golf von Mexiko muss nicht zwingend auf dem Seeweg durchfahren werden. Auch hier hat es einen ICW. Er führt westlich ein Stück weit Richtung Mexiko und östlich mit einer Unterbrechung von zweihundert Seemeilen bis nach Key West. Wer nicht um die Keys herum will, kann ab Fort Myers über den Okeechobee Waterway quer durch Florida an die Ostküste gelangen. Dort trifft man wieder auf den ICW, kann aber natürlich auch auf offener See nach Norden fahren.

Logbuch

Der Bericht geht bewusst nicht auf jeden einzelnen angesteuerten Ort ein. Das wäre mir viel zu langweilig, und Ihnen sicher auch. Deshalb hier ein Auszug der wichtigeren Daten:

Datum	sm	von	nach	Kommentar
15.4. 1999		an Land	zu Wasser	Das Boot schwimmt, Reparaturen o.k.
18.-21.4.		Lübeck	Lübeck	Vorbereitung, Elektriker übt.
21.-24.4.	207	Lübeck	Bremerhaven	6 Schleusen
28.4.		zu Wasser	an Land	Die Cradle (Transportbock) wird gebaut, wir gehen.

4.5.-16.5.		Bremerhaven	Charleston	Überfahrt an Bord der MADISON MAERSK

ICW Ostküste (526 sm)

16.5.	21	Charleston	Isle of Palms	ICW. Sonnenbrand, Diesel bunkern
18.5.	50	Isle of Palms	Georgetown	Es regnet Rost: putzen!
20.5.	96	Georgetown	Southport	Ankern in Myrtle Beach, idyllisch
21.5.	67	Southport	Craig Pt.	Nachts in den Manövern gelandet
22.5.	41	Craig Pt.	Beaufort, NC	Beaufort City Marina, Diesel
24.5.	42	Beaufort	New Bern	Sheraton Marina. US-Freund zeigt Stadt.
26.5.	26	New Bern	Oriental	Gratis-Anlegen am öffentlichen Steg
27.5.	118	Oriental	Broad Creek	6 Fuß hohe Wellen bis Abdeckung, ankern
28.5.	65	Broad Creek	Norfolk, VA	Waterfront Marina. Diesel; wo gibt es Gas?

Chesapeake + Delaware (370 sm)

1.6.	50	Norfolk	Yorktown	Ankern vor Marina, div. Reparaturarbeiten
4.6.	50	Yorktown	Indian Creek	Ankern, hübsch aber windig, 5 Bft
5.6.	59	Indian Creek	Solomon Isles	Krabbenkörbe, Krabbenkörbe
6.6.	47	Solomon Isles	Annapolis, MD	An Boje, Alf taucht auf, sehr heiß.
9.6.	29	Annapolis	Baltimore	Ankern vor World Trade Center, Gas gefunden
11.6.	43	Baltimore	Cabin John Creek	Ankern vor dem C+D-Kanal
		Cabin John Creek	Delaware City	Marina, Clan MacGregor hält Hof. Service, Diesel

13.6.	66	Delaware City	Wildwood	Raue Fahrt durch Delaware, Marina im ICW

Wieder ICW Ostküste (178 sm)

14.6.	51	Wildwood	Atlantic City	Trump Marina, Protz
16.6.	19	Atlantic City	Long Beach, NJ	Beach Haven Yacht Club, Diesel
18.6.	43	Long Beach	Manasquan Inlet	Brielle Marina
19.6.	65	Manasquan Inlet	Piermont, NY	Ankern im Hudson

Hudson River, Champlain-Kanal, Lake Champlain
(8 Schleusen, 334 sm)

20.6.	72	Piermont	Kingston	Marina
22.6.	34	Kingston	Stockport	Ankern bei der Insel
23.6.	28	Stockport	Troy	Troy Dock Marina, Diesel
24.6.	41	Troy	Fort Edward	Erste 2 Schleusen: Federal lock + 1. Hudson lock
25.6.	45	Fort Edward	Ticonderoga, VT	Regen ab Schleuse 8, ankern im Lake Champlain
26.6.	26	Ticonderoga	Porter Bay	Ankern im Lake Champlain
27.6.	6	Porter Bay	Vergennes	Public Dock, gratis inkl. Wasser und Strom, idyllisch
30.6.	82	Vergennes	St. Jean de Richelieu	Freundliche, lebhafte Stadt

Kanada: Chambly-Kanal – Richelieu River (10 Schleusen),
St. Lorenz (7 Schl.), Ontario-See (352sm)

2.6.	31	St. Jean de Richelieu	St. Ourse	Anlegen oberhalb der Schleuse
3.6.	14	St. Ourse	Sorel	Busfahrt nach Québec
6.7.	47	Sorel	Montreal	Regen, lausige Sicht, anlegen City Marina
8.7.	1	Montreal	Longueuil	Diesel

9.7	43	Longueuil	Côteau Landing	4 Schleusen, anlegen alter Kanal, Soulangue
11.7.	38	Côteau Landing	Eisenhower-Schleuse	2 Schleusen, ankern hinter Schleuse
12.7.	31	Eisenhower-Schleuse	Old Galop	Letzte Schleuse, anlegen im Old Galop Canal
13.7.	52	Old Galop	Clayton	Anlegen Public Dock
14.7.	21	Clayton	Kingston	Anlegen Confederation Basin, treffen Ursula und Mike
16.7.	39	Kingston	Hay Bay	Diesel, ankern
17.7.	35	Hay Bay	Trenton	Anlegen Fraser Park

Trent-Severn-Kanal: Total 36 Schleusen (2 doppelt),
2 Hydrauliklifte, 1 maritime Eisenbahn (220 sm)

18.7.	24	Trenton	Percy Reach	6 Schleusen, anlegen oberhalb Schleuse
19.7.	20	Percy Reach	Hastings	10 Schleusen, anlegen am City Dock
20.7.	38	Hastings	Peterborough	2 Schleusen, anlegen City Marina. Musikfestival
22.7	8	Peterborough	Lakefield	Hebewerk und 5 Schleusen, anlegen Public Dock
23.7.	42	Lakefield	Verulan Park	5 Schleusen, anlegen Public Dock, großer Service
24.7.	29	Verulan Park	Portage	5 Schleusen, anlegen oberhalb Schleuse 39
25.7.	43	Portage	Russian Bay	4 Schleusen, ankern in idyllischer Bucht
26.7.	16	Russian Bay	Pt. Severn	Big Chute Marine Railway, 1 Schleuse, Diesel

227

Georgian Bay und North Channel (328 sm)				
27.7.	53	Pt. Severn	Parry Island	Ankergründe vergebens gesucht, anlegen PI Marina
28.7.	33	Parry Island	Pt. au Baril	Anlegen Pt. au Baril Marina
29.7.	48	Pt. au Baril	Bustard Islands	Ankern in wunderschöner Bucht
30.7.	48	Bustard Islands	Killarney	Welle verbogen, anlegen bei Matti Salmela
1.8.		zu Wasser	an Land	Welle wird repariert. Wir reisen bis 9.9. nach Hause.
13.9.	20	Killarney	Little Current	Anlegen Public Dock, Diesel
15.9.	27	Little Current	Gore Bay	Anlegen City Marina (geschlossen)
16.9.	99	Gore Bay	Mackinaw City	Anlegen City Marina
USA: Michigan-See (326 sm)				
17.9.	75	Mackinaw City	Leland, MI	Anlegen City Marina, hübscher Ort
18.9.	37	Leland	Frankfort	Anlegen City Marina, Diesel
21.9.	75	Frankfort	White Lake	Ankern im See
22.9.	17	White Lake	Grand Haven	»bumpy ride«, anlegen City Marina
24.9.	60	Grand Haven	St. Joseph	Anlegen Mauer Stadtpark (viele Möwen, viel Mist)
27.9	62	St. Joseph	Chicago, IL	Hohe Wellen, Motor defekt, Burnham Marina, Service
Illinois Waterways: Von Chicago bis Atona (8 Schleusen, 336 sm)				
3.10.	54	Chicago	Joliet	Anlegen Harborside Marina; pfui Teufel, das Wetter!

4.10	58	Joliet	Hennepin	3 Schleusen, anlegen an Mauer, Diesel, Gas
5.10.	41	Hennepin	Peoria	Anlegen an Anleger
6.10.	69	Peoria	Bar Island	Ankern
7.10.	74	Bar Island	Père Marquette	Anlegen im Père Marquette Park, gepflegter Park
9.10.	40	Père Marquette	Atona Marina	Spitzenmarina mit jedem Komfort, Diesel

Mississippi: Von Atona bis Cairo, Ohio River (2 Schleusen) bis Paducah (205 sm)

10.10.	35	Atona Marina	Hoppies Marina	Anlegen beim Sperrmüll
11.10.	102	Hoppies Marina	Mississippi, wo?	Ankern im Bach
12.10.	68	Mississippi	Paducah, KY	Anlegen Municipal Dock

Cumberland River (1 Schleuse), Kentucky Lake, Tennessee River (1 Schleuse) (250 sm)

14.10.	48	Paducah	Green Turtle Bay	Anlegen GTB-Marina, Diesel, Patti's $2^1/_2$ inch pork chops
18.10.	53	Green Turtle Bay	Leatherwood Bay	Ankern
19.10.	62	Leatherwood Bay	Marsh Creek, TN	Ankern
21.10.	33	Marsh Creek	Swallow Bluff Island	Ankern
22.10.	54	Swallow Bluff Island	Aqua Marina	Anlegen in Marina nach Pickwick Lock, Diesel

Tennessee-Tombigbee Waterway bis Mobile: 10 Schleusen (437 sm)

23.10.	37	Aqua Marina	Spring Bay, MS	Ankern in Bucht vor Schleuse
24.10.	62	Spring Bay	Aberdeen	Ankern vor Schleuse
25.10.	37	Aberdeen	Alter Tombigbee	Ankern im Alten Tombigbee, Bb-Keilriemen ersetzt

26.10.	85	Alter Tombigbee	Demopolis, AL	An Boje von Marina, Diesel
28.10.	67	Demopolis	Bashi Creek	Ankern, großer Service Motor und Getriebe mit Filter
29.10.	76	Bashi Creek	3 Rivers Lake	Ankern
30.10.	73	3 Rivers Lake	Mobile	Anlegen Dog River Marina, Bus nach New Orleans

Bay of Mobile und ICW (259 sm)

6.11.	10	Mobile	Fairhope	Anlegen Eastern Shore Marina, Diesel, Bb-Reparatur
8.11.	42	Fairhope	Ingram Bayou	Ankern
9.11.	52	Ingram Bayou	ICW sm 217, FL	Ankern, Bb verliert wieder Wasser, Stb-Keilriemen neu
10.11.	73	sm 217	Pearl Bayou	Ankern
11.11.	82	Pearl Bayou	Carabelle	Anlegen Marina, Diesel

Golf von Mexiko (210 sm)

12.11.	79	Carabelle	Steinhatchee	Ankern im Stein-hatchee River, raue Fahrt
13.11.	46	Steinhatchee	Cedar Key	Anlegen Public Dock, sehr idyllisch
16.11.	85	Cedar Key	Clearwater	Anlegen in Marina

ICW West-Florida und Okeechobee Waterways (5 Schleusen, 288 sm)

17.11.	42	Clearwater	Longboat Key	Anlegen bei Renée + Urs, Diesel
29.11.	62	Longboat Key	North Captiva	Ankern im Security Harbor
30.11.	32	North Captiva	Fort Myers	Anlegen
1.12.	34	Fort Myers	La Belle	Ankern
2.12.	68	La Belle	Indiantown	Anlegen City Marina
3.12.	50	Indiantown	Ft. Pierce	Ankern in Farber Cove

ICW Ostküste (521 sm)				
4.12.	54	Ft. Pierce	Melbourne	Ankern bei den Krokodilen
5.12.	39	Melbourne	Titusville	Ankern vor Marina, Diesel, Kennedy Space Center
7.12.	50	Titusville	Daytona Beach	Anlegen in Marina, Service
9.12.	54	Daytona Beach	St. Augustine	Ankern vor vom Hurrikan geschädigter Marina
10.12.	50	St. Augustine	Alligator Creek	Ankern vor Fernandina
11.12.	79	Alligator Creek	North River, GA	Ankern
12.12.	83	North River	Copper River	Ankern
13.12.	66	Copper River	sm 505	Ankern vor Watts Cutt, Diesel
14.12.	46	sm 505	Charleston, SC	Anlegen Maritime Center Charleston
22.12.		zu Wasser	an Land	DER LOOP IST GESCHLOSSEN!
31.12.– 15.1. 2000		Charleston	Southampton	Überfahrt an Bord von Wallenius Wilhelmsens FIGARO

Statistik

750 Motorenstunden
7 Ölwechsel (5 unterwegs)
9 Monate Reisezeit
5347 sm (10136 km)
100 Schleusen

Beaufort-Tabelle

Maßeinheit					Auswirkung auf die Wellen
Bft	kn	m/s	Wahrnehmung	Bezeichnung	(bei »normaler« See)
1	1-3	0,3-1,5	Rauch steigt schräg.	leiser Zug	Kleine Kräuselwellen ohne Schaum.
2	4-6	1,6-3,3	Wind im Gesicht fühlbar.	leichte Brise	Klein und kurz, aber ausgeprägter.
3	7-10	3,4-5,4	Blätter bewegen sich.	schwache Brise	Größere Wellen mit vereinzelten Schaumkronen.
4	11-15	5,5-7,9	Kleine Zweige werden bewegt.	mäßige Brise	Schaumköpfe auf den Wellen sind ziemlich verbreitet.
5	16-21	8,0-10,7	Größere Zweige werden bewegt.	frische Brise	Mäßige Wellen mit ausgeprägter, langer Form, überall Schaumkämme.
6	22-27	10,8-13,8	Ganze Äste werden bewegt.	starker Wind	Sturmwarnung für Kleinboote. Große Wellen mit brechenden Kämmen, viel Schaum.
7	28-33	13,9-17,1	Dünne Bäume schwanken, Druck körperlich fühlbar.	steifer Wind	See türmt sich. Wind treibt den Schaum vor sich her.
8	34-40	17,2-20,7	Große Bäume werden bewegt, Zweige brechen.	stürmischer Wind	Mäßig hohe Wellenberge. Die Gischt löst sich von den Kanten. Schaum bildet Streifen.
9	41-47	20,8-24,4	Erste Dachschäden, leere Dosen rollen.	Sturm	See beginnt zu rollen, schwache Sichtbehinderung durch fliegendes Wasser.
10	48-55	24,5-28,4	Bäume werden entwurzelt.	schwerer Sturm	Sehr hohe Wellenberge, See weiß von Schaum, Sicht beeinträchtigt.
11	56-63	28,5-32,6	Schwere Sturm- schäden	orkanartiger Sturm	Außerordentlich hohe Wellenberge, überall fliegendes Wasser, reduzierte Sicht.
12	ab 64	ab 32,7	Verwüstungen	Orkan	Luft voll Schaum und Gischt, jede Fernsicht hört auf.

Bei Orkanen geht die Skala bis Stufe 17. Dann sind wir hoffentlich alle nicht dort.

Bft = Beaufort, nach der vom britischen Admiral Sir Francis Beaufort anno1806 aufgestellten Skala.

Das etwas altertümliche Maß für Windstärken hat in europäischen Seglerkreisen noch seine Bedeutung. Das mag vor allem daran liegen, dass ein erfahrener Segler seine Beaufort im Gefühl hat. Er spürt die Windstärke im Gesicht, auf den Handrücken und mit den Nackenhaaren. Wer kann und will schon zu so etwas wie »m/s« (Meter pro Sekunde) eine emotionale Bindung aufbauen. Segler sind sehr romantisch. Nur so ist es zu erklären, warum sonst völlig normale Menschen freiwillig stundenlang am Ruder stehen, sich dabei eimerweise Regen oder Seewasser hinter den Kragen gießen lassen und dann später, beim Drink, voll Begeisterung vom großen Erlebnis erzählen. Ich rede da aus Erfahrung und zähle mich selbst ebenfalls dazu.

Riss der Broom »Crown 37«

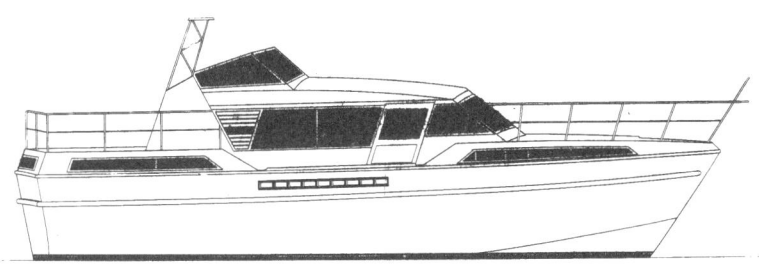

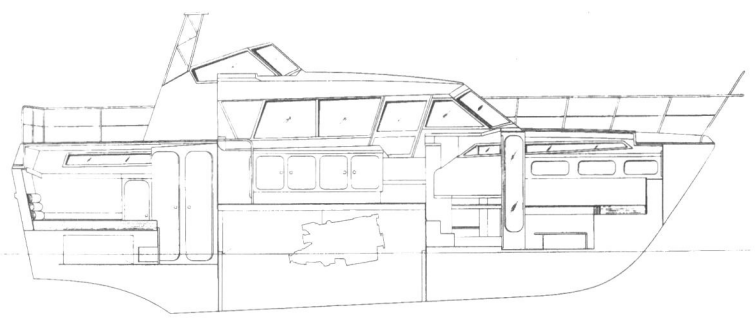

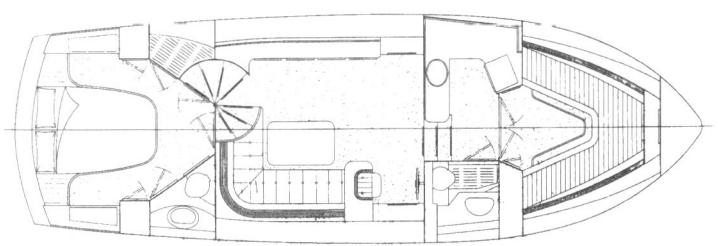

233

Platzprobleme

Verrückt, was alles auf so eine Reise mitmuss. Da wird es auch auf einem geräumigen Boot eng, und ohne pingelige Planung findet man das ganze Zeug bei Bedarf nicht mehr. Die hier abgedruckte Original-Stauliste legt beredt Zeugnis davon ab.

Backbord	Mitte	Steuerbord
Bugkabine	Bugkabine	Bugkabine
50 m Leine, Nylon geschlagen, 20mm	Anker mit 60 m Kette	4-6 Ölfilter, 4-6 Luftfilter, 4-6 Breezer
100 m Leine, Polypropylän geflochten, 14 mm		6-8 Kraftstofffilter, 6-8 Vorfilter
diverse Klebebänder	2 Gästeschlafsäcke	2 Keilriemen, 2 Kühlwasser-pumpen-Impeller
Sporttasche mit Pinseln, Coltogum etc.	1 Wolldecke wasserdicht 1 Wolldecke leicht	
Nassschleifpapier, Schmirgeltuch	Einweg-Leintücher, Stretchleintücher	ca. 100 Sorten rostfreie Schrauben
Ölwechselausrüstung		Racobox Kleinteile
	TV	Racobox Großteile
2 Säcke voll Putzlappen		elektrische Bohrmaschine mit Zubehör
	Racobox voll Werkzeug	elektrische Poliermaschine mit Zubehör
Velo-Ersatzteile, Pneus etc.	Box voll Elektromaterial	
	Kombimessgerät	elek. WC-Pumpe (Ersatz)
Taucherbrille, Neoprenanzug, Flossen	Elektroniklötkolben, Gas	Diodensplit (Ersatz)
14 x 850 g Brotmehl, 14 g Trockenhefe, 30 g Salz, abgepackt für je 1,2 kg Brot	2 große Schlüsselsätze, 1 großer und ein kleiner Nusssatz	Flexible Welle für Speedo (Ersatz)
4 x 800 g Weißmehl, Hefe, Salz (für Züpfen)	3 Verlängerungskabel für 12 und 240 V	5 Scheibenwischerblätter (Ersatz)
		Drehmomentschlüssel
	10 l Wein	Segelmacherbesteck
3 große Alcantara-Kissen	15 l Mineralwasser, div. Süßgetränke	div Rohre, Schläuche, Stäbe etc.
	UHT-Milch, Gemüse	2 x leichtes Ölzeug
		1 x schweres Ölzeug
		1 warme Windjacke
		1 Regenschim
		2 Paar Seglerstiefel
		2 zusammenklappbare Einkaufskörbe
		2 Deckchairs
		2 Schwimmkissen
		5 kg hydroskopisches Salz

Kombüse	Kombüse	Bug-WC
3 Rollen Abfallsäcke, Abfalleimer	Löschdecke	Medikamentenkasten nach CCS-Norm
4 Rollen Küchenpapier		
6 Rollen WC Papier	Tischsets	mobile Waschmaschine
	Servierbrett, Brotbrett, Käsebrett	2 Tauchsieder
Porzellanservice (8-fach)	Schneidebretter, Untersätze	Toilettenutensilen der Gäste
Schublade Essbesteck (12-fach) + Schöpfer usw., Tranchierbesteck (wichtig!)	4 Kasserollen	
Schublade Küchenbesteck	1 Dampfkocher	2 Klappfahrräder
Gewürzständer	2 Bratpfannen	
div. Pfannendeckel		
grobe und feine Reibe		
Abgießblech, großes Sieb	1 Bräter	
Kaffeefilter, Kaffeemaschine	2 Backbleche	
Thermoskanne	1 Rost	
1 Regal Konfitüren, Tee, Kaffee, Zucker		
1 Regal Brot	10 Gewürze und Gewürz- mischungen, Aromat, Salz	
1 Schublade Reis, Rösti, Gratin, Teigwaren, Müsli	Essig, Öl, Salatsauce, Sojasauce, Ketchup,	
Abwaschbecken	Suppen, Gewürze, Tuben, Bouillon	
Box voll Waschmittel und Reiniger		
Alu- und Backfolie, div. Plastiksäcke	**Niedergang**	
Wäscheleine und Klammern	Feuerlöscher	
4 Aktivkohlefilter (Ersatz)	Heizlüfter	

Steuerhaus	Steuerhaus	Steuerhaus
24 Dosen Bier	Peilkompass	12 Trinkgläser
24 Dosen Coca/Fanta	Seekarten	6 Flaschen Wein
2 Taschenlampen	Navigationsbesteck,	Apérogebäck,
8 kleine Ladetrafos	Reiseführer	Papierservietten
1 UKW Handheld	Straßenkarten	2 Schubladen mit diversen
elektrischer Mückenkiller		Lebensmitteln in Reserve
12V-Velopumpe		Weinkühler
Verlängerungskabel	Telefon (Handy)	2 dicke Pullover
Arbeitsleuchte	2 See-Ferngläser	10 Küchentüchlein
Büromaterial		
div. Spiele		
4 Ordner: amtliche Papiere, Versicherungen, Werkstatt-	**Aufgang Achterdeck**	Seenotfeuerwerk
handbuch, Gebrauchsanweis.,	Staubsauger	Flickzeug fürs Beiboot
Hafenhandbücher, Flaggen	Feuerlöscher	
Laptop, Drucker,	6 Schwimmwesten	ca. 20 Dosen mit Farbe,
2 digitale Videokameras,		Reinigungsmitteln usw.
Spiegelreflex, div. Objektive,	2 Lifebelts	Glaspapier, Lappen
wasserdichte Kamera	4 Katadyn-Leuchten	

	Niedergang	Motorenraum
4 x 1,5 l Schnaps (Dekanter)		Pütz, div. Schwämme
ca. 30 Kompaktkassetten	8 Paar Schuhe und Schlappen	30 l Motorenöl
10 Schnapsgläser		6 l dest. Wasser
große Gläser (Ersatz)		2 Reservefender
5 kg Schokolade (zum Verteilen)		2 selbst gebaute Spezialfender
Achterdeck	**Achterdeck**	**Achterdeck**
4 Butangasflaschen	Klapptisch	Hochdruckreiniger
div. Container mit Lösungsmitteln		ca. 40 m Wasserschläuche mit div. Adaptern
	4 Gurkenfender	Außenborder Öl und Fett
Alle Planen (von Tonneau Cover bis Sonnenverdeck)	Kugelfender, Fenderbrett	ca. 65 m Stromkabel mit div. Adaptern
Paddel und Pumpe für Beiboot	Beiboot	Hydrauliköl, wasserfestes Fett
		Bootshaken
	Außenborder	Danforth-Anker mit Kettenvorlauf
Schrubber mit langem Stiel	Rettungsinsel	kleiner Schirmanker
	Flagge mit Stock (Das Boot fährt unter Schweizer Flagge, nicht unter einer Nummer.)	3 Erdanker für Binnen
		Gummihammer
		8 Festmacherleinen
		Bleigewicht
		div. Bändsel
		div. Gummistroppen
Achterkabine	**Achterkabine**	**Achter-WC**
Kleiderschrank (voll)	2 Garnituren Bettwäsche	Toilettenartikel, Föhn etc.
Schuhe	2 Antriebspropeller (Ersatz)	**Achterkabine**
6 Frottiertücher klein	ca. 5 m Fendergummi (Ersatz)	Kleiderschrank (übervoll)
6 Badetücher		
6 Waschlappen		2 Schubladen Krimskrams
2 Schubladen Krimskrams	30 m Wasserschlauch	Welt-Empfänger (Meteo)
10 »Swiss Army«-Messer (Geschenke)		Pfefferspray
	viel Kartenmaterial	Wecker
ca. 30 Bücher Romane	Seesäcke und Reisetaschen	ca. 10 Bücher Fachliteratur

Kontaktadresse

Wer irgendwelche Fragen oder Kommentare hat oder gar den »Big Loop« selbst machen will, erreicht uns per E-Mail unter:

mfurrerbern@bluewin.ch

Eine rasche Antwort können wir allerdings nicht versprechen, dafür sind wir zu viel unterwegs.

Mit freundlichen Grüßen

Marlise und Mathias Furrer

Jedes Buch ein Abenteuer

Nur wenige können sich Monate oder gar Jahre vom Alltag lösen. Und dann das erleben, wovon jeder insgeheim träumt. Was Segler auf langen Törns gewagt und gewonnen haben, erzählen Sie in diesen Büchern.

Jeder auf seine Art: spannend, nachdenklich, humorvoll – eben keine Logbücher, sondern packende Erlebnisse für alle, die das Abenteuer lockt.

Historie, Legenden, Entdeckungen im Kielwasser des Freibeuters.

296 S., 43 Farbfotos, 48 Abb., Format 21,5 x 14,5 cm, geb.
ISBN 3-7688-1175-1

Reiseerzählung mit handfesten Praxisinformationen.

288 S., 60 Farbfotos, 30 Abb., 9 Karten, Format 21,5 x 14,5 cm, geb.
ISBN 3-7688-1021-6

Expedition ICESAILS: In drei Sommern um den Nordpol.

192 S., 91 Farb- u. 3 S/W-Fotos, 5 Karten, 4 Risse, Format 24 x 17 cm, geb.
ISBN 3-7688-1141-7

Erste Expedition einer westlichen Yacht rund um das Schwarze Meer.

304 S., 74 Farb- u. 19 S/W-Fotos, 28 Zeichn., 3 Karten, Format 21,5 x 14,5 cm, geb.
ISBN 3-7688-1265-0

Chartertörn mit Hindernissen in der Adria und im Ionischen Meer.

264 S., 24 Illustrationen, Format 21,5 x 14,5 cm, geb.
ISBN 3-7688-1160-3

Mit dem Katamaran durch die Südsee – ins Auge des Taifuns.

304 S., 55 Farbfotos, 16 Karten, Format 21,5 x 14,5 cm, geb.
ISBN 3-7688-1022-4

DELIUS KLASING

Lese-Faszination Extremsport mit Live-Beiträgen aus erster Hand.

336 S., 17 Fotos, 3 Karten, Format 21,5 x 14,5 cm, geb. ISBN 3-7688-1146-8

Erlebnisbericht mit informativem Anhang für Nachahmer.

280 S., 42 Farbfotos, 32 Zeichnungen, Format 21,5 x 14,5 cm, geb. ISBN 3-7688-0956-0

Südseezauber und Segelabenteuer der Extreme.

320 S., 37 Farbfotos, 18 Zeichnungen, Format 21,5 x 14,5 cm, geb. ISBN 3-7688-1106-9

Turbulente Reise mit Katamaran und Paraglider.

272 S., 43 Farbfotos, Format 21,5 x 14,5 cm, geb. ISBN 3-7688-1123-9

Die größte Herausforderung, der sich das populäre Seglerpaar bisher gestellt hat.

352 S., 92 Farbfotos, 22 Karten, Format 21,5 x 14,5 cm, geb. ISBN 3-7688-1220-0

Fesselnder Tatsachen-roman: Wie ein Traum zum Albtraum wird.

256 Seiten, Format 21 x 13 cm, geb. ISBN 3-7688-1264-2

Diese und noch viele andere Bücher der Reihe „Erlebnisberichte" sind im Buch- und Fachhandel erhältlich oder direkt beim Delius Klasing Verlag, Postfach 10 16 71, 33516 Bielefeld.

DELIUS KLASING